Uhl
Bestattungsrecht Baden-Württemberg

Bestattungsrecht Baden-Württemberg

Kommentar

Begründet von

Professor Konrad Faiß

Hochschule für öffentliche Verwaltung und Finanzen, Ludwigsburg

fortgeführt von

Dietmar Ruf

Referent beim Gemeindetag Baden-Württemberg

weiter fortgeführt von

Dr. Martin Uhl

Rechtsanwalt und Fachanwalt für Verwaltungsrecht
(Bender & Philipp Rechtsanwälte, Freiburg/München)

3. Auflage

KSV Medien

MIX
Papier | Fördert gute Waldnutzung
FSC® C019821
FSC www.fsc.org

Die Herstellung bei KSV Medien erfolgt weitgehend digital
und in dem Bewusstsein, eine möglichst ressourcenschonende
Produktion zu gewährleisten.

Bibliografische Information der Deutschen Nationalbibliothek
Die Deutsche Nationalbibliothek verzeichnet diese Publikation in der
Deutschen Nationalbibliografie; detaillierte bibliografische Daten sind
im Internet über http://dnb.dnb.de abrufbar.

Konrad-Adenauer-Ring 13 · 65187 Wiesbaden
info@ksv-medien.de · www.ksv-medien.de

Satz: C.H.Beck.Media.Solutions · Nördlingen
Druck: Druckerei C.H.Beck · Nördlingen

ISBN 978-3-8293-1905-8

Inhalt

Abkürzungsverzeichnis 9

Einleitung 11

Bestattungsgesetz – Text 19

Bestattungsgesetz – Kommentar 39

ERSTER TEIL: **FRIEDHOFSWESEN**

Erster Abschnitt: **Anlegung und Unterhaltung von Bestattungsplätzen**

1. Friedhöfe

§ 1 Allgemeines 39

§ 2 Allgemeine Anforderungen 43

§ 3 Abstand 46

§ 4 Bodenbeschaffenheit und Lage 47

§ 5 Genehmigung 49

§ 6 Ruhezeit 52

§ 7 Verkehrssicherheit auf Gemeindefriedhöfen 53

§ 8 Nutzungsbeschränkungen 60

2. Private Bestattungsplätze

§ 9 61

Zweiter Abschnitt: **Entwidmung und Schliessung von Bestattungsplätzen**

§ 10 Entwidmung vor Ablauf der Ruhezeit 63

§ 11 Nutzung privater Bestattungsplätze zu anderen Zwecken 64

Dritter Abschnitt: **Grabstätten**

§ 12 Reihengräber und Wahlgräber 64

§ 13 Grüfte und Grabgebäude 72

§ 14 Gestaltung und Ausstattung 73

Vierter Abschnitt: **Ordnung auf Bestattungsplätzen**

§ 15 77

Fünfter Abschnitt: **Bestattungseinrichtungen**

§ 16 Leichenhallen 84

§ 17 Feuerbestattungsanlagen 85

§ 18 Sonstige Bestattungseinrichtungen 86

§ 19 Allgemeine Anforderungen an Bestattungseinrichtungen 92

ZWEITER TEIL: **LEICHENWESEN**

Erster Abschnitt: **Leichenschau**

§ 20 Leichenschaupflicht 93
§ 21 Veranlassung der Leichenschau 96
§ 22 Vornahme der Leichenschau 97
§ 23 Auskunftspflicht 102
§ 24 Kosten der Leichenschau 102

Zweiter Abschnitt: **Umgang mit Verstorbenen**

§ 25 Allgemeines 103
§ 26 Leichenbesorger 103
§ 27 Überführung in Leichenhallen 103
§ 28 Außergerichtliche Leichenöffnung 105
§ 29 Konservierung und Einbalsamierung von Verstorbenen 105

Dritter Abschnitt: **Bestattung und Ausgrabung von Verstorbenen, Beisetzung von Aschen Verstorbener**

1. Bestattung und Beisetzung

§ 30 Bestattungspflicht 106
§ 31 Bestattungspflichtige 108
§ 32 Bestattungsart 114
§ 33 Bestattungs- und Beisetzungsort 116
§ 34 Zulässigkeit der Erdbestattung 120
§ 35 Zulässigkeit der Feuerbestattung 121
§ 36 Frühester Bestattungszeitpunkt 122
§ 37 Bestattungs- und Beförderungsfrist 124
§ 38 Bestattungsunterlagen 125
§ 39 Särge und Urnen, konservierte und einbalsamierte Verstorbene 125
§ 40 Bestattungsbuch 130

2. Ausgrabung

§ 41 130

Vierter Abschnitt: **Verstorbene in anatomischen Instituten**

§ 42 133

Fünfter Abschnitt: **Beförderung von Verstorbenen**

§ 43 Allgemeines 134
§ 44 Leichenpaß 135
§ 45 Verstorbene aus dem Ausland 137
§ 46 Beförderungsunterlagen und Beförderungsverzeichnis 137
§ 47 Bestattungsfahrzeuge 139
§ 48 Bergung von Verstorbenen 139

DRITTER TEIL: **ORDNUNGSWIDRIGKEITEN UND RECHTSVORSCHRIFTEN**

§ 49 Ordnungswidrigkeiten 140
§ 50 Rechtsvorschriften 142

VIERTER TEIL: **ÜBERGANGS- UND SCHLUSSBESTIMMUNGEN**

§ 51 Friedhofsordnungen 143
§ 52 Ruhezeiten 143
§ 53 Aufsicht 143
§ 54 Sonderbestimmungen 144
§ 55 Aufhebung von Rechtsvorschriften 145
§ 56 Inkrafttreten 146

Anhang

1. Verordnung des Sozialministeriums zur Durchführung des Bestattungsgesetzes (Bestattungsverordnung – BestattVO) vom 13.5.2015 (GBl. S. 348), geändert durch Art. 1 ÄndVO v. 17.4.2020 (GBl. S. 200) 147
2. Muster für eine Friedhofssatzung 2015 (Friedhofsordnung und Bestattungsgebührensatzung) 159
3. Muster eines Vertrages mit einem Bestattungsunternehmer (Bestattungsvertrag) 169
4. Internationales Abkommen über Leichenbeförderung vom 31.5.1938 173

Stichwortverzeichnis 177

Abkürzungsverzeichnis

AGPStG	= Gesetz zur Ausführung des Personenstandsgesetzes
BauGB	= Baugesetzbuch
BaWüVBl.	= Baden-Württembergisches Verwaltungsblatt (Jahrgang, Seite)
BayVBl.	= Bayerische Verwaltungsblätter
BestattG	= Bestattungsgesetz
BestattVO	= Bestattungsverordnung
BGB	= Bürgerliches Gesetzbuch
BGBl. I	= Bundesgesetzblatt, Teil I
BGH	= Bundesgerichtshof
BGHZ	= Entscheidungen des Bundesgerichtshofs in Zivilsachen (Band, Seite)
Bln	= Berlin
BSHG	= Bundessozialhilfegesetz
BVerfG	= Bundesverfassungsgericht
BVerwG	= Bundesverwaltungsgericht
BVerwGE	= Entscheidungen des Bundesverwaltungsgerichts (Band, Seite)
BWGZ	= Die Gemeinde, Zeitschrift des Gemeindetags Baden-Württemberg (seit 1973)
BWVPr.	= Baden-Württembergische Verwaltungspraxis
DÖV	= Die Öffentliche Verwaltung (Zeitschrift, Jahrgang, Seite)
DVBl	= Deutsches Verwaltungsblatt (Zeitschrift, Jahrgang, Seite)
Erl.	= Erläuterung
ESVGH	= Entscheidung des Hessischen Verwaltungsgerichtshofs und des Verwaltungsgerichtshofs Baden-Württemberg (Band, Seite)
EuGH	= Europäischer Gerichtshof
GABl.	= Gemeinsames Amtsblatt des Landes Baden-Württemberg (Jahrgang, Seite)
GBl.	= Gesetzblatt für Baden-Württemberg
GemHVO	= Gemeindehaushalts-VO
GemO	= Gemeindeordnung
GewArch.	= Gewerbearchiv
GG	= Grundgesetz für die Bundesrepublik Deutschland
GMBl.	= Gemeinsames Ministerialblatt von Bundesministerien
GuVOBl.	= Gesetz- und Verordnungsblatt
GVBl.	= Badisches Gesetz und Verordnungsblatt
HS	= Halbsatz
JuS	= Juristische Schulung
KAG	= Kommunalabgabengesetz
KStZ	= Kommunale Steuerzeitung
LGebG	= Landesgebührengesetz
LSG BW	= Landessozialgericht Baden-Württemberg
LT-Drs.	= Landtagsdrucksache
LV	= Verfassung des Landes Baden-Württemberg
LVwVfG	= Landesverwaltungsverfahrensgesetz
MDR	= Monatsschrift für Deutsches Recht (Jahrgang, Seite)

Abkürzungsverzeichnis

NJW	=	Neue Juristische Wochenschrift
NJW-RR	=	Neue Juristische Wochenschrift – Rechtsprechungsreport
NVwZ	=	Neue Zeitschrift für Verwaltungsrecht
OLG	=	Oberlandesgericht
OVG	=	Oberverwaltungsgericht
PolG	=	Polizeigesetz
RegBl.	=	Regierungsblatt für Württemberg
RGBl.	=	Reichsgesetzblatt
RMBl.	=	Reichsministerialblatt, Zentralblatt für das Deutsche Reich
PStG	=	Personenstandsgesetz
PStV	=	Personenstandsverordnung
StPO	=	Strafprozeßordnung
UWG	=	Gesetz gegen den unlauteren Wettbewerb
VBlBW	=	Baden-Württembergische Verwaltungsblätter
VG	=	Verwaltungsgericht
VGH BW	=	Verwaltungsgerichtshof Baden-Württemberg
VO	=	Verordnung
VwV	=	Verwaltungsvorschrift
WG	=	Wassergesetz für Baden-Württemberg
WGZ	=	Württ. Gemeindezeitung (Verbandszeitschrift des früheren württ. Gemeindetags, bis 1972)
WHG	=	Wasserhaushaltsgesetz

Einleitung

Das Bestattungsrecht ist immer auch ein Spiegel seiner Zeit. Das ruft in regelmäßigen Abständen den Landesgesetzgeber auf den Plan. Anlass für die Herausgabe der 3. Auflage (2025) dieses Kommentars zum Bestattungsrecht Baden-Württemberg sind Änderungen im Bestattungsgesetz Baden-Württemberg im Zuge von Änderungsgesetzen aus den Jahren 2020 und 2021 sowie eine Änderung der Bestattungsverordnung im Jahr 2020: Änderungen im Sinne von Verfahrenserleichterungen hat das Bestattungsgesetz Baden-Württemberg durch Artikel 37 des Gesetzes zum Abbau verzichtbarer Formerfordernisse vom 11.2.2020 (GBl. S. 37) erfahren. Es ist das Ziel dieses Gesetzes, verzichtbare Formerfordernisse in Gesetzen und Verordnungen zu streichen und einfache elektronische Verfahren, die ohne zusätzliche Vorgaben auskommen, einzuführen (LT-Drs. 16/7352 vom 26.11.2019, S. 1). Mit Gesetz zur Änderung des Bestattungsgesetzes vom 3.2.2021 (GBl. S. 55) nimmt der Landesgesetzgeber einen dritten Anlauf und normiert Anforderungen an den Nachweis, dass Grabsteine und Grabeinfassungen ohne den Einsatz schlimmster Formen der Kinderarbeit hergestellt wurden. Hierdurch sollen für die Träger von Friedhöfen die Grundlagen für rechtssichere Regelungen in Friedhofs- und Polizeiverordnungen zu einem Verbot von Grabmalen und Grabeinfassungen geschaffen werden, die unter Einsatz schlimmster Formen der Kinderarbeit hergestellt wurden. Unabhängig von diesen jüngeren Änderungen im Bestattungsgesetz wurde die Bestattungsverordnung vom 13.5.2015 (GBl. S. 348) durch Art. 1 Änderungsverordnung vom 17.4.2020 (GBl. S. 200) punktuell geändert. Es war hierfür Anlass die COVID-19-Pandemie. Die nun vorliegende 3. Auflage einer Kommentierung zum Bestattungsgesetz Baden-Württemberg berücksichtigt im Übrigen auch die verwaltungsgerichtliche Rechtsprechung aus Baden-Württemberg bis zum Stand März 2025. Hinweise und Verbesserungsvorschläge senden Sie bitte gerne an den Autor (martinuhl@web.de).

Anlass für die Vorauflage dieses Kommentars war die weitreichende Novelle 2014; diese verdient weiterhin besondere Berücksichtigung: Durch Gesetz zur Änderung des Bestattungsgesetzes vom 1.4.2014 (GBl. S. 93) erfolgte eine Vielzahl an teilweise grundlegenden Änderungen. Die Novelle 2014 darf durchaus als die bisher *„politischste"* Novelle dieses Gesetzes bezeichnet werden. Der Landesgesetzgeber selbst formulierte die Zielsetzung der Novelle 2014 wie folgt (LT-Drs. 15/4543 vom 7.1.2014 S. 1): *„Um vor allem für Mitglieder der israelitischen Religionsgemeinschaften sowie Musliminnen und Muslime in Baden-Württemberg die Möglichkeit zur Ausübung ihrer Kultur und Traditionen im Umgang mit Verstorbenen zu verbessern, soll das Bestattungsrecht angepasst und modernisiert werden."* Die gewichtigste Änderung im Zuge der Novelle 2014 ist somit die Möglichkeit einer Tuchbestattung. In den Fällen, in denen die Religionszugehörigkeit eine Bestattung ohne Sarg vorsieht, können die Verstorbenen künftig in Tüchern erdbestattet werden. Die Pflicht zur Bestattung in einem Sarg wird (nur) insofern aufgehoben. Ebenso wird die bisher vorgeschriebene Mindestdauer bis zur Bestattung aufgehoben, sodass auch im Regelfall die Bestattung innerhalb kurzer Frist nach Eintreten des Todes möglich wird, sofern dem Standesamt alle notwendigen Unterlagen vorliegen (in diesem Sinne LT-Drs. a. a. O., S. 1). Das Gesetzgebungsverfahren zur Novelle 2014 war durchgängig von einem denkbar breiten politischen Konsens über alle Parteigrenzen hinweg getragen und damit rückblickend eine Sternstunde der Demokratie in Baden-Württemberg. Die Bestattungsgesetznovelle 2014 machte auch eine Neufassung der Bestattungsverordnung erforderlich (Neufassung vom 13.5.2015 (GBl. S. 348). Auch insofern war die gesamte Kommentierung zum Bestattungsgesetz zu aktualisieren. Der Autor konnte hierbei auch auf eine ihm seitens des Sozialministeriums überlassene nicht veröffentlichte Begründung zur Neufassung der Bestattungsverordnung zurückgreifen.

Das am 8.7.1970 vom Landtag verabschiedete Bestattungsgesetz (BestattG) für Baden-Württemberg, verkündet am 21.7.1970 (GBl. S. 495), geändert durch die Gesetze vom 25.7.1972 (GBl. S. 400), vom 6.6.1983 (GBl. S. 199), vom 4.7.1983 (GBl. S. 265), durch Art. 17 Anp-VO vom 19.3.1985 (GBl. S. 71), die Gesetze vom 23.7.1993 (GBl. S. 533), vom

7.2.1994 (GBl. S. 86), 1.7.2004 (GBl. S. 469, 534), vom 25.4.2007 (GBl. S. 252, 254), vom 24.3.2009 (GBl. S. 125), Verordnung vom 25.1.2012 (GBl. S. 65, 71), Gesetz vom 26.6.2012 (GBl. S. 437), vom 1.4.2014 (GBl. S. 93), Art. 37 Gesetz zum Abbau verzichtbarer Formerfordernisse vom 11.2.2020 (GBl. S. 37) und Gesetz vom 3.2.2021 (GBl. S. 55), stellt eine umfassende Regelung des Friedhofs- und Leichenwesens dar. In dem Gesetz wird erstmals das gesamte Friedhofs- und Leichenwesen zusammenfassend geordnet. Das Gesetz trat am 1.1.1971 in Kraft. Dieses Rechtsgebiet war zuvor nur verstreut und lückenhaft geregelt. Oft musste auf Gewohnheitsrecht zurückgegriffen werden. Ein Blick auf den Katalog der aufgehobenen Vorschriften und Rechtsquellen zeigt, dass elf der insgesamt zwanzig aufzuhebenden Rechtsvorschriften aus dem vorigen Jahrhundert stammen. Die gesetzliche Regelung diente damit auch der Rechtsbereinigung und, da für die einzelnen Landesteile Baden, Württemberg und Hohenzollern früher unterschiedliche Regelungen galten, auch der Rechtsvereinheitlichung.

Das Gesetz baut auf der historischen Entwicklung auf. Es enthält, abgesehen von der Abschaffung der Leichenschau durch Laien, keine grundlegenden Änderungen des historisch Gewachsenen. In § 1 BestattG ist ausdrücklich bestimmt, dass die Gemeinden verpflichtet sind, Friedhöfe anzulegen, zu unterhalten und zu erweitern, wenn hierfür ein öffentliches Bedürfnis vorliegt. Diese gesetzliche Verpflichtung der Gemeinden kann als Schlusspunkt einer längeren historischen Entwicklung angesehen werden. Ursprünglich fand das Begräbnis in privaten Gräbern auf dem Grundeigentum des Verstorbenen statt. Dann ging man allmählich, insbesondere im Zusammenhang mit der Ausbreitung des Christentums, zur Anlage gemeinsamer Begräbnisplätze über. Dabei übernahmen die christlichen Kirchen neben den religiösen Verrichtungen bei der Leichenbestattung auch die Bereitstellung von Kirchhöfen (auch Totenacker oder Gottesacker genannt), die meist im Umkreis der Kirche angelegt waren. Zur Lage des Friedhofs enthielt die Verordnung „der Abstellung der Kirchhöfe innerhalb der Städte und Dörfer betreff" vom 6.10.1808 (RegBl. S. 505) die Forderung, dass bei Errichtung eines neuen oder Erweiterung eines älteren Kirchhofs darauf Bedacht zu nehmen ist, dass für solche ein schicklicher – außerhalb Stadt oder Dorf gelegener, womöglich von der Hauptstraße entfernter und etwas erhaben liegender – Platz gewählt wird. Vorschriften, wie weit der Friedhof von der Bebauung entfernt sein soll, bestanden jedoch nicht. Erst verhältnismäßig spät – gegen Ende des vorigen Jahrhunderts – mit der Trennung des kirchlichen und staatlichen (kommunalen) Vermögens übernahmen die Gemeinden auf diesem Gebiet Aufgaben. Dabei stand vor allem die Abwehr von Gefahren im Vordergrund, die sich in gesundheitlicher Hinsicht aus einer nicht geordneten Bestattung ergeben können. Rechtsgrundlagen wurden nur geschaffen für den Umgang mit Leichen, so über die Leichenschau, die Leichenbesorgung, den Transport von Leichen und die Feuerbestattung. Die Rechtsvorschriften hatten vor allem gesundheitspolizeilichen Charakter.

Zwischenzeitlich sind wohl die allermeisten Friedhöfe von den Kirchen den bürgerlichen Gemeinden übergeben worden.

Das Gesetz ist in **vier Teile** gegliedert. Der erste Teil befasst sich mit dem Friedhofswesen, mit der allgemeinen Verpflichtung, Friedhöfe anzulegen, den Anforderungen, die an einen Friedhof zu stellen sind, der Entwidmung und Schließung von Friedhöfen, Vorschriften über die Grabstätten (Anlegung und Wiederbelegung), die Ordnung auf Bestattungsplätzen sowie über die Bestattungseinrichtungen. Hierüber bestanden bisher keine allgemeinen Rechtsvorschriften; vielmehr hatten die Gemeinden in ihren örtlichen Friedhofsordnungen entsprechende Vorschriften aufgenommen. Der zweite Teil regelt das Leichenwesen und der dritte und vierte Teil enthalten gemeinsame Bestimmungen und Schlussvorschriften.

Das Gesetz brachte für die Gemeinden **keine konkreten finanziellen Mehrbelastungen.** Lediglich die Verpflichtung der Gemeinden in Form einer Sollvorschrift, Leichenhallen zu erstellen, war zuvor noch nicht ausdrücklich festgelegt; diese Regelung brachte einen Mehraufwand für die Gemeinden, weil keine kostendeckenden Benutzungsentgelte erhoben werden (soziale Gesichtspunkte). Auch die Anlegung und Erweiterung von Friedhöfen verursacht für die Gemeinden einen Mehraufwand, da infolge der Abstandsvorschriften ein erhöhter Geländebedarf notwendig ist.

Das Gesetz regelt nicht alle Fragen abschließend, sondern enthält **Ermächtigungen** zu ergänzenden Bestimmungen, insbesondere für Regelungen in

- **der Friedhofsordnung** (§§ 12 Abs. 2, 13 Abs. 1, 15 Abs. 1, 39 Abs. 2 und 49 Abs. 3 Nr. 2 BestattG) und
- **einer Rechtsverordnung** (§ 50 BestattG).

Die Bestattungsverordnung wurde am 13.5.2015 (GBl. S. 348) in Folge der Bestattungsgesetznovelle 2014 neu gefasst und durch Art. 1 ÄndVO vom 17.4.2020 (GBl. S. 200) geändert (Anhang 1). Ein Muster einer Friedhofssatzung (Stand: 2015) wurde vom Gemeindetag Baden-Württemberg erarbeitet und in der BWGZ 7/2015 S. 346 veröffentlicht (Anhang 2).

Änderungen des Bestattungsgesetzes:

Durch das Zweite Gesetz über die Änderung von Zuständigkeiten der Ministerien vom 25.7.1972 (GBl. S. 400) wurden einige Zuständigkeiten (§§ 39 Abs. 4, 44 Abs. 3, 50 Abs. 1 und 2 BestattG) vom Innenministerium auf das Ministerium für Arbeit, Gesundheit, Familie und Sozialordnung übertragen. Weiter wurde das Bestattungsgesetz durch das Gesetz zur Bereinigung des baden-württembergischen Ordnungswidrigkeitenrechts vom 6.6.1983 (GBl. S. 199) geändert (§§ 49 und 51 BestattG).

Durch das Gesetz zur Anpassung des Landesrechts an das Landesverwaltungsverfahrensgesetz und zur Aufhebung entbehrlicher Rechtsvorschriften vom 4.7.1983 (GBl. S. 265) wurden die §§ 5 Abs. 2, 13 Abs. 2, 17 und 44 Abs. 4 BestattG geändert. Die besonderen Vorschriften über Auflagen und Bedingungen bei Genehmigungen nach dem Bestattungsgesetz waren im Hinblick auf die allgemeine Regelung über Nebenbestimmungen zu Verwaltungsakten in § 36 LVwVfG entbehrlich geworden. Auch war eine besondere Vorschrift über die örtliche Zuständigkeit für die Ausstellung des Leichenpasses im Hinblick auf die allgemeine Regelung der örtlichen Zuständigkeit in § 3 LVwVfG nicht mehr erforderlich.

Durch Art. 17 der AnpVO vom 19.3.1985 (GBl. S. 71), durch Art. 10 der 4. AnpVO vom 23.7.1993 (GBl. S. 533) und durch Art. 27 der 7. AnpVO vom 25.4.2007 (GBl. S. 252, 254) wurde das Bestattungsgesetz an die geänderten Geschäftsbereiche und Bezeichnungen der Ministerien angepasst. Das zuständige Ministerium heißt seit der Bildung der neuen Landesregierung im Mai 2011 „Ministerium für Arbeit und Sozialordnung, Familie, Frauen und Senioren Baden-Württemberg", die Kurzbezeichnung lautet weiterhin Sozialministerium Baden-Württemberg.

Durch Art. 2 des Landeskrebsregistergesetzes vom 7.2.1994 (GBl. S. 86) wurde in § 22 BestattG der Absatz 2 neu gefasst und es wurden zu § 22 Abs. 3 BestattG die weiteren Absätze 4 und 5 eingefügt.

Durch Art. 121 des Verwaltungsstruktur-Reformgesetzes vom 1.7.2004 (GBl. S. 469, 534) wurde § 3 BestattG mit den Vorschriften über den Abstand von Friedhöfen gegenüber anderer Bebauung neu gefasst. Das bisherige konkrete Abstandsmaß wurde durch den unbestimmten Rechtsbegriff des „ausreichenden Abstands" ersetzt. Damit sind die verfahrensrechtlichen Vorgaben mit der Einholung von Ausnahmen weggefallen, die zu einer für die Gemeinden unbefriedigenden Rechtsprechung geführt hatten.

Die erste größere Novellierung des Bestattungsgesetzes erfolgte mit dem Gesetz zur Änderung des Bestattungsgesetzes 24.3.2009 (GBl. S. 125). Geändert wurden u. a. die Vorschriften über die Behandlung von Gebeinen nach Ablauf der Ruhezeit (§ 6 Abs. 2 BestattG), die Errichtung von Gebäuden in der Nähe von Friedhöfen (§ 8 BestattG), den Begriff des Angehörigen (§ 21 Abs. 1 Satz 1 Nr. 1 BestattG), die Überführung von Leichen in Leichenhallen (§ 24 BestattG), öffentliche Leichenöffnungen (§ 28 Abs. 2 BestattG), die Bestattungspflicht (§ 30 BestattG), die Bestattungssorgepflicht und den Ersatz der Bestattungskosten (§ 31 BestattG), die Bestattungsarten (§ 32 BestattG), Sargzwang (§ 39 BestattG). Nicht geändert wurde die Vorschrift des § 4 Abs. 1 BestattG über die Bodenbeschaffenheit bei der Anlegung von Gräberfeldern, obwohl der Anhörungsentwurf des Sozialministeriums dies vorgesehen hatte; der Gemeindetag hatte dem in der Anhörung widersprochen.

Gesetzgebungsverfahren zur Novelle 2009:

- Gesetzentwurf der Landesregierung – LT-Drs. 14/3847 vom 13.1.2009
- 1. Beratung am 18.2.2009 – siehe Plenarprotokoll 14/61 S. 4379, 4380
- Beschlussempfehlung und Bericht des Sozialausschusses vom 5.3.2009 – LT-Drs. 14/4140 (mit Änderungsanträge GRÜNE Nr. 1 – 2)
- Änderungsanträge GRÜNE – LT-Drs. 14/4205 vom 17.3.2009
- 2. Beratung am 18.3.2009 – siehe Plenarprotokoll 14/62 S. 4435–4442
- Gesetzesbeschluss vom 18.3.2009 – LT-Drs. 14/4230
- Verkündung im Gesetzblatt Nr. 5 vom 24.3.2009 S. 125 – 129 („Gesetz zur Änderung des Bestattungsgesetzes vom 24.3.2009")

Durch Art. 52 der 8. Verordnung des Innenministeriums zur Anpassung des Landesrechts an die geänderten Geschäftsbereiche und Bezeichnungen der Ministerien vom 25.1.2012 (GBl. S. 65, 71) wurde in den §§ 39 Abs. 4, 44 Abs. 3 und 50 BestattG jeweils die Bezeichnung *„Ministerium für Arbeit und Soziales"* durch die Bezeichnung *„Sozialministerium"* ersetzt.

Durch Gesetz zur Änderung des Bestattungsgesetzes vom 26.6.2012 (GBl. S. 437) wurde § 15 BestattG ein Absatz 3 angefügt. Hiernach kann in Friedhofsordnungen und Polizeiverordnungen festgelegt werden, dass nur Grabsteine und Grabeinfassungen verwendet werden dürfen, die nachweislich aus fairem Handel stammen und ohne ausbeuterische Kinderarbeit im Sinne der Konvention 182 der Internationalen Arbeitsorganisation (ILO) hergestellt sind; auch die Anforderungen an entsprechende Nachweise sind in den Friedhofsordnungen und Polizeiverordnungen festzulegen.

Die jüngste umfassende Novellierung des Bestattungsgesetzes erfolgte durch Gesetz zur Änderung des Bestattungsgesetzes vom 1.4.2014 – am 26.3.2014 durch den Landtag beschlossen – (GBl. S. 93). Hiermit erfolgten zunächst sprachliche Anpassungen. So wurde der Begriff *„Leiche"* weitgehend durch die Bezeichnung *„Verstorbener"* ersetzt und auch die Gesetzesüberschrift – jetzt: „Bestattungsgesetz" – angepasst. Geändert bzw. eingeführt wurden u. a. Vorschriften über das Anlegen von reinen Urnenfriedhöfen (§ 1 und 5 BestattG), zu privaten Bestattungsplätzen (§ 11 BestattG), zur Vornahme der Leichenschau (§ 22 BestattG), zur Bestattungspflicht (§ 30 BestattG), zum frühesten Bestattungszeitpunkt (§ 36 BestattG), zur ausnahmsweisen Zulässigkeit von Tuchbestattungen aus Gründen der Religionszugehörigkeit (§ 39 BestattG), allgemeine Vorschriften zur Beförderung von Verstorbenen (§ 43 BestattG), zu Beförderungsunterlagen und zum Beförderungsverzeichnis (§ 46 BestattG) sowie zu Bestattungsfahrzeugen (§ 47 BestattG).

Gesetzgebungsverfahren zur Novelle 2014:

- vorgehend: Antrag der Fraktion der SPD und Stellungnahme des Ministeriums für Integration zu Bestattungsformen anderer Kulturen und Religionen – LT-Drs. 15/1654 vom 3.5.2012
- Gesetzentwurf der Fraktion der CDU, der Fraktion Grüne, der Fraktion der SPD und der Fraktion der FDP/DVP („Gesetz zur Änderung des Bestattungsgesetzes") – LT-Drs. 15/4543 vom 7.1.2014
- 1. Beratung am 29.1.2014 – siehe Plenarprotokoll 15/89 S. 5327–5333
- Anhörung der kommunalen Landesverbände u. a. – LT-Drs. 15/4847 vom 24.2.2014

- Beschlussempfehlung und Bericht des Ausschusses für Arbeit und Sozialordnung, Familie, Frauen und Senioren – LT-Drs. 15/4927, ausgegeben am 21.3.2014
- 2. Beratung am 26.3.2014 – siehe Plenarprotokoll 15/94 S. 5631–5633
- Gesetzesbeschluss vom 26.3.2014 – LT-Drs. 15/4994, ausgegeben am 31.3.2014
- Verkündung im Gesetzblatt Nr. 6 vom 8.4.2014 S. 93 (*„Gesetz zur Änderung des Bestattungsgesetzes vom 1. April 2014“* / am 9.4.2014 in Kraft getreten)

Eine Gesetzesinitiative aus dem Jahr 2015, welche auf die Regelung von Anforderungen an einen Nachweis für Grabsteine und Grabeinfassungen, die aus fairem Handel stammen und ohne ausbeuterische Kinderarbeit hergestellt wurden, abzielte (Gesetzentwurf der Fraktion der CDU, der Fraktion Grüne, der Fraktion der SPD und der Fraktion der FDP/DVP – LT-Drs. 15/7553 vom 13.10.2015), wurde nach erfolgter Überweisung an den Ausschuss für Arbeit und Sozialordnung, Familie, Frauen und Senioren nicht weiter betrieben.

Mit Art. 37 des Gesetzes zum Abbau verzichtbarer Formerfordernisse vom 11.2.2020 (GBl. S. 37) wird in den §§ 5 Abs. 2 Satz 1, 9 Abs. 1 Satz 3, 12 Abs. 2 Satz 2, 17 Satz 2, 22 Abs. 3 Satz 3 und Abs. 4 Satz 4 sowie 35 Abs. 2 zusätzlich die Möglichkeit einer elektronischen Verfahrensabwicklung ohne nähere Verfahrensangaben ergänzt. Ferner werden Verweisungen in § 22 Abs. 4 Satz 4 an das neue Landesdatenschutzgesetz (LDSG) angepasst. Dieses Gesetzgebungsverfahren umfasst die folgenden Materialien:

- Bericht der Landesregierung zur Verzichtbarkeit von Formerfordernissen im Landesrecht Baden-Württemberg nach Art. 7 Abs. 2 des Gesetzes zur Förderung der elektronischen Verwaltung und zur Änderung weiterer Vorschriften – LT-Drs. 16/5533 vom 27.12.2018
- Beschlussempfehlung und Bericht des Ausschusses für Inneres, Digitalisierung und Migration zu der Mitteilung der Landesregierung vom 27.12.2018 – LT-Drs. 16/5538 vom 6.2.2019, ausgegeben am 13.2.2019
- Gesetzentwurf der Landesregierung – *„Gesetz zum Abbau verzichtbarer Formerfordernisse“*, LT-Drs. 16/7352 vom 26.11.2019
- Erste Beratung des Gesetzentwurfs der Landesregierung – Gesetz zum Abbau verzichtbarer Formerfordernisse – Plenarprotokoll 16/108 vom 18.12.2019
- Beschlussempfehlung und Bericht des Ausschusses für Inneres, Digitalisierung und Migration (inklusive Änderungsantrag der Abg. Hans-Ulrich Sckerl u. a. GRÜNE und Abg. Thomas Blenke CDU) – LT-Drs. 16/7600 vom 22.1.2020, ausgegeben am 3.2.2020
- Gesetzesbeschluss des Landtages vom 5.2.2020 – LT-Drs. 16/7694, ausgegeben am 7.2.2020
- Verkündung im Gesetzblatt Nr. 3 vom 29.2.2020 (S. 37 *„Gesetz zum Abbau verzichtbarer Formerfordernisse“* / siehe dort Art. 37 zur Änderung des Bestattungsgesetzes); hieraus folgt ein Inkrafttreten zum 1.3.2020.

Die letzte Änderung des Bestattungsgesetzes erfolgte durch Gesetz vom 3.2.2021 (GBl. S. 55) und betrifft ausschließlich die gesetzliche Ermächtigungsgrundlage in § 15 für Regelungen in Friedhofsordnungen und Polizeiverordnungen zu einem Verbot der Verwendung von Grabsteinen und Grabeinfassungen, die unter Einsatz schlimmster Formen der Kinderarbeit hergestellt worden sind. Ziel dieses Gesetzes ist es, Anforderungen an den Nachweis für Grabsteine und Grabeinfassungen, die ohne Einsatz schlimmster Formen der Kinderarbeit hergestellt wurden, aufzustellen, um Gemeinden eine Grundlage zur rechtssicheren Ausgestaltung ihrer Friedhofsordnungen zu geben (LT-Drs. 16/9279 vom 13.11.2020, S. 1). Dieses Gesetzgebungsverfahren umfasst die folgenden Materialien:

- Gesetzentwurf der Fraktion GRÜNE und der Fraktion der CDU – *„Gesetz zur Änderung des Bestattungsgesetzes“*, LT-Drs. 16/9279 vom 13.11.2020
- Beschluss zur Durchführung der notwendigen Anhörung der kommunalen Landesverbände sowie weiterer Institutionen mit Abdruck der eingegangenen Stellungnahmen –

insbesondere des Landesinnungsverbandes Steinmetz- und Steinbildhauerhandwerk Baden-Württemberg – LT-Drs. 16/9346 vom 14.1.2021

- Beschlussempfehlung und Bericht des Ausschusses für Soziales und Integration – LT-Drs. 16/9380, ausgegeben am 26.1.2021
- Gesetzesbeschluss des Landtags vom 27.1.2021 – LT-Drs. 16/9711, ausgegeben am 29.1.2021
- Verkündung im Gesetzblatt Nr. 4 vom 11.2.2021 (S. 55 f. *„Gesetz zur Änderung des Bestattungsgesetzes"*); hieraus folgt ein Inkrafttreten zum 12.2.2021.

Neufassung der Bestattungsverordnung:

Mit der Neufassung der Verordnung des Sozialministeriums zur Durchführung des Bestattungsgesetzes (Bestattungsverordnung – BestattVO) vom 13.5.2015 wurde die Bestattungsverordnung – auch in sprachlicher Hinsicht – an die weitreichende Novelle zum Bestattungsgesetz vom 1.4.2014 angepasst; eine entsprechende amtliche Begründung ist nicht veröffentlicht, wurde dem Autor jedoch seitens des Sozialministeriums zur Bezugnahme im Rahmen dieser Veröffentlichung freundlich überlassen. Zur Erreichung einer besseren Lesbarkeit wurde im Zuge der Neufassung auch eine Neugliederung der Verordnung vorgenommen. Die neue Bestattungsverordnung verfügt nur noch über sechs – statt bisher acht – Abschnitte. Unter dem 1. Abschnitt finden sich weiterhin spezielle Regelungen zum Genehmigungsverfahren für Bestattungsplätze. Dieser Abschnitt wurde jedoch um Regelungen zur Zulässigkeit von *„Tuchbestattungen"* (§ 4 BestattVO) und reinen *„Urnenfriedhöfen"* (§ 5 BestattVO) ergänzt. Aus dem bisherigen 3. Abschnitt zur Regelung der Leichenschau und zur Todesbescheinigung wurde der 2. Abschnitt. Insbesondere im Bereich der Todesbescheinigung sind Regelungen zur elektronischen Übermittlung von Datensätzen aufgenommen worden. Auch die Schutzmaßnahmen bei Ansteckungsgefahr wurden deutlich konkretisiert. Die Anlagen der Bestattungsverordnung – im Rahmen dieser Kommentierung nicht abgedruckt – wurden geändert. Unter dem neu gebildeten 3. Abschnitt finden sich alle Regelungen zur eigentlichen *„Bestattung"* in einem weiten Sinne zusammengeführt; somit sind dort Regelungen zur Ausstellung und offenen Aufbahrung von Verstorbenen (13 BestattVO) bis zu Regelungen zur Durchführung (Ablauf) sämtlicher zulässiger Bestattungsarten (neu: Tuchbestattung gemäß § 15 BestattVO und Seebestattung gemäß § 27) verortet. Aus dem bisherigen 6. Abschnitt wurden Regelungen unter dem 4. Abschnitt zur (nun) *„Beförderung von Verstorbenen"*. Im vorletzten Abschnitt (5. Abschnitt, ehemals 7. Abschnitt) befinden sich nach wie vor die *„weiteren Regelungen"*, jedoch ergänzt um Regelungen zu *„Bestatterinnen und Bestattern"* (§ 33 BestattVO / früher § 15 (*„Leichenbesorger"*). Regelungen zum Inkrafttreten und Übergangsregelungen sind weiterhin dem letzten – nun 6. – Abschnitt vorbehalten.

Die wesentlichen inhaltlichen Neuerungen durch die Neufassung der Bestattungsverordnung vom 13.5.2015 betreffen die nachfolgend aufgeführten Regelungen: Unter dem 1. Abschnitt – *„Friedhöfe und Leichenhallen"* – wurden neue Regelungen zur Zulässigkeit von *„Tuchbestattungen"* (§ 4 BestattVO) und reinen *„Urnenfriedhöfe"* (§ 5 BestattVO) aufgenommen. Unter dem 2. Abschnitt – *„Leichenschau"* – wurden unter § 10 Abs. 1 BestattVO (*„Leichenschau"*) konkretisierende technische Anforderungen an ein Datenaustauschformat zu einer elektronischen Übermittlung der Inhalte des nicht vertraulichen Teils der Sterbemitteilung von den Standesämtern an die Gesundheitsämter im Sinne von § 22 Abs. 6 BestattG geregelt. Die meisten Neuerungen betreffen den 3. Abschnitt der Bestattungsverordnung (*„Bestattung"*). Nach § 13 Abs. 1 Satz 2 BestattVO ist nun ausdrücklich geregelt, dass Särge bei Bestattungsfeierlichkeiten nur innerhalb geschlossener Feierhallen und kirchlicher Räume geöffnet werden dürfen; das Öffnen des Sarges an der Grabstätte im Rahmen von Tuchbestattungen ist zulässig (§ 13 Abs. 1 Satz 3 BestattVO). § 15 BestattVO (*„Tuchbestattungen"*) enthält Maßgaben zur Durchführung von Tuchbestattungen im Sinne von § 39 Abs. 1 Satz 3 BestattG. Vorgaben zur Beschaffenheit von Urnen für Naturbestattungen sind in § 24 Abs. 3 BestattVO, und zur Beschaffenheit von

Urnen für Seebestattungen in § 24 Abs. 4 BestattVO, geregelt. Maßgaben zur Durchführung einer Seebestattung finden sich unter § 27 BestattVO. Unter dem 4. Abschnitt – *„Beförderung von Verstorbenen"* – betreffen die wesentlichen Neuerungen die Maßgaben zur *„Beförderung Verstorbener im Öffentlichen Raum"* gemäß § 29 BestattVO. Erleichterte Maßgaben gelten insbesondere für Transporte innerhalb Baden-Württembergs außerhalb standesamtlicher Öffnungszeiten (§ 29 Abs. 1 Satz 2 BestattVO). Im Falle eines Transportes von Verstorbenen ins Ausland dürfen künftig anstelle eines Innensarges aus Zink auch flüssigkeits- und gasdichte Umhüllungen verwandt werden, sofern diese den Vorgaben der beteiligten Fluggesellschaften sowie den Vorgaben der Empfängerländer entsprechen (§ 29 Abs. 3 Satz 3 BestattVO).

Durch Art. 1 der Verordnung des Sozialministeriums zur Änderung der Bestattungsverordnung vom 17.4.2020 (GBl. S. 200) wird die Bestattungsverordnung vom 13.5.2015 (GBl. S. 348) im Zuge der andauernden Corona-Pandemie und damit zwischenzeitlich einhergehender Engpässe bei der Versorgung mit Schutzbekleidung punktuell geändert. Für das Sozialministerium als zuständiger Behörde wurde hinsichtlich solchermaßen verstorbenen Personen, die zum Todeszeitpunkt an einer Infektionskrankheit gelitten haben, die Möglichkeit geschaffen, die Pflicht zur Durchführung einer zweiten Leichenschau als Zulässigkeitsvoraussetzung von Feuerbestattungen zeitlich befristet auszusetzen (§§ 16 Abs. 2 Satz 2, 17 Abs. 1 Satz 1 und 36 Abs. 3 BestattVO). Hierbei handelt es sich vor dem Hintergrund unaufgeklärter Tötungsdelikte um eine äußerst fragwürdige Ermächtigungsgrundlage. Insofern darf wohl davon ausgegangen werden, dass das Sozialministerium hiervon künftig keinen Gebrauch machen wird. In der Praxis dürfte diese Änderung somit kaum mehr eine Rolle spielen.

Bestattungsgesetz (BestattG)

vom 21. Juli 1970 (GBl. S. 395, ber. S. 458),
zuletzt geändert durch Änderungsgesetz vom 3. Februar 2021 (GBl. S. 55)

– Text –

ERSTER TEIL
FRIEDHOFSWESEN

Erster Abschnitt
Anlegung und Unterhaltung von Bestattungsplätzen

1.
Friedhöfe

§ 1
Allgemeines

(1) Die Gemeinden sind verpflichtet, Friedhöfe anzulegen, zu unterhalten und zu erweitern (Gemeindefriedhöfe), wenn hierfür ein öffentliches Bedürfnis vorliegt. Für die verstorbenen Gemeindeeinwohner sowie für die in der Gemeinde verstorbenen oder tot aufgefundenen Personen ohne Wohnsitz oder mit unbekanntem Wohnsitz müssen Friedhöfe bereitstehen.

(2) Kirchen und Kirchengemeinden sowie Religions- und Weltanschauungsgemeinschaften, die Körperschaften des öffentlichen Rechts sind, können eigene Friedhöfe anlegen, unterhalten und erweitern (kirchliche Friedhöfe).

(3) Gemeinden und die in Absatz 2 genannten Friedhofsträger können auch reine Urnenfriedhöfe anlegen.

§ 2
Allgemeine Anforderungen

(1) Friedhöfe sind würdig anzulegen und zu unterhalten. Sie müssen den polizeilichen Erfordernissen, insbesondere denen der Gesundheit, entsprechen.

(2) Bei der Planung, Anlegung und Erweiterung von Friedhöfen sind die Belange des Städtebaues, der Landschaftspflege, der Landschaftsarchitektur und der Denkmalspflege zu berücksichtigen.

§ 3
Abstand

Bei der Anlegung oder Erweiterung von Friedhöfen muss ein ausreichender Abstand zu störenden Betrieben, Gewerbe- und Industriegebieten, Gebäuden und überbaubaren Grundstücksflächen eingehalten werden.

§ 4
Bodenbeschaffenheit und Lage

(1) Auf Friedhöfen dürfen Gräberfelder für Erdbestattungen nur in ausreichender Entfernung von Wasserversorgungsanlagen und nur auf Böden angelegt werden, die zur Leichenverwesung geeignet und die fähig sind, die Verwesungsprodukte ausreichend vom Grundwasser und der Außenluft fernzuhalten.

(2) Friedhöfe für Erdbestattungen dürfen nicht in Überschwemmungsgebieten, Wasserschutzgebieten oder Quellenschutzgebieten angelegt werden. Ist die weitere Zone eines Wasserschutzgebiets oder Quellenschutzgebiets unterteilt, so gilt das Verbot nur für den inneren Bereich.

(3) Die zuständige Behörde kann Ausnahmen von dem Verbot des Absatzes 2 für Wasserschutzgebiete und Quellenschutzgebiete zulassen, wenn eine Verunreinigung der Gewässer oder eine sonstige nachteilige Veränderung ihrer Eigenschaften nicht zu besorgen ist.

§ 5
Genehmigung

(1) Friedhöfe dürfen nur mit Genehmigung der zuständigen Behörde oder auf Grund eines Bebauungsplans angelegt oder erweitert werden. Bei kirchlichen Friedhöfen darf die Genehmigung nur im Einvernehmen mit der Gemeinde erteilt werden.

(2) Die Genehmigung ist schriftlich oder elektronisch zu erteilen. Sie darf bei Friedhöfen für Erdbestattungen nur versagt werden, wenn das Vorhaben den §§ 2 bis 4 oder sonstigen Rechtsvorschriften nicht entspricht, bei reinen Urnenfriedhöfen nach § 1 Absatz 3, wenn das Vorhaben den §§ 2 und 3 oder sonstigen Rechtsvorschriften nicht entspricht.

(3) Die Genehmigung ersetzt nicht eine nach anderen Rechtsvorschriften notwendige öffentlich-rechtliche Erlaubnis, Bewilligung, Genehmigung, Verleihung oder Zustimmung.

§ 6
Ruhezeit

(1) Für jeden Friedhof ist im Benehmen mit dem Gesundheitsamt festzulegen, wie lange die Grabstätten nicht erneut belegt werden dürfen (Ruhezeit). Die Ruhezeit der Verstorbenen ist nach der Verwesungsdauer festzulegen. Sie beträgt bei Kindern, die vor Vollendung des zweiten Lebensjahres gestorben sind, mindestens sechs Jahre, bei Kindern, die vor Vollendung des zehnten Lebensjahres gestorben sind, mindestens zehn Jahre, im Übrigen mindestens 15 Jahre (Mindestruhezeit). Diese Mindestruhezeiten sind auch für Aschen Verstorbener einzuhalten.

(2) Nach Ablauf der Ruhezeit aufgefundene Gebeine (Überreste von Verstorbenen) und Urnen mit Aschen Verstorbener sind in geeigneter Weise innerhalb des Friedhofs oder auf Hoher See zu bestatten. Dies gilt auch für Urnen die auf reinen Urnenfriedhöfen im Sinne des § 1 Absatz 3 bestattet waren.

§ 7
Verkehrssicherheit auf Gemeindefriedhöfen

Die mit der Verkehrssicherheit auf Gemeindefriedhöfen zusammenhängenden Pflichten obliegen den Organen und Bediensteten des Friedhofsträgers als Amtspflichten in Ausübung hoheitlicher Tätigkeit.

§ 8
Nutzungsbeschränkungen

(1) Bei der Errichtung von Gebäuden, die nicht Friedhofszwecken dienen, ist von Friedhöfen ein Abstand von mindestens 10m einzuhalten. Die Baurechtsbehörde kann hiervon Ausnahmen zulassen, wenn Ruhe und Würde des Friedhofs nicht wesentlich beeinträchtigt werden und polizeiliche Gründe nicht entgegenstehen.

(2) Bei der Errichtung von störenden Betrieben ist von Friedhöfen ein zur Aufrechterhaltung der Ruhe und Würde des Friedhofs ausreichender Abstand einzuhalten.

2.
Private Bestattungsplätze

§ 9

(1) Private Bestattungsplätze dürfen nur mit Genehmigung der zuständigen Behörde angelegt oder erweitert werden. Die Genehmigung darf nur im Einvernehmen mit der Gemeinde erteilt werden. Sie erfolgt schriftlich oder elektronisch.

(2) Die Genehmigung darf nur erteilt werden, wenn

1. ein berechtigtes Bedürfnis nachzuweisen ist,
2. eine würdige Gestaltung und Unterhaltung des Bestattungsplatzes während der Ruhezeit gesichert erscheint und
3. sonstige öffentliche Interessen oder überwiegende Belange Dritter nicht entgegenstehen.

(3) Die §§ 2 bis 4, § 5 Abs. 3 und § 6 gelten entsprechend.

Zweiter Abschnitt
Entwidmung und Schließung von Bestattungsplätzen

§ 10
Entwidmung vor Ablauf der Ruhezeit

(1) Vor Ablauf der Ruhezeit dürfen Friedhöfe oder Teile von Friedhöfen nicht entwidmet werden.

(2) Die zuständige Behörde kann hiervon Ausnahmen bewilligen, wenn an einer Nutzung des Friedhofsgeländes zu anderen Zwecken vor Ablauf der Ruhezeit ein zwingendes öffentliches Interesse besteht. In diesem Falle müssen Verstorbene in Erdgräbern und Urnen mit Aschen Verstorbener, deren Ruhezeit noch nicht abgelaufen ist, umgebettet und die Grabeinrichtungen verlegt werden. Die zuständige Behörde hat die notwendigen Schutzmaßnahmen anzuordnen. Die Umbettung bedarf keiner Erlaubnis nach § 41. Nutzungsberechtigte sind durch Einräumung eines entsprechenden Nutzungsrechts zu entschädigen. § 6 Abs. 2 gilt entsprechend.

§ 11
Nutzung privater Bestattungsplätze zu anderen Zwecken

Private Bestattungsplätze dürfen vor Ablauf der Ruhezeit anderen Zwecken nur zugeführt werden, wenn Verstorbene in Erdgräbern und Urnen mit Aschen Verstorbener,

deren Ruhezeit noch nicht abgelaufen ist, umgebettet worden sind. Aufgefundene Gebeine und Urnen sind beizusetzen.

Dritter Abschnitt
Grabstätten

§ 12
Reihengräber und Wahlgräber

(1) Auf Gemeindefriedhöfen ist für jede verstorbene Person eine Einzelgrabstätte (Reihengrab) zur Verfügung zu stellen.

(2) An Grabstätten auf Gemeindefriedhöfen kann ein öffentlich-rechtliches Nutzungsrecht eingeräumt werden (Wahlgrab). Das Nutzungsrecht wird durch eine schriftliche oder elektronische Nutzungserlaubnis erworben. Die Voraussetzungen für den Erwerb und der Inhalt des Nutzungsrechts sowie der Kreis der Nutzungsberechtigten sind in der Friedhofsordnung festzulegen.

(3) Die Einräumung eines Nutzungsrechts an Grabstätten auf kirchlichen Friedhöfen bleibt unberührt.

§ 13
Grüfte und Grabgebäude

(1) Auf Gemeindefriedhöfen dürfen Grüfte und Grabgebäude nur angelegt oder erweitert werden, wenn die Friedhofsordnung dies zuläßt.

(2) Grüfte und Grabgebäude müssen den polizeilichen Erfordernissen entsprechen. Sie dürfen nur mit Genehmigung der zuständigen Behörde angelegt oder erweitert werden. Ist zugleich eine Baugenehmigung erforderlich, so ist die Baurechtsbehörde zuständig.

§ 14
Gestaltung und Ausstattung

Gestaltung und Ausstattung der Grabstätten müssen der Würde des Orts entsprechen; Grabausstattungen müssen standsicher sein. Der Träger des Bestattungsplatzes ist berechtigt, nicht standsichere Grabausstattungen zu befestigen oder zu entfernen.

Vierter Abschnitt
Ordnung auf Bestattungsplätzen

§ 15

(1) Für Gemeindefriedhöfe ist eine Friedhofsordnung als Satzung zu erlassen. Sie enthält die Bestimmungen, die notwendig sind, Verstorbene geordnet und würdig zu bestatten, beizusetzen und zu ehren sowie die Ordnung auf dem Friedhof aufrechtzuerhalten.

(2) Die Ordnung auf anderen Bestattungsplätzen kann durch Polizeiverordnung geregelt werden.

(3) In Friedhofsordnungen und Polizeiverordnungen kann festgelegt werden, dass nur Grabsteine und Grabeinfassungen verwendet werden dürfen, die nachweislich ohne Einsatz schlimmster Formen der Kinderarbeit im Sinne des Artikels 3 des Übereinkommens 182 der Internationalen Arbeitsorganisation vom 17. Juni 1999 über das Verbot und

unverzügliche Maßnahmen zur Beseitigung der schlimmsten Formen der Kinderarbeit (BGBl. 2001 II S. 1290, 1291) hergestellt worden sind.

(4) Der Nachweis im Sinne des Absatzes 3 ist erbracht, wenn durch lückenlose Dokumentation dargelegt wird, dass die Grabsteine und Grabeinfassungen vollständig in Mitgliedstaaten der Europäischen Union, weiteren Vertragsstaaten des Abkommens über den Europäischen Wirtschaftsraum oder der Schweiz hergestellt wurden.

(5) Der Nachweis im Sinne des Absatzes 3 ist auch erbracht, wenn durch ein bewährtes Zertifikat bestätigt wird, dass die verwendeten Steine in der gesamten Wertschöpfungskette ohne Einsatz schlimmster Formen der Kinderarbeit hergestellt wurden. Bewährte Zertifikate sind schriftliche Erklärungen, die von gemeinnützigen oder anderen, von der herstellenden Industrie und dem Handel unabhängigen Organisationen oder Einrichtungen nach transparenten Kriterien vergeben werden und die mindestens sicherstellen, dass die Herstellung ohne Einsatz schlimmster Formen der Kinderarbeit regelmäßig durch sachkundige und unangemeldete Kontrollen vor Ort überprüft wird. Als bewährt gelten Zertifikate insbesondere, wenn den Zertifizierern auf allgemein zugänglichen und anerkannten Plattformen nach Evaluation des Zertifizierungsprozesses und Publikation der gewonnenen Ergebnisse Authentizität zugesprochen wird.

(6) Ist die Vorlage eines bewährten Zertifikats nicht oder nur unter unzumutbaren Belastungen möglich, hat der betroffene Händler stattdessen eine schriftliche Erklärung vorzulegen, in der er zusichert, dass ihm keinerlei Anhaltspunkte dafür bekannt sind, dass die Grabsteine und Grabeinfassungen unter Einsatz schlimmster Formen der Kinderarbeit hergestellt wurden.

(7) Eines Nachweises im Sinne von Absatz 3 bedarf es nicht, wenn der Letztveräußerer glaubhaft macht, dass die Grabsteine oder Grabeinfassungen aus Naturstein oder deren Rohmaterial vor dem 1. März 2021 in das Bundesgebiet eingeführt wurden.

Fünfter Abschnitt
Bestattungseinrichtungen

§ 16
Leichenhallen

Die Gemeinden sollen Leichenhallen errichten, soweit dafür ein öffentliches Bedürfnis besteht.

§ 17
Feuerbestattungsanlagen

Feuerbestattungsanlagen dürfen nur mit Genehmigung der zuständigen Behörde betrieben werden. Die Genehmigung ist schriftlich oder elektronisch zu erteilen. Sie darf nur versagt werden, wenn die Feuerbestattungsanlagen oder ihr Betrieb den Anforderungen des § 19 oder sonstigen Rechtsvorschriften nicht entspricht oder ein ausreichender Abstand zu störenden Betrieben, Einrichtungen und Verkehrsflächen nicht gewahrt wird beziehungsweise eine würdige Umgebung nicht gewährleistet ist. § 5 Abs. 3 gilt entsprechend.

§ 18
Sonstige Bestattungseinrichtungen

Die Gemeinden haben dafür zu sorgen, daß die sonstigen notwendigen Bestattungseinrichtungen zur Verfügung stehen. Dies gilt nicht für Bestattungseinrichtungen auf kirchlichen Friedhöfen und privaten Bestattungsplätzen. § 11 Abs. 1 Satz 2 der Gemeindeordnung für Baden-Württemberg bleibt unberührt.

§ 19
Allgemeine Anforderungen an Bestattungseinrichtungen

Bestattungseinrichtungen sind würdig und entsprechend den polizeilichen Erfordernissen zu gestalten und zu betreiben.

ZWEITER TEIL
LEICHENWESEN

Erster Abschnitt
Leichenschau

§ 20
Leichenschaupflicht

(1) Verstorbene und tot geborene Kinder sind zur Feststellung des Todes, des Todeszeitpunktes, der Todesart und der Todesursache von einer Ärztin oder einem Arzt zu untersuchen (Leichenschau).

(2) Jede niedergelassene Ärztin oder jeder niedergelassene Arzt ist verpflichtet, die Leichenschau auf Verlangen vorzunehmen. Gleiches gilt für Ärzte von Krankenhäusern und sonstigen Anstalten für Sterbefälle in der Anstalt.

(3) Sind Anhaltspunkte dafür vorhanden, dass der Tod in ursächlichem Zusammenhang mit einer Narkose, mit operativen oder anderen therapeutischen oder sonstigen medizinischen Maßnahmen einschließlich Schutzimpfung eingetreten ist, dürfen die die medizinische Maßnahme veranlassenden Ärzte die Leichenschau nicht durchführen. Diese haben sich auf die Feststellung des Todes zu beschränken. Die darüber hinausgehende Leichenschau ist von einem an der Behandlung nicht beteiligten Arzt durchzuführen.

(4) Im Rettungsdienst eingesetzte Notärzte sind nicht verpflichtet, Todesart und Todesursache, sondern lediglich den Tod festzustellen. Sie haben den Eintritt des Todes auf der Todesbescheinigung ohne Ursachenfeststellung festzuhalten, über die Rettungsleitstelle die Durchführung der Leichenschau zu veranlassen und bei Anhaltspunkten für einen nicht natürlichen Tod sofort die Rettungsleitstelle zu benachrichtigen, die die Polizei hiervon in Kenntnis setzt.

§ 21
Veranlassung der Leichenschau

(1) Bei einem Sterbefall sind verpflichtet, die Leichenschau unverzüglich zu veranlassen

1. die Ehegattin oder der Ehegatte, die Lebenspartnerin oder der Lebenspartner, die volljährigen Kinder, die Eltern, die Großeltern, die volljährigen Geschwister und Enkelkinder der verstorbenen Person (Angehörige),
2. die Person, in deren Wohnung, Einrichtung oder auf deren Grundstück der Sterbefall sich ereignet hat,
3. jede Person, die bei dem Tode zugegen war oder von dem Sterbefall aus eigenem Wissen unterrichtet ist.

(2) Bei einer Totgeburt sind verpflichtet, die Leichenschau unverzüglich zu veranlassen

1. der Vater,
2. die Hebamme, die bei der Geburt zugegen war,
3. die Ärztin oder der Arzt, die oder der bei der Geburt zugegen war,
4. jede andere Person, die dabei zugegen war oder von der Totgeburt aus eigenem Wissen unterrichtet ist.

(3) Eine Verpflichtung, die Leichenschau zu veranlassen, besteht nur, wenn eine in der Reihenfolge zuvor genannte Person nicht vorhanden oder verhindert ist.

(4) Bei Sterbefällen und Totgeburten sind vor den in den Absätzen 1 und 2 genannten Personen verpflichtet

1. in Krankenhäusern und Entbindungsheimen die ärztliche Leitung, bei mehreren selbständigen Abteilungen die ärztliche Abteilungsleitung,
2. auf Beförderungsmitteln deren Führer,
3. in Pflege- und Altersheimen, Erziehungs- und Gefangenenanstalten und ähnlichen Einrichtungen die Leitung.

§ 22
Vornahme der Leichenschau

(1) Die Ärztin oder der Arzt hat die Leichenschau unverzüglich vorzunehmen. Die Leichenschau ist an entkleideten Verstorbenen an dem Ort vorzunehmen, an dem der Tod eingetreten ist oder an dem sie aufgefunden worden sind. Die Entkleidung hat zu unterbleiben, wenn sich bereits ohne Untersuchung der Verdacht auf Anhaltspunkte für einen nicht natürlichen Tod ergibt. Um eine Leichenschau im Freien zu vermeiden, kann von Satz 2 abgewichen werden. Die Ärztin oder der Arzt ist berechtigt, zum Zweck der Leichenschau jederzeit den Ort zu betreten, an dem die Verstorbenen sich befinden, um dort die Leichenschau vorzunehmen. Das Grundrecht der Unverletzlichkeit der Wohnung (Artikel 13 Abs. 1 des Grundgesetzes) wird insoweit eingeschränkt.

(2) Die Ärztin oder der Arzt hat unverzüglich eine Todesbescheinigung (nicht vertraulicher und vertraulicher Teil) auszustellen, wenn sichere Zeichen des Todes festgestellt wurden. Sichere Zeichen des Todes sind Totenstarre, Totenflecken, Fäulniserscheinungen, mit dem Leben unvereinbare Verletzungen, Hirntod sowie die Erfolglosigkeit der Reanimation nach hinreichend langer Dauer.

(3) Ergeben sich Anhaltspunkte für einen nicht natürlichen Tod, ist die Todesart ungeklärt oder handelt es sich bei den Verstorbenen um unbekannte Personen, so hat die Ärztin oder der Arzt sofort eine Polizeidienststelle zu verständigen. Sie oder er hat, soweit ihr oder ihm das möglich ist, dafür zu sorgen, daß an den Verstorbenen und deren Umgebung bis zum Eintreffen der Polizei keine Veränderungen vorgenommen werden. Die Todesbescheinigung darf erst ausgehändigt werden, wenn die Staatsanwaltschaft oder der Amtsrichter die Bestattung schriftlich oder elektronisch genehmigt hat.

(4) Die Todesbescheinigung darf für die Todesursachenstatistik, für Zwecke eines epidemiologischen Krebsregisters sowie für die Durchführung von wissenschaftlich-medizinischen Forschungsvorhaben von öffentlichen Einrichtungen mit der Aufgabe unabhängiger wissenschaftlicher Forschung verwendet werden. Das Gesundheitsamt kann zur Durchführung wissenschaftlich-medizinischer Forschungsvorhaben in die Todesbescheinigung Einsicht gewähren oder Auskünfte daraus erteilen, soweit

1. ein berechtigtes Interesse an dem Forschungsvorhaben besteht und

2. keine Anhaltspunkte dafür vorliegen, daß schutzwürdige Belange der Verstorbenen oder der Hinterbliebenen beeinträchtigt werden, oder das berechtigte Interesse an dem Forschungsvorhaben diese erheblich überwiegt.

Die Einsichtnahme oder Auskunfterteilung kann insbesondere versagt werden, wenn sie einen unverhältnismäßig großen Aufwand verursacht. Für die Verarbeitung der Angaben in der Todesbescheinigung bei der Durchführung von wissenschaftlich-medizinischen Forschungsvorhaben von öffentlichen Einrichtungen gilt § 13 Absatz 1 bis 3 des Landesdatenschutzgesetzes (LDSG) entsprechend; öffentliche Einrichtungen, die ihren Sitz nicht im Geltungsbereich dieses Gesetzes haben, haben sich schriftlich oder elektronisch zu verpflichten, die Daten nur für das Forschungsvorhaben zu nutzen und die Vorschriften des § 13 Abs. 1 bis 3 LDSG einzuhalten.

(5) Das Gesundheitsamt kann auf Antrag in die Todesbescheinigung Einsicht gewähren oder Auskünfte daraus erteilen, wenn der Antragsteller ein rechtliches Interesse an der Kenntnis über die Todesumstände des namentlich bezeichneten Verstorbenen glaubhaft macht und kein Grund zu der Annahme besteht, daß durch die Offenbarung schutzwürdige Belange des Verstorbenen oder der Hinterbliebenen beeinträchtigt werden.

(6) Die Standesämter übermitteln den zuständigen Stellen bei Sterbefällen folgende Daten:

1. Standesamt
2. Personenstandsregisternummer
3. Nachname
4. ggf. Geburtsname
5. Vorname
6. Anschrift (Straße, Hausnummer, Postleitzahl, Wohnort, Kreis)
7. Geburtsdatum
8. Geburtsort
9. Geschlecht
10. soweit bestimmbar Todeszeitpunkt (Tag, Monat, Jahr, Stunde, Minute), sonst Zeitpunkt des Auffindens des Verstorbenen (Tag, Monat, Jahr, Stunde, Minute).

Die Übermittlungen erfolgen elektronisch, soweit die technischen Voraussetzungen hierfür geschaffen sind.

§ 23
Auskunftspflicht

Ärztinnen und Ärzte sowie Heilpraktikerinnen und Heilpraktiker, die die Verstorbenen wegen einer dem Tode vorausgegangenen Erkrankung behandelt haben, und die Angehörigen der Verstorbenen sind verpflichtet, der Person, die die Leichenschau vornimmt, über diese Erkrankung und die Todesumstände Auskunft zu geben.

§ 24
Kosten der Leichenschau

Die Kosten der Leichenschau fallen demjenigen zur Last, der die Bestattungskosten zu tragen hat, soweit nicht andere hierzu verpflichtet sind. Zu diesen Kosten gehört auch das Entgelt, das einem nach § 23 Auskunftspflichtigen für die Auskunft zusteht.

Zweiter Abschnitt

Umgang mit Verstorbenen

§ 25
Allgemeines

Mit Verstorbenen ist würdig und in gesundheitlich unbedenklicher Weise umzugehen.

§ 26
Leichenbesorger

Personen, die gewerbsmäßig oder berufsmäßig Verstorbene reinigen, ankleiden oder einsargen, dürfen beim Herstellen, Behandeln oder Inverkehrbringen von Lebensmitteln und Trinkwasser nicht tätig sein oder beschäftigt werden. Satz 1 gilt nicht für den privaten hauswirtschaftlichen Bereich.

§ 27
Überführung in Leichenhallen

(1) Ist eine öffentliche Leichenhalle vorhanden, so müssen Verstorbene binnen 36 Stunden nach Eintritt des Todes, jedoch nicht vor Ausstellung der Todesbescheinigung, dorthin überführt werden, wenn sie nicht innerhalb dieser Frist in einer anderen Leichenhalle oder einem Leichenraum aufgebahrt werden. Unberührt bleiben besondere Schutzvorschriften.

(2) Die zuständige Behörde kann von Absatz 1 Satz 1 Ausnahmen bewilligen, wenn die beabsichtigte Aufbahrung gesundheitlich unbedenklich ist.

(3) Für die Verpflichtung, Verstorbene in eine öffentliche Leichenhalle zu überführen, gilt § 31 entsprechend.

§ 28
Außergerichtliche Leichenöffnung

(1) Ergeben sich Anhaltspunkte für einen nicht natürlichen Tod, ist die Todesart ungeklärt oder handelt es sich um unbekannte Verstorbene, so darf eine außergerichtliche Leichenöffnung nur vorgenommen werden, wenn die Staatsanwaltschaft oder das Amtsgericht der Leichenöffnung zugestimmt oder die Bestattung schriftlich genehmigt hat.

(2) Eine öffentliche Leichenöffnung ist unzulässig.

§ 29
Konservierung und Einbalsamierung von Verstorbenen

(1) Verstorbene, die erdbestattet werden sollen, dürfen nur konserviert oder einbalsamiert werden, wenn für den vorgesehenen Bestattungsort (§ 33 Absatz 1) die Bestattung konservierter oder einbalsamierter Verstorbener zugelassen ist und wenn nicht zu besorgen ist, daß diese innerhalb der Ruhezeit unzureichend verwesen. Dies gilt nicht, wenn Verstorbene in das Ausland befördert werden sollen.

(2) Solange keine Todesbescheinigung (§ 22 Abs. 2) vorliegt, dürfen Verstorbene nicht konserviert oder einbalsamiert werden.

Dritter Abschnitt

Bestattung und Ausgrabung von Verstorbenen, Beisetzung von Aschen Verstorbener

1.

Bestattung und Beisetzung

§ 30

Bestattungspflicht

(1) Verstorbene müssen bestattet werden. Hierzu zählen auch alle tot geborenen Kinder und in der Geburt verstorbenen Leibesfrüchte mit einem Gewicht von mindestens 500 Gramm (Totgeburt).

(2) Fehlgeburten sind tot geborene Kinder und während der Geburt verstorbene Leibesfrüchte mit einem Gewicht unter 500 Gramm. Fehlgeburten sind auf Verlangen eines Elternteils auf Kosten der Eltern zu bestatten; § 46 Absatz 4 und § 47 gelten entsprechend. Ist die Geburt in einer Einrichtung erfolgt, hat deren Träger sicherzustellen, dass mindestens ein Elternteil auf diese Bestattungsmöglichkeit hingewiesen wird.

(3) Jede aus einem Schwangerschaftsabbruch stammende Leibesfrucht (Ungeborenes) gilt als Fehlgeburt und ist als solche nach Absatz 2 Satz 2 und 3 zu behandeln. Liegt keine Erklärung mindestens eines Elternteils nach Absatz 2 Satz 2 vor, sind Fehlgeburten und Ungeborene von den Einrichtungen unter würdigen Bedingungen zu sammeln und zu bestatten. Die Kosten hierfür trägt der Träger der Einrichtung.

(4) Fehlgeburten und Ungeborene, die nicht bestattet werden, dürfen allein wissenschaftlichen Zwecken dienen. Für die Verwendung zu wissenschaftlichen Zwecken muss vorher die Zustimmung beider Elternteile vorliegen. Die wissenschaftliche Einrichtung muss für die Bestattung der Fehlgeburten und Ungeborenen sorgen, sobald sie nicht mehr wissenschaftlichen Zwecken dienen.

(5) Abgetrennte Körperteile sind, soweit sie nicht bestattet werden, hygienisch einwandfrei und dem sittlichen Empfinden entsprechend zu beseitigen, soweit und solange sie nicht wissenschaftlichen Zwecken dienen.

§ 31

Bestattungspflichtige

(1) Für die Bestattung müssen die Angehörigen (§ 21 Abs. 1 Nr. 1) sorgen. Für die Reihenfolge der Verpflichteten gilt § 21 Abs. 3 entsprechend.

(2) Wird nicht oder nicht rechtzeitig für die Bestattung gesorgt, so hat die zuständige Behörde diese anzuordnen oder auf Kosten der Bestattungspflichtigen selbst zu veranlassen, wenn die Verstorbenen nicht einem anatomischen Institut zugeführt werden.

§ 32

Bestattungsart

(1) Die Bestattung kann als Erd-, Feuer- oder Seebestattung vorgenommen werden. Die Art der Bestattung richtet sich nach dem Willen der verstorbenen Person. Ist ein Wille der verstorbenen Person nicht bekannt, bestimmen die Angehörigen (§ 21 Abs. 1 Nr. 1) die Bestattungsart. Werden von den Angehörigen Einwendungen gegen die Feuerbestattung erhoben, so ist nur die Erdbestattung zulässig, sofern ein Gericht nichts anderes entscheidet.

(2) Erdbestattung ist die Bestattung Verstorbener in einem Sarg in einer Grabstätte; § 39 Abs. 1 Satz 3 bleibt hiervon unberührt. Feuerbestattung ist die Einäscherung Verstorbener in einem Sarg und die Beisetzung der Asche. Seebestattung ist die Beisetzung einer Urne auf Hoher See. Eine Seebestattung in oberirdischen Gewässern (§ 3 Nummer 1 des Wasserhaushaltsgesetzes) ist unzulässig.

§ 33
Bestattungs- und Beisetzungsort

(1) Verstorbene dürfen nur auf Bestattungsplätzen erdbestattet werden. Die zuständige Behörde kann Erdbestattungen an anderen Orten zulassen, die §§ 2, 4 und 6, § 9 Abs. 2 sowie § 11 gelten entsprechend.

(2) Verstorbene dürfen nur in Feuerbestattungsanlagen eingeäschert werden (Feuerbestattung), deren Betrieb behördlich genehmigt ist.

(3) Für die Beisetzung von Aschen Verstorbener gilt Absatz 1 entsprechend. § 4 ist jedoch nicht anzuwenden.

§ 34
Zulässigkeit der Erdbestattung

(1) Verstorbene dürfen erst dann erdbestattet werden, wenn die Ärztin oder der Arzt den nicht vertraulichen Teil der Todesbescheinigung ausgestellt und das Standesamt auf diesem die vollzogene Eintragung des Sterbefalles in das Sterberegister vermerkt hat.

(2) Solange der nicht vertrauliche Teil der Todesbescheinigung nicht den Vermerk des Standesamts trägt, dürfen die Verstorbenen nur mit Genehmigung der für den Sterbeort zuständigen Behörde bestattet werden.

(3) Verstorbene, die aus einem Gebiet außerhalb Baden-Württembergs überführt worden sind, dürfen erst erdbestattet werden, wenn ein Leichenpaß vorliegt. Für die Erdbestattung von Verstorbenen aus einem anderen Land der Bundesrepublik Deutschland genügt eine nach den Vorschriften dieses Landes ausgestellte Bescheinigung, aus der sich die Zulässigkeit der Bestattung ergibt. Liegen diese Unterlagen nicht vor, so dürfen Verstorbene nur mit Erlaubnis der für den Bestattungsort zuständigen Behörde bestattet werden.

(4) Sind Anhaltspunkte für einen nicht natürlichen Tod vorhanden, ist die Todesart ungeklärt oder handelt es sich um unbekannte Verstorbene, so ist zur Bestattung außerdem die schriftliche Genehmigung der Staatsanwaltschaft oder des Amtsgerichts erforderlich.

§ 35
Zulässigkeit der Feuerbestattung

(1) Verstorbene dürfen nur mit Erlaubnis der zuständigen Behörde feuerbestattet werden.

(2) Sind Anhaltspunkte für einen nicht natürlichen Tod vorhanden, ist die Todesart ungeklärt oder handelt es sich um unbekannte Verstorbene, so darf die Erlaubnis erst dann erteilt werden, wenn die Staatsanwaltschaft oder das Amtsgericht die Feuerbestattung schriftlich oder elektronisch genehmigt hat.

§ 36
Frühester Bestattungszeitpunkt

(1) Verstorbene dürfen bestattet werden, wenn durch ärztliche Leichenschau jede Möglichkeit eines Scheintods ausgeschlossen ist.

(2) Die zuständige Behörde kann aus gesundheitlichen Gründen den Zeitpunkt der Bestattung anordnen.

§ 37

Bestattungs- und Beförderungsfrist

(1) Verstorbene, die nicht in Leichenhallen oder Leichenräumen aufgebahrt sind, müssen spätestens 96 Stunden nach Eintritt des Todes bestattet sein oder bei einer Beförderung in das Gebiet einer anderen Gemeinde auf den Weg gebracht werden. Treffen Verstorbene nach Ablauf dieser Frist am Bestattungsort ein, so sind sie dort unverzüglich zu bestatten. Tage, an denen nicht bestattet wird, bleiben bei der Berechnung der Bestattungsfrist unberücksichtigt. Können die zur Bestattung oder Beförderung nach §§ 34, 35 und 44 erforderlichen Unterlagen nicht rechtzeitig beschafft werden, so ist die Bestattung oder Beförderung unverzüglich vorzunehmen, sobald die Unterlagen vorliegen.

(2) Die zuständige Behörde kann hiervon Ausnahmen zulassen, wenn keine gesundheitlichen Gefahren zu befürchten sind. Sie kann aus gesundheitlichen Gründen anordnen, daß Verstorbene früher zu bestatten oder auf den Weg zu bringen sind.

§ 38

Bestattungsunterlagen

Die für Bestattungen auf Bestattungsplätzen und in Feuerbestattungsanlagen Verantwortlichen dürfen Bestattungen nur zulassen, wenn Ihnen die nach § 34 und § 35 Abs. 1 vorgeschriebenen Bestattungsunterlagen ausgehändigt worden sind oder wenn eine Anordnung nach § 36 Absatz 2 oder § 37 Abs. 2 Satz 2 vorliegt.

§ 39

Särge und Urnen, konservierte und einbalsamierte Verstorbene

(1) Verstorbene dürfen nur in Särgen erdbestattet werden. Für die Erdbestattung dürfen nur Holzsärge verwendet werden, es sei denn, dass die Verstorbenen in einem Metallsarg zum Bestattungsort überführt werden müssen. In den Fällen, in denen die Religionszugehörigkeit eine Bestattung ohne Sarg vorsieht, können die Verstorbenen in Tüchern erdbestattet werden, sofern keine gesundheitlichen Gefahren zu befürchten sind. Für den Transport Verstorbener bis zur Grabstätte sind geschlossene Särge zu verwenden. § 13 der Bestattungsverordnung bleibt unberührt.

(2) Ist zu befürchten, daß Verstorbene in Särgen aus Hartholz oder Metall innerhalb der Ruhezeit oder der Nutzungszeit nicht ausreichend verwesen, so kann in der Friedhofsordnung insbesondere vorgeschrieben werden,

1. **daß Särge aus leicht verweslichem Holz zu verwenden sind,**
2. **daß Verstorbene, die in Särgen aus Hartholz oder Metall überführt worden sind, in besonderen Teilen des Friedhofs bestattet werden. Für diese Friedhofsteile ist eine längere Ruhezeit festzulegen.**

(3) Die Aschen Verstorbener sind in festen und verschlossenen Urnen beizusetzen.

(4) Das Sozialministerium kann durch Rechtsverordnung zulassen, daß für Särge andere, dem Holze gleichwertige Materialien verwendet werden.

(5) Absatz 2 Nr. 2 gilt für konservierte und einbalsamierte Verstorbene entsprechend.

§ 40

Bestattungsbuch

Für alle Grabstätten ist vom Träger des Bestattungsplatzes ein Bestattungsbuch zu führen. In das Bestattungsbuch sind Namen, Geschlecht, Geburtsdatum und Todestag der verstorbenen Person, der Tag der Bestattung oder der Beisetzung sowie die Nummer der Grabstätte einzutragen.

2.

Ausgrabung

§ 41

Verstorbene dürfen nur mit Erlaubnis der zuständigen Behörde ausgegraben werden. Diese hat die zum Schutze der Gesundheit notwendigen Maßnahmen anzuordnen.

Vierter Abschnitt

Verstorbene in anatomischen Instituten

§ 42

(1) Verstorbene dürfen in einem anatomischen Institut wissenschaftlichen Zwecken erst dann zugeführt werden, wenn die für die Erdbestattung nach § 34 vorgeschriebenen Bestattungsunterlagen vorliegen.

(2) § 37 Abs. 1 gilt nicht für die Bestattung von Verstorbenen, die zu wissenschaftlichen Zwecken in anatomische Institute gebracht werden. § 29 Abs. 1 ist nicht anzuwenden.

(3) Das anatomische Institut hat dafür zu sorgen, daß durch die ihm zugeführten Verstorbenen übertragbare Krankheiten nicht weiterverbreitet werden.

(4) Das anatomische Institut muß für die Bestattung der Verstorbenen sorgen, sobald sie nicht mehr wissenschaftlichen Zwecken dienen.

Fünfter Abschnitt

Beförderung von Verstorbenen

§ 43

Allgemeines

(1) Verstorbene sind in würdiger und gesundheitlich unbedenklicher Weise zu befördern.

(2) Zur Beförderung vom Sterbeort an einen anderen Ort innerhalb von Baden-Württemberg kann auch eine blick- und flüssigkeitsdichte Umhüllung verwendet werden.

(3) Sollen Verstorbene zum Zweck der Feuerbestattung in ein anderes Bundesland oder in Orte außerhalb Deutschlands befördert werden, muss vor der Beförderung eine zweite Leichenschau durchgeführt werden. Satz 1 gilt in Fällen von Ausgrabungen nach § 41 Satz 1 nur insoweit, als eine zweite Leichenschau nach Prüfung durch das zuständige Gesundheitsamt noch möglich ist.

§ 44
Leichenpaß

(1) Verstorbene dürfen in Orte außerhalb Deutschlands nur mit einem Leichenpass befördert werden. § 43 Abs. 2 bleibt unberührt.

(2) Zur Beförderung in ein anderes Bundesland ist ein Leichenpaß auszustellen, wenn das Land die Beförderung oder die Bestattung Verstorbener von der Vorlage eines Leichenpasses abhängig macht. Entsprechendes gilt für die Beförderung mit der Eisenbahn. § 43 Abs. 2 bleibt unberührt.

(3) Das Sozialministerium kann durch Rechtsverordnung bestimmen, daß Verstorbene auch in anderen Fällen nur mit einem Leichenpaß befördert werden dürfen, wenn dies zur Verhütung gesundheitlicher Gefahren notwendig ist.

(4) Der Leichenpaß darf erst ausgestellt werden, wenn die für eine Erdbestattung nach § 34 Abs. 1, 2 und 4 vorgeschriebenen Bestattungsunterlagen vorliegen.

§ 45
Verstorbene aus dem Ausland

(1) Aus dem Ausland dürfen Verstorbene nur mit einem Leichenpaß der zuständigen Behörde überführt werden. § 35 Abs. 2 gilt entsprechend.

(2) Werden Verstorbene aus dem Ausland zuerst durch ein anderes Land der Bundesrepublik Deutschland befördert, so genügt ein von diesem Land ausgestellter Leichenpaß.

§ 46
Beförderungsunterlagen und Beförderungsverzeichnis

(1) Verstorbene dürfen erst dann befördert werden, wenn der nicht vertrauliche Teil der Todesbescheinigung den Vermerk über die Eintragung in das Sterberegister trägt. Der nicht vertrauliche Teil der Todesbescheinigung mit dem Vermerk des Standesamts über die Eintragung des Sterbefalls in das Sterberegister ist dabei mitzuführen.

(2) Außerhalb der Öffnungszeiten der Standesämter dürfen Verstorbene innerhalb des Landes Baden-Württemberg in andere Gemeinden befördert werden. In diesen Fällen ist den Standesämtern der Sterbefall schnellstmöglich anzuzeigen und eine Mehrfertigung des nicht vertraulichen Teils der Todesbescheinigung bei der Beförderung mitzuführen. Die Bestimmungen in Kapitel 6 Abschnitt 1 des Personenstandsgesetzes bleiben unberührt.

(3) Absätze 1 und 2 gelten nicht für Beförderungen im Rahmen strafprozessualer Ermittlungen und für Beförderungen zur nächsten Leichenhalle oder zum nächsten Bestattungsplatz.

(4) Sind Anhaltspunkte für einen nicht natürlichen Tod vorhanden, ist die Todesart ungeklärt oder handelt es sich bei den Verstorbenen um unbekannte Personen, so ist zur Beförderung in eine andere Gemeinde außerdem die schriftliche Genehmigung der Staatsanwaltschaft oder des Amtsgerichts erforderlich.

(5) Unternehmen, die Verstorbene gewerbsmäßig oder berufsmäßig befördern, sind verpflichtet, Beförderungen in andere Gemeinden unverzüglich in ein Verzeichnis einzutragen. Dabei sind Namen, Geburtsdatum und Todestag der verstorbenen Person sowie Beginn und Zielort der Beförderung anzugeben. Die zuständige Behörde kann aus dem Verzeichnis Auskunft über jede Beförderung verlangen; es ist ihr auf Verlangen vorzulegen. Das Verzeichnis ist so lange aufzubewahren, dass aus ihm über die Beförderungen innerhalb der letzten fünf Jahre Auskunft gegeben werden kann.

(6) Werden Verstorbene zum Zweck der Erdbestattung in ein anderes Bundesland oder in Orte außerhalb Deutschlands befördert, muss der zuständigen Behörde des Sterbeorts gegenüber gewährleistet sein, dass diese am vorgesehenen Ort erdbestattet wird.

§ 47
Bestattungsfahrzeuge

(1) Verstorbene dürfen im Straßenverkehr nur mit Bestattungsfahrzeugen befördert werden.

(2) Die zuständige Behörde kann zulassen, daß andere Fahrzeuge benutzt werden, wenn eine würdige Beförderung gesichert ist und gesundheitliche Gefahren nicht zu befürchten sind. Die Benutzung von Fahrzeugen, die der gewerblichen Personenbeförderung, der Beförderung von Lebensmitteln oder von Tieren dienen darf nicht zugelassen werden.

(3) Bestattungsfahrzeuge sind Fahrzeuge, die zur Beförderung von Verstorbenen eingerichtet sind und ausschließlich hierfür verwendet werden.

§ 48
Bergung von Verstorbenen

Die §§ 44 bis 47 gelten nicht für die Bergung von Verstorbenen und die Beförderung tödlich Verunglückter von der Unfallstelle weg.

DRITTER TEIL
ORDNUNGSWIDRIGKEITEN UND RECHTSVORSCHRIFTEN

§ 49
Ordnungswidrigkeiten

(1) Ordnungswidrig handelt, wer vorsätzlich oder fahrlässig

1. einen privaten Bestattungsplatz ohne Genehmigung der zuständigen Behörde anlegt oder erweitert (§ 9 Abs. 1),
2. einen privaten Bestattungsplatz entgegen § 11 vor Ablauf der Ruhezeit anderen Zwecken zuführt,
3. eine Gruft oder ein Grabgebäude ohne Genehmigung anlegt oder erweitert (§ 13 Abs. 2 Satz 2),
4. die Leichenschau entgegen § 20 Abs. 2 nicht oder nicht unverzüglich vornimmt (§ 22 Abs. 1),
5. entgegen § 20 Abs. 4 den Tod nicht feststellt und den Eintritt des Todes nicht auf der Todesbescheinigung ohne Ursachenfeststellung festhält,
6. der ihr oder ihm obliegenden Pflicht, die Leichenschau zu veranlassen, nicht oder nicht unverzüglich nachkommt (§ 21),
7. die Todesbescheinigung nicht oder nicht unverzüglich ausstellt (§ 22 Abs. 2),
8. entgegen § 22 Abs. 3 eine Polizeidienststelle nicht oder nicht sofort verständigt,
9. entgegen § 25 mit Verstorbenen unwürdig oder in gesundheitlich bedenklicher Weise umgeht,
10. entgegen § 26 beim Herstellen, Behandeln oder Inverkehrbringen von Lebensmitteln und Trinkwasser tätig oder beschäftigt ist, obwohl er gewerbsmäßig oder berufsmäßig Verstorbene reinigt, ankleidet oder einsargt,

11. entgegen § 28 eine außergerichtliche oder öffentliche Leichenöffnung vornimmt,
12. Verstorbene beiseite schafft oder der Bestattung entzieht,
13. entgegen § 30 Abs. 2 Satz 2 und 3 nicht mindestens einen Elternteil von Fehlgeburten oder Ungeborenen auf deren Bestattungsmöglichkeit hinweist oder die gewünschte Bestattung einer Fehlgeburt oder eines Ungeborenen versagt,
14. entgegen § 30 Absatz 4 Fehlgeburten oder Ungeborene ohne vorherige Zustimmung beider Elternteile zu wissenschaftlichen Zwecken verwendet,
15. entgegen § 30 Absatz 5 abgetrennte Körperteile nicht hygienisch einwandfrei und dem sittlichen Empfinden entsprechend beseitigt,
16. entgegen § 31 Abs. 1 als verpflichtete Person nicht für die Bestattung sorgt,
17. entgegen § 32 Abs. 1 Satz 4 anstatt der Erd- die Feuerbestattung in Auftrag gibt oder zulässt, obwohl von Angehörigen (§ 21 Abs. 1 Nr. 1) Einwendungen gegen die Feuerbestattung erhoben werden,
18. Verstorbene entgegen § 33 Abs. 1 außerhalb von Bestattungsplätzen bestattet oder bestatten läßt oder entgegen § 33 Abs. 2 außerhalb von behördlich genehmigten Feuerbestattungsanlagen einäschert oder einäschern läßt,
19. die Asche Verstorbener entgegen § 33 Abs. 3 außerhalb von Bestattungsplätzen beisetzt oder beisetzen läßt,
20. Verstorbene ohne die erforderlichen Bestattungsunterlagen (§ 38) bestattet oder bestatten läßt,
21. als bestattungspflichtige Person (§ 31 Abs. 1) entgegen § 37 Abs. 1 die Bestattung oder die Beförderung Verstorbener verzögert oder die Anordnung der Bestattung oder Beförderung durch die zuständige Behörde nach § 36 Absatz 2 oder § 37 Abs. 2 Satz 2 nicht befolgt,
22. Verstorbene ohne Erlaubnis der zuständigen Behörde ausgräbt oder ausgraben läßt (§ 41),
23. Verstorbene entgegen § 43 Abs. 2 ohne zweite Leichenschau in ein anderes Bundesland oder in Orte außerhalb Deutschlands befördert,
24. Verstorbene ohne den nach § 44 Abs. 1 oder 2 oder § 45 vorgeschriebenen Leichenpaß oder ohne die in § 46 Absatz 1 oder Absatz 2 vorgeschriebenen Beförderungsunterlagen befördert oder befördern läßt,
25. entgegen § 46 Absatz 5 das Beförderungsverzeichnis nicht oder nicht ordnungsgemäß führt oder der zuständigen Behörde auf Verlangen aus dem Verzeichnis keine Auskunft erteilt oder es ihr nicht vorlegt,
26. Verstorbene entgegen § 47 nicht in einem Bestattungsfahrzeug befördert oder befördern läßt.

(2) Ordnungswidrig handelt auch, wer

1. entgegen § 22 Abs. 1 Satz 5 die Leichenschau behindert oder vereitelt, insbesondere als Inhaberin oder Inhaber der tatsächlichen Gewalt der Ärztin oder dem Arzt das Betreten des Orts verweigert, an dem sich die Verstorbene oder der Verstorbene befindet,
2. als Ärztin oder Arzt, Heilpraktikerin oder Heilpraktiker oder als Angehöriger der verstorbenen Person entgegen § 23 der Ärztin oder dem Arzt, die oder der die Leichenschau vornimmt, die Auskunft verweigert oder unrichtig erteilt,
3. entgegen § 29 Verstorbene konserviert oder einbalsamiert.

(3) Ordnungswidrig handelt auch, wer vorsätzlich oder fahrlässig

1. einer auf Grund dieses Gesetzes erlassenen Rechtsverordnung oder

2. den zur Aufrechterhaltung der Ordnung auf Bestattungsplätzen nach § 15 erlassenen Rechtsvorschriften

zuwiderhandelt, wenn die Rechtsvorschriften für einen bestimmten Tatbestand auf diese Bußgeldvorschrift verweisen.

(4) Ordnungswidrig handelt ferner, wer als Ärztin oder Arzt in der Todesbescheinigung oder in dem Leichenschauschein unrichtige Angaben macht.

(5) Die Ordnungswidrigkeit und der Versuch einer Ordnungswidrigkeit nach Absatz 1 Nr. 12 können mit einer Geldbuße bis zu 1000 Euro geahndet werden.

(6) Verwaltungsbehörde im Sinne des § 36 Abs. 1 Nr. 1 des Gesetzes über Ordnungswidrigkeiten (OWiG) ist die untere Verwaltungsbehörde. Zur Erteilung einer Verwarnung und zur Erhebung von Verwarnungsgeld nach § 56 OWiG ist auch die Ortspolizeibehörde zuständig.

§ 50
Rechtsvorschriften

(1) Das Sozialministerium kann durch Rechtsverordnung Vorschriften erlassen über

1. das Genehmigungsverfahren bei Anlegung oder Erweiterung von Bestattungsplätzen (§ 5 Abs. 1 und § 9 Abs. 1),
2. das Genehmigungsverfahren für den Betrieb von Feuerbestattungsanlagen (§ 17),
3. die an Bestattungseinrichtungen sowie an ihren Betrieb zu stellenden Anforderungen (§ 19) und die Überwachung,
4. die Durchführung der Leichenschau,
5. Inhalt, Gestaltung und Ausstellung der Todesbescheinigung (§ 22 Abs. 2) sowie ihre Weiterleitung an die zuständigen Behörden,
6. den Umgang mit Verstorbenen (§ 25),
7. das Erlaubnisverfahren für Bestattungen (§ 34 Abs. 3 sowie § 35 Abs. 1),
8. die Feuerbestattung sowie die Aufbewahrung, den Versand und die Beisetzung von Aschen Verstorbener, soweit dies zur Wahrung der Würde, aus polizeilichen Gründen oder zur Sicherung der Strafrechtspflege geboten ist,
9. den Verbleib der Bestattungsunterlagen (§ 38),
10. das Erlaubnisverfahren bei Ausgrabung von Verstorbenen (§ 41),
11. das Verfahren bei Ausstellung des Leichenpasses (§ 44 Abs. 4 und § 45 Abs. 1),
12. die Beförderung von Verstorbenen (§ 43), insbesondere
    a) die Einsargung von Verstorbenen,
    b) die Beschaffenheit der Särge,
    c) besondere Schutzmaßnahmen bei Ansteckungsgefahr,
    d) die an Bestattungsfahrzeuge zu stellenden Anforderungen und
    e) die Begleitpersonen und ihre Pflichten.

(2) Das Sozialministerium bestimmt durch Rechtsverordnung die zuständige Behörde im Sinne dieses Gesetzes.

VIERTER TEIL

ÜBERGANGS- UND SCHLUSSBESTIMMUNGEN

§ 51
Friedhofsordnungen

(1) Friedhofsordnungen, die bei Inkrafttreten dieses Gesetzes bestehen, gelten weiter, soweit sie ihm nicht widersprechen.

(2) Wer nach Inkrafttreten dieses Gesetzes gegen die polizeilichen Vorschriften einer nach Absatz 1 weitergeltenden Friedhofsordnung verstößt, handelt ordnungswidrig im Sinne des § 49 Abs. 3 Nr. 2. Für Zuwiderhandlungen, die nach Ablauf von zwei Jahren seit Inkrafttreten dieses Gesetzes begangen werden, gilt dies nur, wenn die Friedhofsordnung für bestimmte Tatbestände auf diese Bußgeldvorschrift verweist.

§ 52
Ruhezeiten

Die Mindestruhezeiten des § 6 Satz 3 und 4 sind auch für die bei Inkrafttreten dieses Gesetzes bestehenden Bestattungsplätze maßgebend.

§ 53
Aufsicht

Oberste Aufsichtsbehörde ist das Sozialministerium.

§ 54
Sonderbestimmungen

Unberührt bleiben

1. internationale Vereinbarungen, insbesondere über die Beförderung von Verstorbenen,
2. Vorschriften über die Beförderung von Verstorbenen auf Eisenbahnen, auf dem Seewege, auf Binnenwasserstraßen und auf dem Luftwege,
3. Vorschriften über den Umgang mit radioaktiv verstrahlten Verstorbenen,
4. weiter gehende Schutzmaßnahmen nach §§ 25 und 28 des Infektionsschutzgesetzes in der jeweils geltenden Fassung,
5. Vorschriften über die Erhaltung der Gräber der Opfer von Krieg und Gewaltherrschaft.

§ 55
Aufhebung von Rechtsvorschriften

(1) Vorschriften, die diesem Gesetz entsprechen oder widersprechen, werden aufgehoben. Insbesondere werden aufgehoben

1. die württ. Verfügung, betreffend die Ablieferung von Leichnamen an die anatomischen Anstalten des Königreichs, vom 4. Juni 1862 (RegBl. S. 157),
2. die bad. Verordnung, den Vollzug und die Überwachung der Leichenschau und die statistischen Erhebungen aus den Standesbüchern betreffend, vom 7. Januar 1870 (GVBl. S. 55),

3. die bad. Verordnung, die sanitätspolizeilichen Maßregeln in bezug auf Leichen und Begräbnisstätten betreffend, vom 16. Dezember 1875 (GVBl. S. 369),
4. die bad. Verordnung, das Verfahren bei gewaltsamen Todesfällen betreffend, vom 11. September 1879 (GVBl. S. 637),
5. die württ. Verfügung des Ministeriums des Innern, betreffend das polizeiliche Verfahren hinsichtlich der Leichen der Selbstmörder, vom 19. Juni 1880,
6. die württ. Königliche Verordnung, betreffend die Leichenschau, die Leichenöffnung und das Begräbnis, vom 24. Januar 1882 (RegBl. S. 33),
7. die württ. Verfügung des Ministeriums des Innern, betreffend die Dienstanweisung für die Leichenschauer, vom 3. Februar 1882 (RegBl. S. 41),
8. die bad. Verordnung, die Begräbnisplätze und die Beerdigungen betreffend, vom 20. Juli 1882 (GVBl. S. 202),
9. die württ. Verfügung der Ministerien der Justiz und des Innern, betreffend das Verfahren in den Fällen eines nicht natürlichen Todes oder bei Auffindung von Leichen, sowie die Mitteilung von Sterbefällen an das Standesamt unter den Voraussetzungen des § 157 der Reichsstrafprozeßordnung, vom 19. Februar 1885 (RegBl. S. 31),
10. die bad. Verordnung, den Transport von Leichen betreffend, vom 1. Februar 1888 (GVBl. S. 49),
11. die württ. Bekanntmachung des Ministeriums des Innern, betreffend die Beförderung von Leichen auf dem Seewege, vom 9. März 1906 (RegBl. S. 33),
12. die bad. Verordnung, die Beförderung von Leichen auf dem Seeweg betreffend, vom 28. Juni 1906 (GVBl. S. 148),
13. die württ. Verfügung des Ministeriums des Innern, betreffend die Beförderung von Leichen, vom 7. August 1907 (RegBl. S. 289),
14. die württ. Verordnung des Justizministeriums und des Innenministeriums über die Gebühren der Leichenschauer vom 18. Mai 1932 (RegBl. S. 167),
15. die preuß. Polizeiverordnung über das Leichenwesen vom 18. April 1933 (Gesetzsamml. S. 149),
16. die württ. Verordnung des Justiz-, des Innen- und des Finanzministeriums über die Bewegung der Bevölkerung und über die Todesursachen vom 29. Dezember 1933 (RegBl. S. 448),
17. das Gesetz über die Feuerbestattung vom 15. Mai 1934 (RGBl. I S. 380),
18. die Verordnung zur Durchführung des Feuerbestattungsgesetzes vom 10. August 1938 (RGBl. I S. 1000),
19. die Polizeiverordnung des Regierungspräsidiums Südwürttemberg-Hohenzollern für die Landkreise Hechingen und Sigmaringen über das Leichenwesen vom 8. April 1963 (GesBl. S. 48),
20. die Polizeiverordnung des Innenministeriums zur Änderung der Vorschriften über die Leichenschau vom 14. August 1964 (GesBl. S. 301).

(2) Aufgehoben werden ferner

1. § 96 des Polizeistrafgesetzbuches für Baden vom 31. Oktober 1863 (RegBl. S. 439) in der Fassung der Bekanntmachung vom 25. Juli 1923 (GVBl. S. 216),
2. Art. 24 und 25 des württ. Gesetzes, betreffend Änderungen des Polizeistrafrechts bei Einführung des Strafgesetzbuchs für das Deutsche Reich – württ. Polizeistrafgesetz – vom 27. Dezember 1871 (RegBl. S. 391),
3. die §§ 22, 72 bis 75 und 77 der Dritten Durchführungsverordnung zum Gesetz über die Vereinheitlichung des Gesundheitswesens vom 30. März 1935 (RMBl. S. 327). In § 1

Abs. 1 Satz 1 dieser Verordnung werden die Worte „die Leichenschau betätigen“ gestrichen.

(3) In § 129 Abs. 1 des Polizeistrafgesetzbuches für Baden wird das Wort „Friedhöfe“ gestrichen; in Art. 23 Abs. 1 des württ. Polizeistrafgesetzes werden die Worte „Grabmäler“ und „Friedhöfe“ gestrichen.

§ 56
Inkrafttreten

Dieses Gesetz tritt am 1. Januar 1971 in Kraft. Vorschriften, die zum Erlaß von Rechtsverordnungen, von Friedhofsordnungen und Polizeiverordnungen ermächtigen, treten am Tage nach der Verkündung in Kraft.

Bestattungsgesetz (BestattG)

vom 21. Juli 1970 (GBl. S. 395, ber. S. 458), zuletzt geändert durch Änderungsgesetz vom 3. Februar 2021 (GBl. S. 55)

– Kommentar –

ERSTER TEIL

FRIEDHOFSWESEN

Erster Abschnitt

Anlegung und Unterhaltung von Bestattungsplätzen

1.

Friedhöfe

§ 1

Allgemeines

(1) Die Gemeinden sind verpflichtet, Friedhöfe anzulegen, zu unterhalten und zu erweitern (Gemeindefriedhöfe), wenn hierfür ein öffentliches Bedürfnis vorliegt. Für die verstorbenen Gemeindeeinwohner sowie für die in der Gemeinde verstorbenen oder tot aufgefundenen Personen ohne Wohnsitz oder mit unbekanntem Wohnsitz müssen Friedhöfe bereitstehen.

(2) Kirchen und Kirchengemeinden sowie Religions- und Weltanschauungsgemeinschaften, die Körperschaften des öffentlichen Rechts sind, können eigene Friedhöfe anlegen, unterhalten und erweitern (kirchliche Friedhöfe).

(3) Gemeinden und die in Absatz 2 genannten Friedhofsträger können auch reine Urnenfriedhöfe anlegen.

Erläuterungen

Zu Absatz 1

Die Bereitstellung von Bestattungsplätzenwar früher kraft Herkommens Pflichtaufgabe der Gemeinden. Insoweit brachte das BestattG keine Änderung der materiell-rechtlichen Rechtslage. Vielmehr wird nur das, was bisher als Gewohnheitsrecht anerkannt war, **zur ausdrücklichen gesetzlichen Pflichtaufgabe der Gemeinden** gemacht. Vom Aufgabencharakter her handelt es sich um eine weisungsfreie Pflichtaufgabe i. S. von § 2 Abs. 2 GemO; soweit es sich um polizeiliche Aufgaben handelt, sind es Pflichtaufgaben nach Weisung (§ 2 Abs. 3 GemO und § 62 Abs. 4 PolG). Die in § 2 Abs. 2 GemO festgelegte Verpflichtung des Gesetzgebers, bei der Übertragung neuer Pflichtaufgaben auf die Gemeinden Bestimmungen über die Deckung der Kosten zu treffen, braucht nicht berücksichtigt zu werden, da durch Herkommen diese Aufgabe bereits eine Pflichtaufgabe der Gemeinde war, also nicht erst durch das BestattG begründet wurde.

Die Verpflichtung der Gemeinden, Friedhöfe anzulegen und zu erweitern, besteht nur, **soweit hierfür ein öffentliches Bedürfnis vorliegt.** Über das Verhältnis zu den kirchlichen Friedhöfen ist im Gesetz nichts gesagt. Vor allem ist im Gesetz die Frage nicht geregelt, ob bestehende kirchliche Friedhöfe von den Kirchen weiter unterhalten werden müssen, oder ob die bürgerlichen Gemeinden verpflichtet sind, diese Friedhöfe auf Verlangen der Kirchengemeinden zu übernehmen. Auf Drängen von kommunaler Seite wurde in die Gesetzesbegründung aufgenommen, dass **Vereinbarungen über bestehende kirchliche Friedhöfe unberührt** bleiben, und dass ein Bedürfnis für die Anlegung von Gemeindefriedhöfen z. B. dann nicht bestehe, wenn durch Vereinbarung oder kraft Herkommens kirchliche Friedhöfe mitbenutzt werden können. Damit ist sichergestellt, dass die Kirchen nicht auf Grund des BestattG die Übernahme der kirchlichen Friedhöfe verlangen können. Die noch bestehenden kirchlichen Friedhöfe **bleiben** also nach wie vor **in der Unterhaltung der Kirchengemeinde.** Zwischenzeitlich sind allerdings in vielen Gemeinden die kirchlichen Friedhöfe auf die bürgerlichen Gemeinden übertragen worden.

Geschichtliche Entwicklung:

Bis zum Jahre 1887 war die Anlegung von Friedhöfen eine Aufgabe der Kirchengemeinden (Kirchenstiftungspflegen) gewesen. Im ehemals württ. Landesteil wurde durch das Gesetz vom 14.6.1887 (RegBl. S. 237) – für die evangelische Kirche – und das Gesetz vom gleichen Tage (RegBl. S. 272) – für die katholische Kirche – eine Ausscheidung des Kirchenvermögens vorgenommen, nach der die Begräbnisplätze grundsätzlich auf die bürgerlichen Gemeinden übergehen sollten. Von dieser Vermögensauseinandersetzung zwischen bürgerlichen Gemeinden und Kirchengemeinden waren nicht nur die Friedhöfe betroffen, sondern in der Regel das gesamte kirchliche Vermögen. Die bürgerlichen Gemeinden hatten dabei grundsätzlich die Baulast und den sonstigen Aufwand für die Begräbnisplätze zu übernehmen (Art. 44). Auch ging das Eigentum an diesen Begräbnisplätzen auf die bürgerlichen Gemeinden über (Art. 46). Ausgenommen von dieser Regelung blieben solche Begräbnisplätze, die ausschließlich den Angehörigen einer Konfession vorbehalten waren. Weiter waren ausgenommen die Begräbnisplätze, die Zubehörden von Kirchen waren, also die Kirchhöfe in herkömmlicher Art, die um die Kirche angelegt waren oder die von Angehörigen mehrerer bürgerlichen Gemeinden benutzt wurden (Art. 46 Abs. 3 Nr. 1 bis 3). Es konnten aber auch abweichende Regelungen in sog. **Kirchenvermögensausscheidungsurkunden** getroffen werden. In den Vermögensausscheidungsurkunden wurde meist auch bestimmt, inwieweit sich die bürgerlichen Gemeinden an den Instandhaltungskosten der im kirchlichen Eigentum verbleibenden Friedhöfe zu beteiligen haben. Sind solche Vereinbarungen nicht geschlossen worden und blieb der Begräbnisplatz trotzdem in der Verwaltung der Kirchengemeinde, hatten die bürgerlichen Gemeinden nach Art. 47 des evangelischen Kirchengemeindegesetzes von 1887 i. d. F. vom 22.7.1906 (RegBl. S. 255) und i. d. F. von Art. 76 des Kirchengesetzes vom 3.3.1924 (GesBl. S. 93) **einen dem Maß ihrer Benutzung entsprechenden Anteil an den Kosten der Instandhaltung der kirchlichen Friedhöfe zu übernehmen,** wobei zur Instandhaltung auch die Kosten der Erneuerung und Erweiterung gehören. Was als „dem Maß einer Benutzung entsprechender Anteil" anzusehen ist, wurde im Gesetz nicht besonders ausgeführt. Im Wege der Auslegung wird man davon ausgehen müssen, dass die bürgerlichen Gemeinden für die Bestattung der Angehörigen anderer Konfessionen zu sorgen haben und sie den darauf entfallenden Anteil an den Aufwendungen für einen Friedhof tragen müssen. Wenn also z. B. 20 v. H. der Einwohner einer Gemeinde einer anderen Konfession angehören oder konfessionslos sind, wären mindestens 20 v. H. als „entsprechender Anteil" der bürgerlichen Gemeinde anzusehen. Diese Regelung gilt nach § 76 des Kirchengesetzes 1924, dem ähnliche Regelungen vorausgingen (Art. 24 des katholischen Pfarrgemeindegesetzes von 1887 und 1924), auch für die Friedhöfe der katholischen Kirchengemeinden. Im ehemals bad. Landesteil war es Pflichtaufgabe der politischen Gemeinde, eine Friedhofsordnung zu erlassen. Im Polizeistrafgesetzbuch für Baden vom 31.10.1863 (RegBl. S. 439) heißt es im § 96: *„Wer den Verordnungen über Begräbnisplätze zuwider handelt, wird mit Geld oder Haft bestraft."* Hinzuweisen ist auch auf die VO über die Begräbnisplätze und Beerdigungen vom 20.7.1882 (bad. VOBl. S. 202).

Übernahme kirchlicher Friedhöfe:

In manchen Gemeinden, in denen die Friedhöfe noch von den Kirchengemeinden unterhalten werden, ist eine Erweiterung notwendig geworden. Die Kirchengemeinden wollen diese meist mit hohen Kosten verbundenen Erweiterungen nicht vornehmen. Sie streben daher an, dass der Friedhof von der bürgerlichen Gemeinde übernommen und erweitert wird. Wenn die Unterhaltung (auch Erweiterung) des Friedhofs als Aufgabe der Kirchengemeinde in der Vermögensausscheidungsurkunde bezeichnet ist, erhebt sich die Frage, inwieweit die bürgerliche Gemeinde auf Grund der Vermögensausscheidungsurkunde auch heute noch Rechte geltend machen kann. Soweit ersichtlich, ist diese Frage in der Rechtsprechung bis jetzt noch nicht entschieden. Ein Rechtsanspruch der bürgerlichen Gemeinde erscheint im Hinblick auf den Grundsatz von Treu und Glauben (§ 242 BGB) bedenklich. Danach kann bei **Wegfall der Geschäftsgrundlage** ein Vertrag aufgelöst werden. Der Verfasser neigt zu der Auffassung, dass insbesondere in Gemeinden mit einer starken Bevölkerungszunahme die Geschäftsgrundlage für den Vertrag (Vermögensausscheidungsurkunde) aus dem vorigen Jahrhundert weggefallen und daher Rechte aus ihm nicht mehr abgeleitet werden können (von der Rechtsprechung bisher nicht bestätigt). Wenn aber in der Vermögensausscheidungsurkunde auch Verpflichtungen der bürgerlichen Gemeinde gegenüber der Kirchengemeinde (z. B. Mesnerbesoldung, Unterhaltungslast von Kirchtürmen, Uhren und Glocken) festgelegt sind, ist es nicht mehr als billig, anzunehmen, dass die Geschäftsgrundlagen auch für diese Verpflichtungen weggefallen sind. In der Regel wird die Übernahme eines kirchlichen Friedhofes von der bürgerlichen Gemeinde in einem **Übernahmevertrag** geregelt. Ein solcher Vertrag sollte dann auch die Gegenleistungen der Kirchengemeinde für die ihr abgenommene Last beinhalten.

Die **Bereitstellungspflicht von Friedhöfen** erstreckt sich nur auf die verstorbenen Gemeindeeinwohner sowie die in der Gemeinde verstorbenen oder tot aufgefundenen Personen ohne Wohnsitz oder mit unbekanntem Wohnsitz. Dies ist zwingendes Recht und geht insoweit § 10 GemO vor. Eine **Beschränkung des Bestattungsrechts nur auf Gemeindeeinwohner** i. S. von § 10 GemO war **nicht möglich,** da dann für die Personen ohne festen Wohnsitz keine Bestattungspflicht seitens der Gemeinde bestünde. Die Gemeinden sind nicht verpflichtet, andere, auswärts verstorbene Personen, die nicht Gemeindeeinwohner sind, zu bestatten. In der Regel wird aber die Gemeinde in ihrem Friedhof auch die Bestattung auswärtiger Personen, die weder in der Gemeinde verstorben noch Gemeindeeinwohner sind, zulassen. Dies gilt insbesondere für Personen, die früher Einwohner der Gemeinde waren und die nach dem Tod in der Gemeinde bestattet werden sollen oder deren Angehörige in der Gemeinde wohnen. Zur Erhebung eines Auswärtigenzuschlags bei den Benutzungsgebühren siehe Anhang 2.

Im Zuge der kommunalen Neuordnung entstanden zahlreiche Flächengemeinden. Es erhebt sich die Frage, ob eine Gemeinde Friedhöfe in den Teilorten auflassen kann oder ob die Friedhöfe auch in den Teilorten zu erhalten sind. In der Praxis wird sich diese Frage aus kommunalpolitischen Gründen in der Regel nicht stellen. Sollte sie trotzdem gestellt werden, so wird die Auflassung eines Friedhofs in einem Teilort mit dem Grundsatz der Verhältnismäßigkeit nicht zu vereinbaren sein, wenn die Verweisung auf einen entfernter liegenden Friedhof erhebliche wege- oder verkehrsmäßige Erschwernisse mit sich brächte und die herkömmliche Bindung der Einwohner an den örtlichen Friedhof als herkömmliche Begräbnisstätte der ortsansässigen Familien so stark wäre, dass sie respektiert werden müsste (vgl. HessVGH, Urt. vom 17.9.1984 – 11 UE 671/84 – nicht veröffentlicht – Hinweis bei *Gaedke*, DÖV 1985 S. 355). Dabei ist zu berücksichtigen, dass die Friedhofsbesucher häufig auch ältere Personen sind, die nicht über einen Pkw verfügen.

Zu Absatz 2

Die Anlegung von Bestattungsplätzen ist für die städtebauliche Ordnung von erheblicher Bedeutung. Es wird daher nicht jedem das Recht eingeräumt, Bestattungsplätze anzulegen. Lediglich den **Kirchen und Kirchengemeinden** sowie den Religions- und Weltanschauungsgemeinschaften, die Körperschaften des öffentlichen Rechts sind, wird **das Recht gewährt, eigene Friedhöfe anzulegen.** Damit wird die Tatsache berücksichtigt, dass diese Institutionen bereits Eigentümer von Friedhöfen sind. Soweit darüber hinaus ein Bedürfnis zur Anlegung von Bestattungsplätzen vorliegt, kann dem unter den erschwerten

Voraussetzungen des § 9 mit Genehmigung der unteren Verwaltungsbehörden (§ 36 BestattVO) Rechnung getragen werden. Einzelheiten über die Anlegung privater Bestattungsplätze vgl. Erl. zu § 9.

Die Errichtung eines Grabmals auf dem Friedhof einer Religionsgesellschaft ist kein der staatlichen Gerichtsbarkeit entzogenes Internum, auch wenn der Friedhof nur der Bestattung der Mitglieder dient. Die staatliche Rechtsordnung stellt sicher, dass Grabmale durch Angehörige, die möglicherweise nicht einmal Kirchenmitglieder sind, zum Andenken und zur Ehrung des Verstorbenen errichtet werden dürfen und dass dessen Würde auch im Tode unantastbar bleibt. Das Selbstbestimmungsrecht der Religionsgesellschaften schließt den Rechtsschutz durch staatliche Gerichte nicht aus (BVerwG, Beschl. vom 31.5.1990, NJW 1990 S. 2079; BayVGH, Urt. vom 30.7.1990, BayVBl 1991 S. 205 und Urt. vom 5.12.1990, BayVBl 1991 S. 465).

Die Gemeinden sind nicht verpflichtet, besondere Grabfelder für Angehörige bestimmter Religionsgemeinschaften vorzuhalten. Sie können solche Regelungen allerdings in der Friedhofsordnung treffen. Nur Kirchen und Kirchengemeinden sowie Religions- und Weltanschauungsgemeinschaften, die Körperschaften des öffentlichen Rechts sind, können eigene Friedhöfe anlegen. Anderen Religions- und Glaubensgemeinschaften ist dies nicht gestattet.

Zur Terminologie des Gesetzes ist zu sagen, dass die Bezeichnung „Bestattungsplatz" den Oberbegriff bildet. Er umfasst

a) Plätze, die für die Bestattung von Verstorbenen und

b) Plätze, die für die Beisetzung von Aschen

vorgesehen sind.

Entsprechend dem Herkommen werden die öffentlichen **Bestattungsplätze der Gemeinden und Religionsgemeinschaften als Friedhöfe bezeichnet.** Im Übrigen wird von Bestattungsplätzen, also nicht von privaten Friedhöfen, gesprochen.

Zu Absatz 3

Der Vorschrift wurde durch Gesetz zur Änderung des Bestattungsgesetzes vom 26.32014 dieser 3. Absatz angefügt. Hiernach ist die Errichtung reiner Urnenfriedhöfe zulässig. Auch hierbei wird die Friedhofspflicht für Urnen beibehalten. Auch können Urnen wie bisher auf Friedhöfen, die auch für Erdbestattungen genehmigt sind, bestattet werden. Es sollte im Sinne eines erweiterten Friedhofsverständnisses zusätzlich die Möglichkeit geschaffen werden, reine Urnenfriedhöfe einzurichten, die im Rahmen eines erleichterten Genehmigungsverfahrens die Voraussetzungen für Erdbestattungen (z. B. Bodenbeschaffenheit, Grundwasser) nicht erfüllen müssen. Denkbar ist die Bestattung von Urnen beispielsweise in Kolumbarien in Kirchengebäuden oder anderen öffentlich zugänglichen Räumen, die eine würdevolle Aufbewahrung von Urnen sicherstellen und eine angemessene Umgebung für die trauernden Hinterbliebenen gewährleisten. Auch die Trägerschaft von reinen Urnenfriedhöfen ist auf Kommunen oder Kirchen und Kirchengemeinden sowie Religions- und Weltanschauungsgemeinschaften, die Körperschaften des öffentlichen Rechts sind, beschränkt (LT-Drs. 15/4543 vom 7.1.2014 S. 13). Die Errichtung reiner Urnenfriedhöfe dürfte auch schon vor der Aufnahme einer ausdrücklichen Regelung ins Bestattungsgesetz zulässig gewesen sein, sofern bereits ein konventioneller Gemeindefriedhof existierte, der über eine Genehmigung für die Durchführung von Erdbestattungen und Urnenbeisetzungen verfügt. Insofern hat die neue Vorschrift eher einen klarstellenden Charakter. Diese Neuregelung hat auch zu einer entsprechenden Ergänzung der Bestattungsverordnung vom 13.5.2015 um eine Regelung zu *„Urnenfriedhöfen"* (§ 5 BestattVO) geführt. Nach § 5 Abs. 2 Satz 1 BestattVO können Friedhofsträger geeignete Flächen als Friedhöfe für Naturbestattungen für Urnen anlegen. Diese Vorschrift stellt klar, dass Friedhofsträger die Möglichkeit haben, innerhalb eines Friedhofes geeignete Flächen für Naturbestattungen (z. B. Baumbestattungen) auszuweisen. Damit trägt die Vorschrift den geänderten Bedürfnissen der Bürgerinnen und Bürger Rechnung (Begründung des Sozialministeriums zu § 5 Abs. 2 BestattVO). Die §§ 1 bis 3 Satz 1 BestattVO zum Genehmigungsverfahren gelten uneingeschränkt für Urnenfriedhöfe und Friedhöfe für Naturbestattungen für Urnen (§ 5 Abs. 1 Satz 2 bzw. Absatz 2 Satz 2 BestattVO).

§ 2
Allgemeine Anforderungen

(1) Friedhöfe sind würdig anzulegen und zu unterhalten. Sie müssen den polizeilichen Erfordernissen, insbesondere denen der Gesundheit, entsprechen.

(2) Bei der Planung, Anlegung und Erweiterung von Friedhöfen sind die Belange des Städtebaues, der Landschaftspflege und der Denkmalspflege zu berücksichtigen.

Erläuterungen

Zu Absatz 1

Der Friedhof soll nach den heutigen Vorstellungen nicht nur eine Stätte der Toten, sondern als Bestandteil des öffentlichen Lebens auch der Lebenden sein. Die Vorschrift enthält nur allgemeine Grundsätze für die Anlegung, Erweiterung und Unterhaltung von Friedhöfen. Damit wird zugleich der Sinn des Friedhofswesens angesprochen:

Bewahrung der Würde. Schutz von Recht und Ordnung. Hervorgehoben ist der im Vordergrund stehende Schutz der Gesundheit.

Mit der Novelle 2009 wurde als zusätzlicher zu berücksichtigender Belang die Landschaftsarchitektur eingefügt. Hintergrund dieser Änderung ist das in den vergangenen Jahren immer mehr in das Blickfeld gerückte Thema, dass Friedhöfe als öffentliche Einrichtungen neben der Totenbestattung nicht nur den Besuchern der Gräber, sondern auch weiten Teilen der Bevölkerung als Grün- und Parkanlagen dienen. Sie sind Orte des Gedenkens, der Trauerarbeit für die Hinterbliebenen, der Besinnung und der inneren Einkehr – und leisten darüber hinaus zum Wohle der Allgemeinheit einen ökologischen und klimatologischen Beitrag in der Gemeinde und dienen als Erholungsfläche der Bevölkerung. Aus diesem Grund sind bei der Planung, der Anlage und der Erweiterung von Friedhöfen neben den Belangen der Landschaftspflege auch die gesellschaftspolitischen Aspekte der Grüngestaltung von entsprechender Relevanz. Das Bild eines Friedhofs entsteht aus dem Zusammenwirken von gärtnerischen und architektonischen Anlagen. Die Friedhofsplaner streben heute keine starren Wegekreuze, meist noch betont durch strenge Baumreihen, die am Rand des Hauptweges zum Gefallenenehrenmal oder zu einer Bank führen, an. Die Wegeführung wird vielmehr dem Gelände angepasst; man vermeidet starre Raster. Große Grabfelder, wie sie bei der üblichen Form des Wegenetzes entstehen, werden durch kleine, durch Gehölzstreifen gegliederte Grabfelder ersetzt, die sich zu dem Erschließungsweg öffnen. Wichtig ist, dass **überschaubare Räume** entstehen, bei denen die **Anpflanzung** eine gute Kulisse für die ansprechend gestalteten Grabmale bildet. Durch die moderne Art der Gestaltung von Friedhöfen wird zweifellos eine nicht mehr so hohe prozentuale Nettobelegung erreicht. Dies muss bereits bei der Ausweisung der Friedhofsflächen berücksichtigt werden. **Je Einwohner** der Gemeinde werden **3 bis 5 Quadratmeter Friedhofsfläche,** je nach Topographie sowie der besonderen Eigenart des Friedhofs, benötigt. Der Platz für die notwendigen Aussegnungs- oder Leichenhallen sowie für Parkplätze kommt noch hinzu. Ein großer Flächenbedarf ergibt sich auch aus der Notwendigkeit, die Wege befahrbar auszuweisen, z. B. zum maschinellen Schneeräumen oder zum Einsatz eines Grabbaggers. Im Einzelfall sind auch besondere örtliche Verhältnisse zu berücksichtigen (Krankenhäuser, Altersheime usw.). Auch werden häufig größere Grünflächen in die Friedhöfe integriert.

Die von der Gemeinde **benötigte Fläche kann,** wenn der Grundstückseigentümer zu einer freiwilligen Abgabe nicht bereit ist, unter bestimmten Voraussetzungen **enteignet werden.** Eine Enteignung nach den Vorschriften des BauGB (§§ 85 ff., vgl. PRAXIS-Beitrag *F 1*) kann grundsätzlich nur stattfinden, wenn der Friedhof in einem rechtskräftigen Bebauungsplan ausgewiesen ist. Nach § 87 Abs. 1 BauGB ist eine **Enteignung** außerdem **nur zulässig, wenn das Wohl der Allgemeinheit sie erfordert** und der Enteignungszweck auf andere zumutbare Weise nicht erreicht werden kann. Bei einem Friedhof ist die Gemeinde in der Regel auf die umliegenden Grundstücke angewiesen; auch erfordert das Wohl der Allgemeinheit grundsätzlich die Schaffung eines notwendigen Friedhofs bzw. einer notwendigen Erweiterung, so dass insofern die Enteignungsvoraussetzungen vorliegen. Die Frage der **Entschädigung** ist in den §§ 93 ff. BauGB geregelt. Neben dieser Enteignungsmöglichkeit ist noch auf das Landesenteignungsgesetz vom 6.4.1982 (GBl. S. 97), zuletzt geändert durch Gesetz vom 14.12.2004 (GBl. S. 884), zu verweisen, das immer **dann Anwendung** findet, wenn kein Bebauungsplan **vorliegt.** Die Gemeinden sollten allerdings bestrebt sein, für die Neuanlegung oder Erweiterung eines Friedhofes einen Bebauungsplan aufzustellen, so dass eine evtl. notwendige Enteignung nach den Vorschriften des BauGB durchgeführt werden kann.

Ordnung auf dem Friedhof

Den Gemeinden steht auf den von ihnen verwalteten Friedhöfen die **Anstaltsgewalt** und damit auch das **Hausrecht** zu. Einer besonderen Erwähnung der Anstaltsgewalt im Gesetz oder des Hausrechts in der Friedhofsordnung bedarf es nicht. Ausfluss dieses Hausrechts sind insbesondere

a) die Festlegung von Öffnungszeiten (§ 2 Muster einer Friedhofsatzung)
Die Gemeinde kann Öffnungszeiten festlegen und bekanntmachen. Das **Betreten des Friedhofs außerhalb der Öffnungszeiten gilt** nach § 25 Nr. 1 des Musters einer Friedhofsatzung **als Ordnungswidrigkeit.** Die Öffnungszeiten des Friedhofs werden meist am Friedhofseingang oder an einer anderen geeigneten Stelle bekanntgegeben. Unberührt bleibt die Befugnis der Ortspolizeibehörde, den freien Zugang zum Friedhof bei Vorliegen ausreichender Gründe vorübergehend einzuschränken (z. B. bei Astbruchgefahr, Glatteisbildung).

b) Ordnungsvorschriften für das Verhalten auf dem Friedhof (vgl. § 3 des Musters einer Friedhofsatzung)
Nach dem Gesetz sind Friedhöfe würdig anzulegen und zu unterhalten. Deshalb wurde in § 3 des Musters einer Friedhofsatzung bestimmt, dass sich jeder **auf dem Friedhof der Würde des Ortes entsprechend zu verhalten** hat. Die in § 3 Abs. 2 des Musters einer Friedhofsatzung ausgesprochenen Verbote können je nach dem örtlichen Bedürfnis erweitert oder eingeschränkt werden. Die Gemeinde kann aber auch ohne Satzungsänderung weitere Verhaltensweisen allgemein oder im Einzelfall bekanntgeben, die nach Abs. 1 Satz 1 der Friedhofsatzung nicht der Würde entsprechen und deshalb unzulässig sind.
Unter das Verbot des Anbietens von Waren und gewerblichen Diensten fällt auch das Anbringen von Werbeschriften. Ausnahmen, die auch befristet oder für einzelne Fälle erteilt werden können, sind denkbar z. B. für das gewerbsmäßige Fotografieren auf dem Friedhof.

c) Gewerbliche Betätigung auf dem Friedhof (§ 4 des Musters einer Friedhofsatzung)
Die gewerbliche Betätigung auf dem Friedhof (Bildhauer, Steinmetze, Gärtner und sonstige Gewerbetreibende) kann, wenn die Betätigung nicht ordnungsgemäß durchgeführt wird, die Würde des Friedhofs beeinträchtigen. Deshalb ist in der Friedhofsatzung vorgeschrieben, dass **für eine gewerbliche Betätigung auf dem Friedhof eine Zulassung der Gemeinde notwendig** ist. Ein Gewerbetreibender handelt bei der Ausführung von Arbeiten zum Zwecke der Gestaltung einer Grabstätte nur als Hilfsperson des Nutzungsberechtigten, ohne selbst Friedhofsbenutzer zu werden. Das Recht der Gemeinde, innerhalb des Friedhofs gewerbliche Tätigkeiten zu regeln, ergibt sich aus

ihrer Anstaltsgewalt und ihrem Eigentumsrecht. Die Zulassung ist ein begünstigender Verwaltungsakt, für den die Vorschriften des LVwVfG gelten. **Bei der Zulassung ist insbesondere der Gleichheitssatz zu beachten.** Für sie gilt das Koppelungsverbot nach § 102 Abs. 5 GemO; auch sind Bedingungen oder Auflagen möglich (§ 36 LVwVfG). Die Gemeinde kann die Aufgaben innerhalb des Friedhofs selbst ausüben. In diesem Fall können Private von der gewerblichen Tätigkeit ausgeschlossen werden, soweit dies der Anstaltszweck rechtfertigt (VGH BW, Urt. vom 1.12.1986, NVwZ 1987 S. 723).

Eine Satzungsbestimmung, die auf gemeindlichen Friedhöfen tätige Gärtner verpflichtet, ihr anfallendes Abräum-, Rest- und Verpackungsmaterial vom Friedhof zu entfernen, verstößt nicht gegen höherrangiges Recht (BayVGH, Beschl. vom 26.2.1999 – 4 N 98.1181 –, BayVBl. 2000 S. 21).

Zweckmäßigerweise wird über die Zulassung den Gewerbetreibenden ein Ausweis ausgestellt. Außerdem empfiehlt es sich, von ihnen folgende Erklärung entgegenzunehmen: *„Ich verpflichte mich, die Gemeinde von allen Schadensersatzansprüchen freizuhalten, die gegen sie im Zusammenhang mit meiner gewerblichen Tätigkeit auf dem Friedhof von Dritten erhoben werden"* (vgl. WGZ 1970 S. 402).

Die Ausübung einer gewerblichen Tätigkeit auf dem Friedhof ohne Zulassung gilt nach § 25 Nr. 3 des Musters einer Friedhofsatzung als Ordnungswidrigkeit. Wegen der Verwaltungsgebühren für die Zulassung vgl. Nr. 1 des Gebührenverzeichnisses zur Friedhofs- und Bestattungsgebührensatzung. Die Erhebung einer Verwaltungsgebühr ist zulässig; das ablehnende Urteil des VGH BW vom 1.12.1967 betrifft Sondernutzungsgebühren für die Benutzung der Friedhofswege. Die Verwaltungsgebühr wird dagegen für die Prüfung der sachlichen und persönlichen Zulassungsvoraussetzungen der Gewerbetreibenden erhoben (vgl. WGZ 1968 S. 192). Enthält eine Friedhofgebührensatzung einen Gebührentatbestand für die Zulassung zur gewerblichen Tätigkeit auf den Friedhöfen, verbietet sich bei der Festsetzung der Verwaltungsgebühr für die Versagung der Zulassung der Rückgriff auf den Tatbestand einer allgemeinen Verwaltungsgebührensatzung. Falls die Zulassungsgebühr in der Satzung als fester Gebührensatz bestimmt ist, bleibt für die Berücksichtigung des Umstandes, dass die Zulassung zu mehreren gewerblichen Betätigungen und zu mehreren Friedhöfen begehrt wird, kein Raum (VGH BW, Urt. vom 1.12.1986, BWVPr. 1987 S. 156). Die Höhe der Verwaltungsgebühr ist durch eine Gebührenkalkulation zu ermitteln (BWGZ 2002 S. 726 mit Kalkulationsbeispiel).

Die Benutzungsregelung eines Friedhofs kann jederzeit – im Rahmen des Anstaltszwecks – den Umständen angepasst werden. Den Friedhofsträger dauernd bindende Rechte können aus einer Friedhofsordnung nicht abgeleitet werden, da dies einer Verneinung der Autonomie des Friedhofträgers zugunsten einzelner und zum Nachteil der Gemeinschaft gleichkommen würde. Auch besteht keine Verpflichtung der Friedhofsverwaltung zur Mitteilung über beabsichtigte Änderungen der Friedhofsordnung (VGH BW, Urt. vom 2.12.1987, BWGZ 1989 S. 59).

Zu Absatz 2

Für die **Anlegung eines Friedhofs** ist die Lage des Platzes sowie seine Eignung und Beschaffenheit von großer Bedeutung. Als Ruhestätte der Toten und als Ort des Friedens soll der Friedhof eine ruhige und lärmfreie Lage abseits vom Hauptverkehr und von geräuschvollen Betrieben haben und einen **seiner Zweckbestimmung entsprechend würdigen Eindruck** bieten. Es sollte einerseits nicht ein für beste Wohngebiete geeignetes Gelände verwendet werden, andererseits aber darf auch die Entfernung des Friedhofs von den Wohngebieten nicht so groß sein, dass darunter der Besuch und die Pflege der Gräber leiden.

Im Rahmen der Bauleitplanung kommt der Ausweisung der Friedhofsflächen eine besondere Bedeutung zu. Nach § 5 Abs. 2 Nr. 5 BauGB sind, soweit erforderlich, u. a. auch die **Friedhöfe im Flächennutzungsplan darzustellen. Der Friedhof** ist also **in die Gesamtpla-**

nung der Gemeinde einzubeziehen, und zwar bereits im Stadium der vorbereitenden Bauleitplanung. Im Bebauungsplan sind die Friedhöfe nach § 9 Abs. 1 Nr. 15 BauGB auszuweisen. Es ist zu empfehlen, für die Erweiterung oder Neuanlage eines Friedhofs in der Regel einen Bebauungsplan zu erlassen. Im Rahmen der Bauleitplanung sind nach § 1 BauGB die **Bedürfnisse des Naturschutzes und der Landschaftspflege sowie die Gestaltung des Orts- und Landschaftsbildes zu beachten.** Wenn also ein Bebauungsplan für die Anlegung oder Erweiterung eines Friedhofs ausgestellt wird, sind schon nach dem BauGB die genannten Grundsätze zu beachten. Aber auch dann, wenn kein Bebauungsplan besteht, müssen nach der ausdrücklichen Vorschrift im Bestattungsgesetz die **Belange des Städtebaues, der Landschaftspflege** und **der Denkmalpflege** berücksichtigt werden. Unter Städtebau ist die Einordnung des Friedhofs in die Gesamtplanung der Gemeinde zu verstehen. Nicht vereinbar mit den Belangen des Städtebaues könnte z. B. die Anlegung eines Friedhofs in einem reinen Industriegebiet sein. Die Belange der Landschaftspflege würden z. B. dann beeinträchtigt, wenn ein Friedhof in der Landschaft auf Grund seiner örtlichen Lage störend wirkt. Das BVerwG hat die Zulässigkeit eines Friedhofs in einem Naturpark verneint (BVerwG, Beschl. vom 7.3.1997 – 3 B 173.96 –, Fundstelle BW Rn. 415/1998). Die Denkmalspflege, also der Schutz von Bau- und Naturdenkmälern, wird kaum einmal gegen die Anlegung eines Friedhofs sprechen, Wird ein Friedhof im Rahmen eines rechtskräftigen Bebauungsplanes angelegt, sind diese Erfordernisse bereits im Rahmen des Bebauungsplanverfahrens zu berücksichtigen.

Literatur:

Graw/Haffner, „Studie zur Zersetzungsproblematik auf Friedhöfen in Baden-Württemberg", BWGZ 2001 S. 284

Fiedler/van de Sand, „Welche Bodeneigenschaften sind für eine Friedhofsnutzung von Bedeutung?", BWGZ 2001 S. 285

§ 3
Abstand

Bei der Anlegung oder Erweiterung von Friedhöfen muss ein ausreichender Abstand zu störenden Betrieben, Gewerbe- und Industriegebieten, Gebäuden und überbaubaren Grundstücksflächen eingehalten werden.

Erläuterungen

Friedhöfe sind würdig anzulegen. Erforderlich ist insbesondere, dass die Totenruhe nicht beeinträchtigt wird. Der Friedhofsträger hat deshalb bei Anlegung oder Erweiterung eines Friedhofs darauf zu achten, dass ein ausreichender Abstand zu anderen Flächen gewahrt bleibt.

Durch das Verwaltungsstruktur-Reformgesetz von 2004 wurden die vorher bestehenden konkret festgelegten Abstandsvorschriften gestrichen und durch den unbestimmten Rechtsbegriff des „ausreichenden Abstands" ersetzt.

Die frühere Abstandsregelung war für den württembergischen Landesteil neu, während im badischen Landesteil nach §§ 2 und 3 der badischen Verordnung über die Begräbnisplätze und die Beerdigungen vom 20.7.1882 (GVBl. S. 202) i. d. F. der Verordnung vom 9.12.1959 (GBl. S. 184) bereits früher entsprechende Abstandsvorschriften bestanden. Bisher waren die einzuhaltenden Abstände in § 3 BestattG konkret festgelegt. Durch die untere Verwaltungsbehörde (§ 3 Abs. 2 BestattG i. V. m. § 31 Abs. 1 BestattVO) konnten hiervon Ausnahmen bewilligt werden.

Die Vorschrift ist zu unterscheiden von den Nutzungsbeschränkungen nach § 8 BestattG. Während nach § 3 BestattG ein *„ausreichender Abstand"* festgelegt ist, der bei Anlegung eines Friedhofs zu Gebäuden und Baugebieten einzuhalten ist, bestimmt § 8 BestattG den Abstand bei der Errichtung von Gebäuden zu bestehenden Friedhöfen. Es ist also beim

Bau von Gebäuden in der Nachbarschaft von bestehenden Friedhöfen ein konkret genannter Abstand und bei störenden Betrieben ein im Einzelfall zu beurteilender „ausreichender Abstand" einzuhalten.

Der „ausreichende Abstand" ist vom Friedhofsgrundstück, also der für Friedhofszwecke genutzten Fläche, gegenüber den genannten baulichen Anlagen und Baugebieten einzuhalten. Gegenüber der bis 2004 geltenden Rechtslage ist nicht zusätzlich die Lage von Grabfeldern zu berücksichtigen.

Die Abstandsvorschrift wurde durch die allgemeinere Formulierung ersetzt, ohne dass die Abstände konkret festgelegt sind. Die Entscheidung über Abstände von Friedhöfen zu

- störenden Betrieben,
- Gewerbe- und Industriegebieten,
- Gebäuden und
- überbaubaren Grundstücksflächen

wird von der Kommune im Rahmen ihrer Planungshoheit in eigener und alleiniger Verantwortung getroffen. Bei der Festlegung der jeweiligen Abstände ist unter Abwägung der öffentlichen und privaten Belange darauf zu achten, dass die Abstände mit den nachbarlichen Belangen vereinbar sind und die Ruhe und Würde des Friedhofs nicht wesentlich beeinträchtigt werden. Mit der Rechtsänderung 2004 wird die kommunale Selbstverwaltung gestärkt und der kommunale Handlungsspielraum erweitert. Gleichzeitig wird eine Straffung des Verwaltungsaufwandes sowie eine Kostenentlastung für die Kommunen erreicht. Die Abstandsregelungen nach den §§ 3 und 8 BestattG zählen zum materiellen Entscheidungsprogramm der Baurechtsbehörde (VGH BW, Urt. vom 30.11.2016 – 3 S 1184/16 –, juris, Rn. 98).

Die **Abstandsvorgabe ist auch bei der Erweiterung eines Friedhofs, also bei der Erweiterung der Nutzungsflächen für Friedhofszwecke zu beachten.**

§ 4
Bodenbeschaffenheit und Lage

(1) Auf Friedhöfen dürfen Gräberfelder für die Erdbestattungen nur in ausreichender Entfernung von Wasserversorgungsanlagen und nur auf Böden angelegt werden, die zur Leichenverwesung geeignet und die fähig sind, die Verwesungsprodukte ausreichend vom Grundwasser und der Außenluft fernzuhalten.

(2) Friedhöfe für Erdbestattungen dürfen nicht in Überschwemmungsgebieten, Wasserschutzgebieten oder Quellenschutzgebieten angelegt werden. Ist die weitere Zone eines Wasserschutzgebiets oder Quellenschutzgebiets unterteilt, so gilt das Verbot nur für den inneren Bereich.

(3) Die zuständige Behörde kann Ausnahmen von dem Verbot des Absatzes 2 für Wasserschutzgebiete und Quellenschutzgebiete zulassen, wenn eine Verunreinigung der Gewässer oder eine sonstige nachteilige Veränderung ihrer Eigenschaften nicht zu besorgen ist.

Erläuterungen

Zu Absatz 1

Bei der Anlegung eines Friedhofs ist die **Bodenbeschaffenheit,** weil sie für die Verwesungsdauer ausschlaggebend ist, **von besonderer Bedeutung.** Grundstücke mit hohem Grundwasserstand und auch mit schweren Böden – diese Eigenschaften verhindern eine rasche Verwesung – sollten vermieden werden. Unter schweren Böden sind vor allem die reinen Lehmböden zu verstehen. Den Erfordernissen einer schnellen Verwesung entspricht am besten ein Boden, der aus Kies und Sand oder aus Kies und Lehm besteht, oder ein Humusboden, der reichlich mit Sand und Kies gemischt ist. Auch die **Richtung des Grundwasserstromes ist zu berücksichtigen.** Um die Bodenbeschaffenheit festzustellen, wird es in der Regel zweckmäßig sein, ein **geologisches Gutachten** erstellen zu lassen. Nach § 3 der BestattVO kann die Genehmigungsbehörde vom Antragsteller ein geologisches Gutachten über die Bodenbeschaffenheit und die Eignung des Geländes verlangen. Sie entscheidet im Benehmen mit dem Gesundheitsamt und der unteren Wasserbehörde. Die Kosten für ein solches Gutachten hat der Antragsteller zu tragen. In diesem Zusammenhang ist auch auf ein Urt. des OVG NRW (BWGZ 1980 S. 55) hinzuweisen, wonach bei einer entsprechenden Bodenbeschaffenheit in der Friedhofsatzung bestimmt werden kann, dass bei Grabstätten für Erdbestattungen die Grabbeete nur bis zur Hälfte mit Platten und sonstigen wasserundurchlässigen Materialien abgedeckt werden dürfen.

Zur Bodenbeschaffenheit ist auf Veröffentlichungen von *Graw/Haffner* in der BWGZ 2001 S. 284 und von *Fiedler/van de Sand* in der BWGZ 2001 S. 285 hinzuweisen.

Der Anhörungsentwurf des Sozialministeriums zur Novelle 2009 hatte zu § 4 Abs. 1 BestattG (Bodenbeschaffenheit und Leichenverwesung) vorgesehen, dass Gräberfelder auch auf Böden angelegt werden dürfen, die für die Leichenverwesung ungeeignet sind und zur Bildung von sogenannten Wachsleichen führen, dann hätte der Nachweis erbracht werden müssen, dass die Leichenverwesung durch geeignete Maßnahmen innerhalb der festgelegten Ruhezeit gewährleistet werden kann. Der Gemeindetag hatte in der Anhörung dieser beabsichtigten Regelung widersprochen, weil dies eine neue Genehmigungspflicht für Maßnahmen der Gemeinden auf dem Gemeindefriedhof darstellen würde. Bei der Anlegung und Erweiterung von Friedhöfen sei dies von den Gemeinden sowieso zu prüfen. Außerdem hätten die Gemeinden mit Problemböden auf Friedhöfen bereits seit vielen Jahren in Absprache unter anderem mit den Landratsämtern geeignete Maßnahmen getroffen, um die Verwesung sicherzustellen (z. B. Grabkammern). Für solche Maßnahmen bedürfe es keiner Prüfung in einem weiteren Verwaltungsverfahren. Diese Argumentation des Gemeindetags überzeugte das Sozialministerium, weshalb Nr. 2 des Anhörungsentwurfs (Änderung von § 4 BestattG) komplett gestrichen wurde (siehe Gesetzesbegründung LT-Drs. 14/3847 S. 27). Damit bleibt die Rechtslage weiterhin unverändert gültig. Es wird insofern weiter auf eine pragmatische und unbürokratische Problemlösung vor Ort gesetzt (siehe Gesetzesbegründung LT-Drs. 14/3847 S. 28); dies unterstützt der Gemeindetag.

Zu Absatz 2

Der Begriff **„Überschwemmungsgebiet"** ist gesetzlich nicht definiert. Es handelt sich hierbei um Gebiete, die erfahrungsgemäß in gewissen Zeitabständen von über ihre Ufer tretenden Flüssen oder Seen überschwemmt werden. Würde ein Friedhof in einem solchen Gebiet angelegt, so könnten vor allem die gärtnerischen Friedhofsanlagen beeinträchtigt werden, aber auch gesundheitliche Gründe widersprechen der Anlegung eines Friedhofs in einem solchen Gebiet.

Wasserschutzgebiete können nach § 51 WHG festgesetzt werden, soweit es das Wohl der Allgemeinheit erfordert, um

a) Gewässer im Interesse der derzeit bestehenden oder künftigen öffentlichen Wasserversorgung vor nachteiligen Einwirkungen zu schützen oder
b) das Grundwasser anzureichern oder
c) das schädliche Abfließen von Niederschlagswasser sowie das Abschwemmen und den Eintrag von Bodenbestandteilen, Dünge- oder Pflanzenbehandlungsmitteln in Gewässer zu verhüten.

Nach § 53 Abs. 4 WHG können zum Schutz der staatlich anerkannten Heilquellen Quellschutzgebiete festgelegt werden, wobei § 51 Abs. 2 WHG und § 52 WHG entsprechend gelten (§ 53 Abs. 5 WHG) entsprechende Anwendung findet.

Zu den öffentlichen **Wasserversorgungsanlagen** i. S. von Buchst. a gehören nicht Versorgungsleitungen, die zu Friedhöfen führen. Auch sonstige Versorgungsleitungen sind nicht zu den Wasserversorgungsanlagen zu rechnen, da es sich hierbei nicht um Gewässer handelt. Durch Gesetz zur Änderung des Bestattungsgesetzes vom 26.3.2014 wurde klargestellt, dass die Restriktionen gemäß § 4 Abs. 2 BestattG ausschließlich für Friedhöfe für Erdbestattungen gelten. Für Friedhöfe für Erdbestattungen gelten andere Vorgaben hinsichtlich der Bodenbeschaffenheit und Lage als für Urnenfriedhöfe (LT-Drs. 15/4543 vom 7.1.2014 S. 14).

Zu Absatz 3:

Zuständige Behörde ist nach § 36 Abs. 1 BestattVO die **untere Verwaltungsbehörde.** Eine Verunreinigung von Wasserschutzgebieten und Quellschutzgebieten ist dann nicht zu befürchten, wenn nachweislich der Grundwasserstrom in eine andere Richtung als zur Quellfassung hinführt. Trotzdem wird man einen Friedhof nur in einer angemessenen Entfernung von einer Quellfassung anlegen können. Bei der Entscheidung der unteren Verwaltungsbehörde handelt es sich um eine Ermessensentscheidung, die von der Gemeinde wegen Ermessensmissbrauchs oder Ermessensüberschreitung vor den Verwaltungsgerichten angefochten werden kann. Die untere Verwaltungsbehörde kann eine Ausnahme nur zulassen, wenn eine Verunreinigung des Gewässers oder eine sonstige nachteilige Veränderung ihrer Eigenschaften nicht zu besorgen ist (nicht zu besorgen = unwahrscheinlich).

§ 5
Genehmigung

(1) Friedhöfe dürfen nur mit Genehmigung der zuständigen Behörde oder auf Grund eines Bebauungsplans angelegt oder erweitert werden. Bei kirchlichen Friedhöfen darf die Genehmigung nur im Einvernehmen mit der Gemeinde erteilt werden.

(2) Die Genehmigung ist schriftlich oder elektronisch zu erteilen. Sie darf bei Friedhöfen für Erdbestattungen nur versagt werden, wenn das Vorhaben den §§ 2 bis 4 oder sonstigen Rechtsvorschriften nicht entspricht, bei reinen Urnenfriedhöfen nach § 1 Absatz 3, wenn das Vorhaben den §§ 2 und 3 oder sonstigen Rechtsvorschriften nicht entspricht.

(3) Die Genehmigung ersetzt nicht eine nach anderen Rechtsvorschriften notwendige öffentlich-rechtliche Erlaubnis, Bewilligung, Genehmigung, Verleihung oder Zustimmung.

Erläuterungen

Zu Absatz 1 und 2

Die **Anlegung oder Erweiterung eines Friedhofs bedarf** formell entweder

a) **der Genehmigung der zuständigen Behörde oder**

b) **der Aufnahme in einen Bebauungsplan.**

Zu a)

Die Einführung einer Genehmigung war im württembergischen Landesteil neu, während im badischen Landesteil eine Genehmigung in § 1 der Verordnung über die Begräbnisplätze und Beerdigungen schon früher vorgeschrieben war. Die Genehmigungspflicht wurde nach der Gesetzesbegründung *„im Hinblick auf die weittragende Bedeutung, die der Anlegung oder Erweiterung eines Friedhofs zukommt"*, eingeführt. Die kommunalen Landesverbände haben sich im Gesetzgebungsverfahren gegen die Einführung einer Genehmigungspflicht mit dem Hinweis auf Art. 75 LV gewehrt. Indes erscheint der Genehmigungsvorbehalt mit dieser Verfassungsnorm vereinbar, da von Seiten der

Gemeinde ein Rechtsanspruch auf Erteilung der Genehmigung besteht, wenn gegen keine gesetzlichen Bestimmungen verstoßen wird. Die **Genehmigung dient** somit nur **der Rechtskontrolle.** In Art. 75 LV werden die dort genannten Tatbestände, für die eine Genehmigungspflicht durch Gesetz eingeführt werden kann (Schuldaufnahmen, Gewährleistungen, Veräußerung von Vermögen), zwar erschöpfend aufgezählt, doch ist bei diesen Genehmigungsvorbehalten den Genehmigungsbehörden in gewissem Umfang auch ein Ermessensspielraum eingeräumt. Infolge des Rechtsanspruchs der Gemeinden auf Erteilung der Genehmigung bei Vorliegen der gesetzlichen Voraussetzungen besteht für eine Ermessensentscheidung seitens der Genehmigungsbehörde kein Raum. Insoweit kann Art. 75 LV keine Anwendung finden. Die durch Gesetz zur Änderung des Bestattungsgesetzes vom 26.3.2014 in § 5 Abs. 2 Satz 2 BestattG aufgenommene Konkretisierung stellt klar, dass für Urnenfriedhöfe im Sinne des § 1 Abs. 3 BestattG im Hinblick z. B. auf Bodenbeschaffenheit und Grundwasser erleichterte Genehmigungsverfahren anzuwenden sind. Die Genehmigung darf auch bei einem Interessenkonflikt mit der jeweiligen Kommune nur versagt werden, wenn geltende Rechtsvorschriften nicht eingehalten werden (LT-Drs. vom 7.1.2014 S. 14).

Eine Genehmigung hat den **Formerfordernissen gemäß § 5 Abs. 2 Satz 1 BestattG** zu genügen. Hiernach sind solche Genehmigungen schriftlich oder elektronisch zu erteilen. Die Möglichkeit einer auch *„elektronischen"* Genehmigungserteilung hat der Landesgesetzgeber durch Art. 7 Nr. 1 Gesetz zum Abbau verzichtbarerer Formerfordernisse vom 11.2.2020 (GBl. S. 37) ergänzt (ebenso im entsprechenden Anwendungsbereich der §§ 9 Abs. 1 Satz 3, 12 Abs. 2 Satz 2, 17 Satz 2, 22 Abs. 3 Satz 3 und Abs. 4 Satz 4 und 35 Abs. 2 BestattG). Ziel dieses Gesetzes war der Abbau verzichtbarer Formerfordernisse im Landesrecht Baden-Württemberg. Der Wegfall verzichtbarer Formerfordernisse dient dem Abbau bürokratischer Hürden und erleichtert die Realisierung medienbruchfreier elektronischer Verwaltungsverfahren. Neben der Schriftform wurde ein einfaches elektronisches Verfahren zugelassen. Die Formulierung *„schriftlich oder elektronisch"* besagt, dass der betreffende Verfahrensschritt sowohl in der herkömmlichen Schriftform, einschließlich ihrer elektronischen Ersatzformen nach § 3a Abs. 2 LVwVfG und § 87a Abs. 3 und 4 AO, **als auch grundsätzlich in der einfachsten elektronischen Variante – z. B. als einfache E-Mail – erfolgen kann.** Werden personenbezogene Daten per Mail versandt, sind die Regelungen der Art. 24 und 32 der Verordnung (EU) 2016/679 zu beachten. Vor allem ist zu gewährleisten, dass auf Daten bei der elektronischen Übertragung, beim Transport oder bei ihrer Speicherung nicht unbefugt zugegriffen werden kann (LT-Drs. 16/7352 vom 26.11.2019 S. 21 f.). Die Regelung *„schriftlich oder elektronisch"* ist technikoffen. Das heißt, sie schließt sowohl die derzeit bekannten und praktikablen elektronischen Verfahren als auch künftige, derzeit unbekannte elektronische Verfahren mit ein (LT-Drs. 16/7352 vom 26.11.2019 S. 23). Der Einsatz elektronischer Verfahren setzt zudem immer eine entsprechende **Zugangseröffnung auf Seiten des Empfängers** voraus. Dies erfordert in objektiver Hinsicht, dass die technischen Voraussetzungen für die elektronische Kommunikation vorliegen und dass derjenige, der den entsprechenden Kommunikationskanal eröffnet hat, mit der Übermittlung elektronischer Dokumente durch den Absender einverstanden ist. Bei Privatpersonen ist grundsätzlich nicht ohne Weiteres von einer konkludenten Zugangseröffnung auszugehen (LT-Drs. 16/7352 vom 26.11.2019 S. 23). Für die Verwaltung wird eine größtmögliche Verfahrensflexibilität geschaffen, da sie nach ihrem Ermessen und ohne gesetzliche Verpflichtung zur Nutzung eines bestimmten elektronischen Verfahrens entscheiden kann, welche Form sie für den jeweiligen Verfahrensschritt für ausreichend oder erforderlich hält (LT-Drs. 16/7352 vom 26.11.2019 S. 24).

Wird die Genehmigung versagt oder nach § 36 LVwVfG **mit Nebenbestimmungen verbunden,** kann die Gemeinde den **Verwaltungsrechtsweg** beschreiten. Zuständige Behörde ist nach § 36 Abs. 1 BestattVO die untere Verwaltungsbehörde. Die Genehmigungsbehörde entscheidet im Benehmen mit dem Gesundheitsamt und der unteren Wasserbehörde (§ 3 BestattVO).

Auch die Anlegung oder Erweiterung von kirchlichen Friedhöfenbedarf der Genehmigung der unteren Verwaltungsbehörde. Diese Genehmigung darf aber nur im Einvernehmen mit der Gemeinde erteilt werden. Einvernehmen bedeutet, dass **ohne Zustimmung der Gemeinde kein kirchlicher Friedhof** angelegt werden kann. Dies erscheint wegen der erheblichen städtebaulichen Bedeutung gerechtfertigt. Allerdings wird eine Gemeinde auch nur aus städtebaulichen Gründen ihr Einvernehmen versagen können. Ist eine Gemeinde aus anderen Gründen, z. B. weil sie das Bedürfnis für einen kirchlichen Friedhof verneint, gegen die Anlegung oder Erweiterung eines kirchlichen Friedhofs, so wird eine Versagung des Einvernehmens nicht möglich sein. Versagt die Gemeinde ihr Einvernehmen trotzdem, so kann die Rechtsaufsichtsbehörde diese Entscheidung überprüfen. Obwohl im Bestattungsgesetz nicht geregelt, wird die Gemeinde – wie beim städtebaulichen Einvernehmen nach § 36 BauGB – das Einvernehmen nur aus Rechtsgründen versagen dürfen. Die Rechtsaufsichtsbehörde kann ein rechtswidrig versagtes Einvernehmen nach den Vorschriften der Gemeindeordnung ersetzen (§§ 118 ff. GemO).

Der **Genehmigungsantrag** ist **bei kirchlichen Friedhöfen** nach § 1 der BestattVO **bei der Gemeinde einzureichen.** Die dem Genehmigungsantrag anzuschließenden Unterlagen sind in § 1 Abs. 2 der BestattVO genannt.

Die Errichtung und der Betrieb eines Friedhofs auf **fremder Gemarkung** bedürfen der Zustimmung der Belegenheitsgemeinde. Dieses Zustimmungserfordernis ergibt sich aus der entsprechenden Anwendung des § 5 Abs. 1 Satz 2 BestattG. Dabei hängt die Wirksamkeit der Zustimmung nicht vom Abschluss einer öffentlich-rechtlichen Vereinbarung der beteiligten Gemeinden ab, wenn die bestattungsrechtlichen Aufgaben der Belegenheitsgemeinde unberührt bleiben, weil der Friedhof nicht auch der Bestattung ihrer Einwohner dienen soll (VGH BW, Urt. vom 6.11.1989, NVwZ 1990 S. 390).

Öffentliche Auslegung der Planunterlagen

Bei der Neuanlegung oder Erweiterung von Friedhöfen (gemeindeeigenen Friedhöfen oder kirchlichen Friedhöfen) müssen die **Planunterlagen einen Monat öffentlich ausgelegt** werden (Einzelheiten vgl. § 2 BestattVO). Damit soll, ähnlich wie bei der Erweiterung oder Neuanlegung eines Friedhofs im Rahmen eines Bebauungsplanverfahrens, die Bevölkerung die Möglichkeit haben, Bedenken vorzubringen. Werden gegen die Anlegung oder Erweiterung von kirchlichen Friedhöfen Bedenken vorgebracht, so muss die Gemeinde der Kirche Gelegenheit geben, sich hierzu zu äußern. Die Gemeinde hat sodann den Genehmigungsantrag mit den nicht berücksichtigten Bedenken, der Äußerung des Antragstellers sowie einer eigenen Stellungnahme hierzu der Genehmigungsbehörde zuzuleiten. Auch bei Gemeindefriedhöfen sind vorgebrachte Bedenken zusammen mit einer Stellungnahme der Gemeinde **der Genehmigungsbehörde vorzulegen.**

Zu b)

Die Anlegung und Erweiterung eines Friedhofes ist für die städtebauliche Entwicklung einer Gemeinde von wesentlicher Bedeutung. Deshalb sollte dies nur auf Grund eines Bebauungsplans geschehen. Dadurch wird es ermöglicht, den **Friedhof in die Gesamtplanung einzufügen** und die Umgebung von Friedhöfen zweckmäßig zu gestalten. **In diesem Falle** wird die Genehmigung nach dem Bestattungsgesetz durch das Bauleitplanverfahren und die dabei vorgeschriebene Berücksichtigung der öffentlichen und privaten Belange nach dem Baugesetzbuch ersetzt. Zu den zu berücksichtigenden Belangen gehören die Grundsätze des Bestattungsgesetzes. Dies gilt auch für kirchliche Friedhöfe.

Bei der Aufstellung eines Bebauungsplanes hat die Gemeinde nicht nur die Öffentlichkeit, also die Bürger, sondern auch die von der Planung betroffenen Behörden zu beteiligen, indem sie sie über die Planungsabsichten informiert und ihnen die Möglichkeit der Stellungnahme einräumt. Da das Landratsamt immer beteiligt wird, erhält u. a. das Kreisplanungsamt und das Gesundheitsamt Gelegenheit zur Prüfung, ob die Grundsätze des Bestattungsgesetzes beachtet werden.

Das Einvernehmen der Gemeinde bei der Anlegung oder Erweiterung eines kirchlichen Friedhofs im Rahmen eines vorhandenen Bebauungsplans kommt ebenfalls nicht in Betracht, da der Gemeinde nach dem BauGB die Planungshoheit zukommt, der Bebauungsplan, der einen kirchlichen Friedhof vorsieht, also nur von der Gemeinde erlassen werden kann.

Zu Absatz 3

Hier wird klargestellt, dass die Genehmigung der Anlegung oder Erweiterung eines Friedhofs außerhalb eines Bebauungsplanes nicht einen nach anderen Rechtsvorschriften notwendigen Verwaltungsakt ersetzt (keine Konzentrationswirkung). Zu denken ist hierbei insbesondere an Baugenehmigungen, z. B. für die Erstellung der Friedhofsgebäude, für nichtverfahrensfreie Aufschüttungen und Abgrabungen usw.

§ 6
Ruhezeit

(1) Für jeden Friedhof ist im Benehmen mit dem Gesundheitsamt festzulegen, wie lange die Grabstätten nicht erneut belegt werden dürfen (Ruhezeit). Die Ruhezeit der Verstorbenen ist nach der Verwesungsdauer festzulegen. Sie beträgt bei Kindern, die vor Vollendung des zweiten Lebensjahres gestorben sind, mindestens sechs Jahre, bei Kindern, die vor Vollendung des zehnten Lebensjahres gestorben sind, mindestens zehn Jahre, im Übrigen mindestens 15 Jahre (Mindestruhezeit). Diese Mindestruhezeiten sind auch für Aschen Verstorbener einzuhalten.

(2) Nach Ablauf der Ruhezeit aufgefundene Gebeine (Überreste von Verstorbenen) und Urnen mit Aschen Verstorbener sind in geeigneter Weise innerhalb des Friedhofs oder auf Hoher See zu bestatten. Dies gilt auch für Urnen, die auf reinen Urnenfriedhöfen im Sinne des § 1 Absatz 3 bestattet waren.

Erläuterungen

Zu Absatz 1

Die gesetzliche **Mindestruhezeit** wurde erstmals mit dem Bestattungsgesetz eingeführt. Früher gab es hierfür keine gesetzlichen Vorschriften. Durch die Festlegung einer Ruhezeit soll gewährleistet werden, dass die Leiche ausreichend verwest. Die Verwesungsdauer hängt von den örtlichen Gegebenheiten (Bodenverhältnissen) ab. Sie muss deshalb für jeden Friedhof gesondert festgelegt werden (vgl. § 8 des Musters einer Friedhofsatzung). Da die Ruhezeit für eine Verwesung ausreichen muss, hat die **Festlegung im Benehmen mit dem Gesundheitsamt** zu erfolgen. Benehmen bedeutet nicht Einvernehmen, sondern darunter ist nur eine verstärkte Form der Anhörung zu verstehen. Wenn das Gesundheitsamt eine von der Gemeinde abweichende Auffassung vertritt, kann die Gemeinde **auch gegen den Willen des Gesundheitsamts die Ruhezeit festlegen.** Allerdings **muss gewährleistet sein, dass die Leichen während der Ruhezeit ausreichend verwesen.** Wenn dies nicht der Fall ist, könnte die Rechtsaufsichtsbehörde die einschlägige Bestimmung der Friedhofsatzung als rechtswidrig beanstanden.

Die **Mindestruhezeit darf nicht unterschritten werden.** Das Gesetz sieht auch keine Ausnahmen vor, da sie erfahrungsgemäß auch unter besonders günstigen Bedingungen für eine ausreichende Verwesung erforderlich ist. Daneben soll durch die Mindestruhezeit eine angemessene Totenehrung ermöglicht werden. Dies ist auch der Grund, warum **für Aschen Verstorbener ebenfalls eine Mindestruhezeit vorgeschrieben** wurde. Es ist aber durchaus möglich, dass für Aschen von der Gemeinde eine kürzere Ruhezeit als für Leichen festgesetzt wird, nur darf auch für Aschen die gesetzlich festgelegte Mindestruhezeit nicht unterschritten werden. Es ist möglich, um eine genügende Verwesung zu erreichen, z. B. die Mindestruhezeit für Leichen um je fünf Jahre zu verlängern, es bei der Asche der

Verstorbenen aber bei der gesetzlichen Mindestruhezeit zu belassen. Je nach Bodenbeschaffenheit können für die einzelnen Friedhöfe einer Gemeinde unterschiedliche Ruhezeiten festzusetzen. Auch bei gleicher Bodenbeschaffenheit dürfte es möglich sein, in Ortsteilen unterschiedliche Ruhezeiten zu bestimmen, wenn dies z. B. die verfügbare Fläche zulässt.

Im Muster einer Friedhofsatzung ist die Festlegung der Ruhezeiten in § 8 vorgesehen. Bezüglich der **Abstufung der Ruhezeit zwischen Erwachsenen und Kindern** schließt sich § 8 des Musters nicht an die Abstufung in § 6 BestattG an. Das Muster sieht eine Abstufung für verstorbene Personen von weniger und mehr als 10 Jahren vor. Der Grund hierfür ist, dass in der Praxis in der Regel nur zwei Grabfelder mit dieser Abstufung bestehen. Es kann örtlich auch eine andere Regelung getroffen werden, nur darf eben nicht unter die Mindestruhezeit gegangen werden.

Mit der Festsetzung von Ruhezeiten sind keine subjektiv-öffentlichen Rechte verbunden, **Ruhezeiten können** deshalb jederzeit unter Berücksichtigung der besonderen Erfordernisse durch eine Änderung der Friedhofsatzung auch für bereits belegte Gräber **verkürzt oder verlängert werden.** Der Einzelne kann daraus keinerlei Entschädigungsansprüche herleiten. Auch dürften unterschiedliche Ruhezeiten für Teilorte möglich sein. Die Mindestruhezeit gilt gem. § 52 BestattG auch für bestehende Friedhöfe.

In der Praxis sind in der Friedhofsatzung häufig Ruhezeiten von 25 bis 30 Jahre festgelegt.

Es ist nicht rechtswidrig, wenn der Satzungsgeber die Ruhezeiten unter Beachtung der gesetzlichen Mindestruhefristen allein nach den natürlichen geologischen Verhältnissen und der sich daraus ergebenden Verwesungsdauer bemisst. Eine Verpflichtung der Gemeinde, die Ruhezeiten zu verlängern, um den Gestaltungswünschen des Nutzungsberechtigten zu entsprechen, besteht nicht (VGH BW, Urt. vom 13.12.1993 – 1 S 428/93 –, BWGZ 1994 S. 657).

Zu Absatz 2

Durch die Novelle 2009 wurde Absatz 2 eingefügt. Nach Ablauf der Ruhezeit müssen aufgefundene Gebeine (Überreste von Leichen) mit der erforderlichen Würde und Pietät behandelt werden. Aus diesem Grund müssen aufgefundene Gebeine an einer anderen, geeigneten Stelle des Friedhofs bestattet werden. Die Gebeine können auch in einem Krematorium verbrannt werden, wobei die Asche danach ebenfalls an einer geeigneten Stelle des Friedhofs beizusetzen ist. Die Überreste von Verstorbenen werden durch die gesetzliche Definition im Bestattungsgesetz als Gebeine bezeichnet. Im Zuge der Neufassung von Absatz 2 durch das Gesetz zur Änderung des Bestattungsgesetzes vom 26.3.2014 wurde eine ausdrückliche Regelung zum Umgang mit Urnen nach Ablauf der Ruhezeit geschaffen. Die Vorschrift stellt klar, dass nach Ablauf der Ruhezeit noch vorhandene Urnen mit Aschen Verstorbener in gleicher Weise innerhalb des Friedhofs zu bestatten sind wie aufgefundene Gebeine von Verstorbenen (LT-Drs. 15/4543 vom 7.1.2014 S. 14). Das gilt nach § 6 Abs. 2 Satz 2 BestattG auch für Urnen, die auf reinen Urnenfriedhöfen im Sinne von § 1 Abs. 3 BestattG bestattet waren. Bei Verwendung von sog. Bio-Urnen entfällt die Bestattung, wenn sich diese im Erdreich zersetzt haben (in diesem Sinne LT-Drs. a. a. O., S. 14).

§ 7

Verkehrssicherheit auf Gemeindefriedhöfen

Die mit der Verkehrssicherheit auf Gemeindefriedhöfen zusammenhängenden Pflichten obliegen den Organen und Bediensteten des Friedhofsträgers als Amtspflichten in Ausübung hoheitlicher Tätigkeit.

Erläuterungen

Die **Verkehrssicherungspflicht** beruht auf dem Gedanken, dass jeder, der Gefahrenquellen schafft (z. B. in Gebäuden, auf Grundstücken, auf Straßen usw.), die notwendigen Vorkehrungen zur Abwendung der hieraus Dritten drohenden Gefahren zu treffen hat. Die Gemeinde hat also einen **Friedhof,** da er für die Allgemeinheit geöffnet ist, **in einem solchen Zustand zu halten, dass für alle Personen, die den Friedhof betreten, keine besonderen Gefahren bestehen.** Diese Verkehrssicherungspflicht auf Friedhöfen ist für die Gemeinden als Friedhofsträger von besonderer Bedeutung. Es wird daher ausführlich auf die Probleme eingegangen.

1. Amtspflichtverletzung und ihre Bedeutung

Im Gesetz wurde nunmehr ausdrücklich bestimmt, dass die mit der Verkehrssicherheit auf Gemeindefriedhöfen zusammenhängenden Pflichten den Organen und Bediensteten des Friedhofsträgers als Amtspflicht in Ausübung hoheitlicher Tätigkeit obliegen. Zwar wurde auf Grund eines Urt. des BGH (Urt. vom 30.1.1961 – III ZR 225/59 –, NJW 1961 S. 868) davon ausgegangen, dass es sich bei der Verkehrssicherungspflicht auf einem Friedhof nicht um eine Amtspflicht, sondern um eine privatrechtliche Verkehrssicherungspflicht nach § 823 BGB handelt. Der wesentliche Unterschied zwischen der Haftung aus der privaten Verkehrssicherungspflicht und der Amtshaftung ist der, dass nach § 839 Abs. 1 Satz 2 BGB bei fahrlässiger Amtspflichtverletzung eine Haftung seitens der Gemeinde nur eintritt, wenn der Verletzte nicht in anderer Weise Ersatz zu erlangen vermag (subsidiäre Haftung). Die Inanspruchnahme der Verfügungs- und Nutzungsberechtigten ist allerdings keine anderweitige Ersatzmöglichkeit bei Verletzung der öffentlich-rechtlich gestalteten allgemeinen Verkehrssicherungspflicht (OLG Stuttgart, Urt. vom 31.7.1991 – 1 U 22/91 –, BWGZ 1994 S. 652). Das Gericht begründet seine Auffassung vor allem damit, dass im Bestattungsgesetz eine Bestimmung, wie sie in § 47 StrG enthalten ist, fehlt, wonach die Gemeinde die ihr als Amtspflicht obliegende Verkehrssicherungspflicht durch die Friedhofsordnung ausschließen oder auf die Friedhofsbenutzer überwälzen darf.

2. Gefahrenquellen, Maß der Sorgfaltspflicht

2.1 Grabsteine

Als Gefahrenquelle kommen für den Friedhofsbesucher hauptsächlich **wackelige Grabsteine** in Betracht. Durch Witterungseinflüsse, Materialfehler, Bodensenkungen oder durch Lösung der Verankerung wird es immer wieder vorkommen, dass Grabsteine ihre Standfestigkeit verlieren und dadurch für die Besucher des Friedhofs eine Gefahr darstellen.

Die Errichtung eines Grabmals ist nach Auffassung des BGH in der Regel eine verhältnismäßig einfache bauliche Maßnahme, zu der handwerkliches Können und Erfahrung genügen, wissenschaftliche Berechnungen aber nicht erforderlich sind. Ferner könne davon ausgegangen werden, dass ein Steinmetzmeister oder ein anderer zu diesen Verrichtungen befähigter Handwerksmeister auch dann, wenn es sich um kopflastige Grabsteine oder Grabdenkmäler größeren Ausmaßes mit entsprechend höherem Gewicht handele, im Allgemeinen die in diesem Zusammenhang an ihn zu stellenden, nicht besonders hohen Anforderungen, genügen kann. Das bedeutet:

Die **Gemeinde darf sich grundsätzlich darauf verlassen, dass ein** einschlägig fachlich vorgebildeter **Handwerker ein Grabmal,** dessen Errichtung keine besonderen Anforderungen stellt, **einwandfrei und sicher aufstellt.** Allerdings hat der BGH (Urt. vom 29.3.1977, BWGZ 1977 S. 383) die Auffassung vertreten, dass ein Malermeister nicht in dem Sinne mit dem Steinmetz beruflich verwandt ist, dass auch ihm im Allgemeinen die besonderen, mit dem Aufstellen eines Grabsteines begründeten Gefahren geläufig sind. Dass ein Grabmal entsprechend seiner Größe dauerhaft gegründet sein müsse, wie es die Friedhofsatzung in dem vom BGH entschiedenen Fall verlangte (vgl. auch § 17 Muster einer Friedhofsatzung), sei im Grunde selbstverständlich. In diesen Fällen sei die Gemeinde, wenn nicht besondere Umstände, etwa ein begründeter Verdacht gegen die Fachkunde und Zuverlässigkeit des Handwerksmeisters dagegenspricht, nicht gehalten, durch eigene Kräfte, die, wenn es einen Sinn haben soll, ihrerseits wieder über entsprechendes handwerkliches Fachwissen verfügen müssten, innerhalb oder außerhalb eines Genehmigungsverfahrens die Aufstellung des Grabmals darauf zu überprüfen, ob es dem an seine Sicherheit zu stellenden Anforderungen entspreche. Die Gemeinde könne allerdings eine **weitergehende Sicherungspflicht freiwillig übernehmen,** sie könne insbesondere die von den Handwerkern **verrichteten Arbeiten überwachen** und sich auch von jeder Beachtung ihrer Anordnung überzeugen. Dies könne in der Weise geschehen, dass jedes neu errichtete Grabmal durch den Anstaltsträger „abgenommen" werde.

Vor diesem Urt. des BGH hatten verschiedene Gerichte gegenteilige Auffassungen vertreten. Es kann daher nichts schaden, wenn die Gemeinde ihren Friedhofsverwalter anweist, bei neuaufgestellten Grabsteinen auf die Standfestigkeit zu achten.

Der Friedhofsträger sei verpflichtet, so stellte der BGH fest, die **Grabsteine in angemessenen Zeitabständen auf ihre Standfestigkeit zu überprüfen.** Die Überprüfung habe sich nicht darin zu erschöpfen, ob Grabsteine und Grabdenkmäler in dem Augenblick der Prüfung noch gerade stehen oder sich neigen oder ob sie andere erkennbare Mängel im Gefüge zeigen. Vielmehr müssten die Grabsteine, wenn nicht ihre Beschaffenheit von vornherein eine Gefahr ausschließe, und zwar auch dann, wenn sie sich an einem Nebenweg des Friedhofs befinden, durch kräftiges Anfassen oder auf andere geeignete Weise untersucht werden, ob sie noch fest stehen und sich im Gefüge nicht gelockert haben. Eine solche Forderung erscheint, so hat der BGH entschieden, durch die im Verkehr erforderliche Sorgfalt geboten, wie auch durch das Sicherheitsbedürfnis der Friedhofsbesucher gerechtfertigt und verlange vom Anstaltsträger nichts Unzumutbares. Der BGH hat weiter festgestellt, dass nur in größeren zeitlichen Abständen Überprüfungen vorzunehmen seien, wobei **in der Regel eine alljährliche, nach dem Ende der winterlichen Witterung und des Frostes vorzunehmende Prüfung** ausreichen werde. Zur Intensität der Prüfung vgl. BWGZ 1983 S. 347. Auch das OLG Stuttgart hat in seinem Urt. vom 31.7.1991 – 1 U 22/91 – entschieden, die Gemeinde habe mindestens einmal jährlich die Grabsteine auf ihre Standfestigkeit zu überprüfen (BWGZ 1994 S. 652). Hier wird auf die Unfallverhütungsvorschrift der Gartenbau-Berufsgenossenschaft verwiesen.

Werden bei einer Überwachung schadhafte oder nicht standsichere Grabsteine festgestellt, so sind **umgehend die etwa erforderlichen Sicherungsmaßnahmen** (z. B. Warnschilder aufstellen und vorläufige Absperrung des Weges) **zu treffen** und diejenigen, die über die Grabstätten verfügen oder die Sorge hierfür übernommen haben, auf vorhandene Schäden aufmerksam zu machen, sowie etwa erforderliche Anweisungen zu erteilen. Kommen die für die Unterhaltung Verantwortlichen ihren Pflichten nicht nach, so handeln sie nach § 25 Nr. 5 des Musters einer Friedhofsatzung ordnungswidrig. Wenn in einer **Vielzahl gefahrdrohende Grabsteine festgestellt** werden, **kann der Friedhof vorübergehend für den öffentlichen Zugang geschlossen werden.** Nur in Einzelfällen und **wenn eine unmittelbare Gefahr besteht,** wird die Gemeinde berechtigt sein, entweder den **Grabstein fachgemäß niederzulegen** – wobei Beschädigungen nach Möglichkeit zu vermeiden sind – und den **Nutzungsberechtigten hiervon zu benachrichtigen** oder aber, soweit das geboten ist, das Erforderliche **auf Kosten des Nutzungsberechtigten** oder sonst Verpflichteten zu veranlassen. Rechtsgrundlage hierfür ist § 14 BestattG i. V. m. §§ 18 und 19 Friedhofsatzung. Es ist aber auch möglich, dass die Gemeinde als Ortspolizeibehörde nach den §§ 1 und 7 PolG polizeiliche Anordnungen trifft, wenn eine konkrete Gefahrenlage besteht. Auch ist es unter den Voraussetzungen des § 8 PolG möglich, dass die Ortspolizeibehörde die Maßnahme auf Kosten des Verpflichteten selbst durchführt. Die Vorschriften des PolG sind also neben den Bestimmungen des BestattG und der Friedhofsatzung zu beachten.

Grabsteine müssen von Fachleuten repariert werden. Dies hat der BGH in dem unten besprochenen Urt. vom 29.3.1977 (BWGZ 1977 S. 383) festgestellt. In dem vom BGH entschiedenen Fall ist ein fast 40 Jahre alter Grabstein auf einen fünfjährigen Jungen gestürzt, als der Junge das Grab seines Großvaters besucht hatte. Die Kirchengemeinde hatte zwar, wie die Rechtsprechung von den Friedhofsträgern fordert, nach der Frostperiode die Standfestigkeit aller Grabmale überprüft, doch war es nach Auffassung der Vorinstanzen mit der bloßen Aufforderung an alle Grabstelleninhaber, ihre nicht mehr ganz standfesten Steine auch reparieren zu lassen, nicht getan. Der Grabstein war von einem Malermeister repariert worden.

Aus den Entscheidungsgründen des Urteils (BGH) vom 29.3.1977:

Haftet der Grabstelleninhaber aus § 837 BGB, dann greift die Haftung des Besitzers des Friedhofs aus § 836 BGB nicht ein

Hierzu führt das Gericht aus:

„Ein Grabstein ist ein mit dem Grundstück verbundenes Werk i. S. von § 836 BGB, so daß an sich die zu Lasten des Eigenbesitzers des Grundstücks bestehende Haftung aus § 836 Abs. 1 BGB eingreift, Besitzt aber jemand auf einem fremden Grundstück in Ausübung eines Rechtes ein Werk, so trifft ihn nach § 837 BGB, und zwar an Stelle des Besitzers des Grundstücks die in § 836 BGB bestimmte Verantwortlichkeit, d. h. die Haftung aus vermutetem Verschulden gemäß § 836 Abs. 1 greift zu Lasten des Eigenbesitzers des Grundstücks nur dann ein, wenn er auch Eigenbesitzer des auf dem Grundstück errichteten schädigenden Werkes ist. Fallen aber Eigenbesitz am Grundstück und Eigenbesitz am Werk auseinander, dann greift § 837 BGB ein; die beiden Vorschriften schließen einander aus."

Haftung der Kirchengemeinde aus § 823 BGB

Hierzu führt das Gericht aus:

„Die Verurteilung der Kirchengemeinde war im Ergebnis zu bestätigen, weil sie wegen Verletzung der ihr im Hinblick auf die Eröffnung einer Gefahrenstelle obliegenden Verkehrssicherungspflicht nach § 823 BGB haftet. Ihre Haftung aus § 823 BGB besteht, wie der Senat schon im Urt. vom 5.10.1971 (a. a. O.) ausgeführt hat, gesamtschuldnerisch mit derjenigen des nutzungsberechtigten Eigenbesitzers aus § 837 BGB.

Diese Anspruchsgrundlage verkennt auch die Revision im Grundsatz nicht. Sie wendet sich jedoch gegen die Ausführungen des Berufungsgerichts, das – wenn auch im Zusammenhang mit Satz 2 des § 836 Abs. 1 BGB – ausführt: Zur Unterhaltung eines Grabsteines gehöre die Überwachung seiner Standfestigkeit und die ordnungsgemäße Durchführung notwendiger Reparaturen; an letzterem habe es gefehlt, weil die Beklagte es geduldet habe, daß die im Jahre 1969 erforderlich gewordene Reparatur (der Stein stand schief und drohte umzustürzen) mit ihrer Kenntnis durch einen Malermeister und nicht durch einen Fachmann (Steinmetz) durchgeführt worden sei. Diese Reparatur sei nicht ordnungsgemäß ausgeführt worden: Unter den Betonsockel sei Wasser geflossen, so daß der Mörtel, dessen Oberschicht porös gewesen sei, gebröckelt habe. Wegen der von umstürzenden Grabsteinen ausgehenden besonderen Gefahren dürfe deren Errichtung und Reparatur nur Fachleuten überlassen werden."

Der BGH bestätigt diese Gründe des OLG wie folgt:

„Wie die Erfahrung zeigt, stellen schwere vor allem ältere Grabsteine wegen der Gefahr des Umstürzens für die Besucher der Friedhöfe eine nicht unerhebliche Gefahrenquelle dar, Dies wird gerade von Kindern verkannt, die, wenn sie auf den Friedhof mitgenommen werden, oft in der Nähe von Grabsteinen oder gar auf ihnen spielen. Wegen dieser Gefahr bedarf die Überwachung von Grabsteinen fachkundiger Handhabung. Das macht es erforderlich (§ 276 BGB), daß der Nutzungsberechtigte mit der Durchführung der ihm obliegenden Reparaturen eines Grabsteines nur einen Fachmann, in der Regel also einen Steinmetz, Bildhauer oder einen anderen zu dieser Verrichtung befähigten Handwerksmeister beauftragt. Nur ein solcher kann auf Grund seiner Fachkunde die Standsicherheit des Steines gewährleisten, Entgegen der Meinung der Revision sind Malermeister nicht in dem

Sinne eine dem Steinmetz verwandte Berufsart, daß auch ihnen im allgemeinen die besonderen, mit dem Aufstellen eines (hier immerhin etwa 1 Zentner schweren) Grabsteines begründeten Gefahren geläufig sind. Daß von diesem Stein trotz seiner verhältnismäßig geringen Höhe von 40 – 50 cm tatsächlich eine Gefahr ausging, zeigt der Unfall. Die richtige Verdübelung und Ausschaltung witterungsbedingter Einflüsse auf den Mörtel sowie die Einberechnung der sich aus der Natur eines Friedhofes ergebenden Erdbewegungen liegen nicht im Bereich der Kenntnisse, die normalerweise ein Malermeister beherrscht. Dafür, daß hier der Malermeister ausnahmsweise über die zur dauerhaften Befestigung eines Grabmals erforderlichen Erfahrungen verfügte, sind keine Umstände dargetan; die mangelhafte Durchführung der Arbeiten spricht für das Gegenteil."

2.2 Wege, Gelände, Bäume

Die **Gemeinde haftet für den verkehrssicheren Zustand der Friedhofswege.** Das gilt für die Haupt- und Nebenwege, vor allem bei gefährlichen Unebenheiten, herausragenden Baumwurzeln usw. Solche gefährlichen Unebenheiten und herausragende Baumwurzeln müssen beseitigt werden. Auch die Grabpfade, die zwischen den einzelnen Grabstellen die Verbindung zum Haupt- oder Nebenweg herstellen, sollten keine Gefahrenstellen bilden. Jedoch dürfen an die Sorgfaltspflicht des Anstaltsträgers nach der einschlägigen Rechtsprechung und Literatur (vgl. Handbuch des Friedhofs- und Bestattungsrechts von *Gaedke*) **keine überspannten Forderungen** gestellt werden, vielmehr **hat auch der Friedhofsbesucher seine eigene Aufmerksamkeit der** Verkehrsbedeutung und **Beschaffenheit der Wege und Grabpfade anzupassen.** Der Fußgänger muss mit gewissen Unebenheiten der Wege rechnen. Allerdings vertrat das LG Freiburg (Urt. vom 21.10.1998 – 2 O 155/98 –, MDR 1999 S. 98) die Auffassung, die Gemeinde sei verpflichtet gewesen, die auf einem Friedhofsweg quer verlaufende Aufkantung einer Steinplatte zum Schutz der Friedhofsbesucher zu beseitigen. Bei dem fraglichen Weg handelte es sich um einen den Friedhof durchlaufenden Hauptweg. Hier könne der Fußgänger mit einer einigermaßen ebenen Fläche rechnen. Auch sei zu berücksichtigen, dass Friedhöfe vornehmlich von älteren Menschen aufgesucht werden; weiter sei es der Gemeinde freigestellt, die Verkehrsflächen des Friedhofs mit großen Steinplatten zu belegen, anstelle von Kieswegen. Sie müsse dann aber auch dafür Sorge tragen, dass Steinplatten, die durch Anhebungen oder Absenkungen Gefahrenstellen schaffen, unverzüglich korrigiert werden. In dem entschiedenen Fall stürzte eine 63jährige Frau. Das Gericht bewertete das Mitverschulden der Frau mit 50 %.

Auch wird man die Sorgfaltspflicht nach dem **Maß der Inanspruchnahme** richten müssen. Wenn z. B. eine Friedhofskapelle zum Gottesdienst benutzt wird, so erfordert der erhöhte Verkehr ein besonderes Maß an Sorgfalt für den Zeitraum der stärkeren Benutzung. Das gleiche gilt für Feiertage, an denen naturgemäß der Friedhof stärker besucht wird oder für Tage, an denen eine Beerdigung mit voraussichtlich größerer Beteiligung stattfindet. In diesen Fällen wird auch eine **Streupflicht bei Schnee- und Eisglätte,** zumindest des Hauptwegs und bei einer Beerdigung des Weges zur Grabstätte, anzunehmen sein. In der Literatur (so *Krebs*, Verkehrssicherungspflicht auf Friedhöfen, Versicherungsrecht 1959 S. 877) wird eine Streupflicht von der Größe des Friedhofs und dem Grad seiner Benutzung durch Besucher abhängig gemacht. Für die Hauptwege auf Friedhöfen in Städten sei vor allem an Tagen, an denen mit besonderem Verkehr gerechnet werden müsse, eine Verpflichtung zum Bestreuen mit abstumpfenden Mitteln anzunehmen. Die Frage der Streupflicht müsse jedoch für Nebenwege mit geringfügigem Verkehr und für Grabpfade verneint werden. Auch dürfe die Anforderung hinsichtlich der Annahme einer Streupflicht nicht zu hoch gestellt werden. Die Friedhofswege brauchen nicht in ihrer ganzen Breite und nicht derart bestreut zu sein, dass ein Friedhofsbesucher überhaupt nicht ausgleiten kann. Es genügt vielmehr, wenn den Verkehrsbedürfnissen entsprechend breite Gehstreifen so bestreut werden, dass sie von den Friedhofsbesuchern gefahrlos benutzt werden können, wenn diese selbst die erforderliche Sorgfalt anwenden (Beschl. des OLG München vom 16.9.1959, MDR 1961 S. 232). Die Gemeinde haftet nicht, wenn der Friedhof auf einem

„Schlupfweg" oder außerhalb der angelegten Wege betreten wird. Auch einer insgesamt 20 cm hohen, 10 cm über Bodenniveau stehenden Grabeinfassung aus 6 cm starkem Marmor steht der dem Friedhofträger obliegenden Verkehrssicherungspflicht nicht entgegen (VGH BW, Urt. vom 26.9.1989, VBlBW 1990 S. 142).

Auch **hinsichtlich des Baumbestandes** obliegt dem Friedhofsträger **eine Überwachungspflicht.** Die Sorgfaltspflicht erstreckt sich regelmäßig auf eine laufende Überwachung, das Entfernen trockener Äste und eine Beseitigung derjenigen Bäume, die den Verkehr erkennbar gefährden. Eine erkennbare Gefährdung eines abgebrochenen Astes liegt dann nicht vor, wenn der Ast noch vollständig belaubt war (Urt. des LG Wiesbaden vom 20.5.1958, MDR 1959 S. 126). Die Friedhofsträger haben den Baumbestand regelmäßig zu kontrollieren. Über die Kontrollen sollten schriftliche Aufzeichnungen angefertigt werden.

2.3 Gebäude, Friedhofmauern

Für die Gebäude und die Friedhofmauern gilt nichts anderes als für Bauwerke mit Publikumsverkehr allgemein. Als Gefährdung sind vor allem bauliche Mängel, Fußbodenglätte usw. denkbar. Es ist Aufgabe des Inhabers solcher Bauwerke, evtl. Gefahrenstellen zu beseitigen. Wenn die Gemeinde Eigentümerin und Eigenbesitzerin der Friedhofsbauten ist, erhebt sich die Frage, ob hier § 836 BGB zur Anwendung kommt. Nach dieser Vorschrift wird ein Verschulden der Gemeinde und ein ursächlicher Zusammenhang zwischen dem Verschulden und dem Schaden kraft Gesetzes vermutet, so dass die Gemeinde in diesem Fall ihr Nichtverschulden oder die fehlende Ursächlichkeit beweisen muss. Gehört das Gebäude einem anderen (z. B. die Friedhofskapelle ist bei der Übergabe des Friedhofs an die bürgerliche Gemeinde in der Verwaltung der Kirchengemeinde geblieben), so wird es für die Frage, wen die Verkehrssicherungspflicht trifft, darauf ankommen, wer das Gebäude tatsächlich für die Öffentlichkeit bereithält.

2.4 Ausgehobene Gräber

Die Verkehrssicherungspflicht des Friedhofseigentümers erstreckt sich nicht auf ein erkennbar unfertiges und mit ausgehobenen Gräbern versehenes Grabfeld (OLG Düsseldorf, BWGZ 1977 S. 272). Eine derartige Pflicht besteht deshalb nicht, weil die Gefahr offensichtlich ist und durch Anwendung gewöhnlicher Sorgfalt unschwer gemeistert werden kann. Die Offensichtlichkeit ergibt sich aus den Erdaufwürfen. In dem vom OLG Düsseldorf entschiedenen Fall stürzte eine 80jährige Frau in ein ausgehobenes Grab und zog sich dabei erhebliche Verletzungen zu. Den Gemeinden ist es trotzdem zu empfehlen, dafür zu sorgen, dass geöffnete Gräber alsbald nach der Beerdigung zugeschüttet werden.

2.5 Kirchliche Friedhöfe

Bei kirchlichen Friedhöfen, die von den Kirchengemeinden unterhalten und von ihnen der Allgemeinheit oder einem bestimmten Personenkreis zur Verfügung gestellt werden, **trifft die Verkehrssicherungspflicht die Kirchengemeinde.** Bei der Verkehrssicherungspflicht der Kirchengemeinde dürfte es sich wohl nicht um eine Amtspflicht handeln, sondern die **Kirchengemeinde wird verkehrssicherungspflichtig nach § 823 BGB.** Auch bei kirchlichen Friedhöfen ist es Aufgabe der Polizei, gegenüber dem für den Zustand der Friedhofsanlage Verantwortlichen die nach § 7 PolG gebotenen Maßnahmen zu treffen. Insbesondere ist es Aufgabe der Ortspolizeibehörde, zu veranlassen, dass die Standsicherheit der in den Friedhofsanlagen aufgestellten Grabdenkmäler in angemessenen Zeitabständen von den für die Friedhofsanlage Verantwortlichen überprüft wird. Festzuhalten ist, dass bei kirchlichen Friedhöfen die Verkehrssicherungspflicht nach § 823 BGB die Kirchengemeinde trifft.

Inzwischen sind die kirchlichen Friedhöfe in der Regel auf die bürgerlichen Gemeinden übergegangen.

3. Organisatorische Maßnahmen der Gemeinde

3.1 Die Gemeinde (Bürgermeister, zuständiger Beigeordneter) sollte **durch innerdienstliche Anweisung jedes Jahr nach Beendigung der winterlichen Frostperiode veranlassen, daß der verantwortliche Gemeindebedienstete** (Bediensteter des Stadtbauamtes, Friedhofsverwalter, Totengräber, Fronmeister) **sämtliche Grabsteine auf ihre Standfestigkeit durch kräftiges Anfassen überprüft** (zur Intensität vgl. BWGZ 1983 S. 347 – dort wird auf die Unfallverhütungsvorschrift der Gartenbau-Berufsgenossenschaft verwiesen). Bei dieser Kontrolle sollte ein weiterer Bediensteter oder ein sonstiger Zeuge zugegen sein. Wichtig ist, dass bei Eintritt eines Schadensfalles die Kontrollen nachgewiesen werden können. Es sollte daher ein schriftlicher Nachweis „Prüfung der Grabsteine auf ihre Standfestigkeit" angelegt werden, der zweckmäßigerweise folgende Angaben enthält: Tag der Prüfung, unterschriftliche Bestätigung des Prüfers und des Zeugen, Sichtvermerk des Vorgesetzten. Dieser Nachweis ist zu den Akten der Gemeinde zu nehmen. Bei besonderen Anlässen, z. B. nach Stürmen, Erdbeben, Hochwasser oder ähnlichen Vorkommnissen, sind weitere Überprüfungen erforderlich.

3.2 Jeder Einzelfall eines festgestellten gefährdenden Zustandes sollte in den schriftlichen Nachweis aufgenommen werden. Außerdem ist dem **Grabstelleninhaber mitzuteilen, dass er den gefährdenden Zustand innerhalb einer bestimmten Frist abzustellen hat,** andernfalls der Grabstein durch die Gemeinde umgelegt werde. **Nach Ablauf der Frist** sollte ein zweiter **Kontrollgang** durchgeführt und evtl. nichtbefestigte **Grabsteine** umgelegt werden. Auch dieser zweite Kontrollgang ist aktenmäßig festzuhalten. Auch kann die Gemeinde nach § 14 BestattG die Grabsteine auf Kosten des für die Grabstätte Verantwortlichen befestigen.

3.3 Wenn bei der allgemeinen Überprüfung ein sicherheitsgefährdender Zustand festgestellt wird, der keinen zeitlichen Aufschub duldet, dann muss die Gemeinde **unverzüglich selbst abhelfen** und den Grabstein befestigen oder umlegen. In einem solchen Sonderfall müsste der Grabstelleninhaber durch die Gemeinde nachträglich von der durchgeführten Sicherungsmaßnahme unterrichtet und, ebenfalls befristet, zum sachgerechten Aufstellen des Grabsteins und zum Kostenersatz aufgefordert werden. Bei einem Umlegen des Grabsteins durch die Gemeinde ist in besonderem Maße darauf zu achten, dass der Grabstein und die Grabausstattung nicht beschädigt werden, der Grabstein also fachgerecht umgelegt wird. Auch hier ist es möglich, anstelle des Umlegens den Grabstein durch Gemeindebedienstete zu befestigen.

3.4 Die **Friedhofswege (Hauptwege) sollten,** soweit nach den obigen Ausführungen erforderlich, **in den winterlichen Streuplan der Gemeinde einbezogen werden.** Vor allem müssten dabei die Tage besonders berücksichtigt werden, an denen erfahrungsgemäß mit einem starken Besuch zu rechnen ist (z. B. bei einer Beerdigung).

Außerdem soll das Friedhofspersonal angewiesen werden, auf **besondere Gefahrenquellen,** wie z. B. gefährliche Unebenheiten im Gelände, Bäume mit dürren Ästen, herausragenden Baumwurzeln, unebene Hauptwege usw. zu achten und diese **unverzüglich zu beseitigen.**

Bei einer Verletzung der Amtspflicht ist stets auch die Frage von Bedeutung, **inwieweit ein Straftatbestand erfüllt ist.** Nach § 230 StGB wird derjenige, der durch Fahrlässigkeit die Körperverletzung eines anderen verursacht, mit **Geldstrafe oder mit Freiheitsstrafe bis zu drei Jahren** bestraft. Die fahrlässige Körperverletzung kann aber auch dadurch begangen werden, dass der Täter eine ihm rechtlich obliegende Pflicht nicht erfüllt. Das Gleiche gilt für die fahrlässige Tötung nach § 222 StGB. **Strafrechtlich wird** nicht die Gemeinde als juristische Person, sondern **der verantwortliche Bedienstete belangt.** Auch gibt es für das strafrechtliche Risiko keine Versicherung. Ein Verschulden des Bürgermeisters oder des verantwortlichen Bediensteten nehmen die Gerichte auch dann an, wenn der Verantwortliche geeignete organisatorische Maßnahmen unterlassen und die Unterlassung zum Unfall geführt hat.

§ 8
Nutzungsbeschränkungen

(1) Bei der Errichtung von Gebäuden, die nicht Friedhofszwecken dienen, ist von Friedhöfen ein Abstand von mindestens 10m einzuhalten. Die Baurechtsbehörde kann hiervon Ausnahmen zulassen, wenn Ruhe und Würde des Friedhofs nicht wesentlich beeinträchtigt werden und polizeiliche Gründe nicht entgegenstehen.

(2) Bei der Errichtung von störenden Betrieben ist von Friedhöfen ein zur Aufrechterhaltung der Ruhe und Würde des Friedhofs ausreichender Abstand einzuhalten.

Erläuterungen

Die Vorschrift wurde durch die Novelle 2009 anders strukturiert:

- Bei der Errichtung von Gebäuden, die nicht Friedhofszwecken dienen, gilt ein konkreter Abstandswert von mindestens 10m (von dem die Baurechtsbehörde Ausnahmen zulassen kann) – siehe Absatz 1.
- Bei der Errichtung von störenden Betrieben ist ein im Einzelfall festzulegender ausreichender Abstand einzuhalten – siehe Absatz 2.

Die Änderung der Vorschrift ist eine Folgeänderung zum im Rahmen des Verwaltungsstruktur-Reformgesetzes zum 1.7.2004 geänderten § 3 BestattG, der den Abstand bei der Anlegung oder Erweiterung von Friedhöfen von störenden Betrieben, Gewerbe- und Industriegebieten, Gebäuden und überbaubaren Grundstücksflächen regelt (siehe oben Erl. zu § 3 BestattG).

Zu Absatz 1

Zunächst wird auf die Erläuterungen zu § 3 BestattG hingewiesen. Die Vorschrift wurde hier eingeordnet, weil sie systematisch nicht mit der Anlegung von Friedhöfen zusammenhängt, sondern bestehende Friedhöfe voraussetzt. Während die Abstandsvorschrift nach § 3 BestattG in der Regel zu Lasten der öffentlichen Hand geht – die Gemeinde muss bei der Neuanlegung der Friedhöfe diese Abstandsvorschriften beachten –, geht der Abstand nach § 8 BestattG in der Regel zu Lasten des Grundstückseigentümers, denn er muss bei der Erstellung von Gebäuden oder bei der Errichtung von störenden Betrieben diesen Abstand beachten.

Der **Abstand** für die Errichtung von Gebäuden beträgt **gegenüber bestehenden Friedhöfen 10 m.** Die Abstandsvorschrift des § 3 BestattG bezieht sich nicht mehr auf Grabfelder, während sich die Abstandsvorschrift nach § 8 BestattG wie bisher auf den Friedhof als solchen – also z. B. auch auf Friedhofsgebäude – bezieht. Unter Friedhof im Sinne dieser Vorschrift ist nur die eigentliche Friedhofsanlage mit den Grabfeldern und den Friedhofsgebäuden zu verstehen, nicht aber z. B. Parkplätze oder Parkanlagen (Grünanlagen, die anderen als Friedhofszwecken dienen), die den Friedhof umgeben. Die Nutzungsbeschränkung hält sich wohl im Rahmen der Sozialbindung des Eigentums, so dass die betroffenen Grundstückseigentümer in der Regel keine Entschädigungsansprüche wegen eines enteignungsgleichen Eingriffs haben dürften. Auch die Beeinträchtigungen, die von einem Friedhof für die Anlieger entstehen können, dürften keine Entschädigungsansprüche begründen. Derjenige, der in der Nähe eines Friedhofs ein Gebäude erstellt, geht bewusst evtl. entstehende Beeinträchtigungen ein.

Vgl. hierzu Erl. zu § 3 BestattG.

Zu Absatz 2

Durch die Novelle 2009 wurde das konkrete Abstandsmaß durch den „ausreichenden Abstand" zwischen den zu errichtenden störenden Betrieben und dem vorhandenen Friedhof ersetzt. Kriterium für den „ausreichenden Abstand" ist die Aufrechterhaltung der Ruhe und Würde des Friedhofs, die mittels des erforderlichen Abstands geschützt bleiben muss.

Bei der Erteilung von Ausnahmen nach § 3 Abs. 2 BestattG muss der Gemeinderat auch die sich aus § 8 BestattG für die Angrenzer ergebenden Nutzungsbeschränkungen bei seiner Beschlussfassung berücksichtigen (VGH, Urt. vom 21.2.1986, BWGZ 1986 S. 403).

2.
Private Bestattungsplätze

§ 9

(1) Private Bestattungsplätze dürfen nur mit Genehmigung der zuständigen Behörde angelegt oder erweitert werden. Die Genehmigung darf nur im Einvernehmen mit der Gemeinde erteilt werden. Sie erfolgt schriftlich oder elektronisch.

(2) Die Genehmigung darf nur erteilt werden, wenn

1. **ein berechtigtes Bedürfnis nachzuweisen ist,**
2. **eine würdige Gestaltung und Unterhaltung des Bestattungsplatzes während der Ruhezeit gesichert erscheint und**
3. **sonstige öffentliche Interessen oder überwiegende Belange Dritter nicht entgegenstehen.**

(3) Die §§ 2 bis 4, § 5 Abs. 3 und § 6 gelten entsprechend.

Erläuterungen

Zu Absatz 1

Die **Anlegung von privaten Bestattungsplätzen** dürfte nur noch **in Ausnahmefällen** in Frage kommen. **Bestehende private Bestattungsplätze dürfen weiter betrieben werden.** Aber auch eine **Erweiterung bestehender privater Bestattungsplätze bedarf der Genehmigung.** Nicht zu den privaten Bestattungsplätzen zählen andere Bestattungsorte i. S. des § 33 Abs. 1 BestattG. Zuständig für die Genehmigung ist nach § 36 BestattVO die untere Verwaltungsbehörde. Das Genehmigungsverfahren entspricht § 5 BestattG und den §§ 1 bis 3 BestattVO. Die Genehmigung hat schriftlich oder elektronisch zu erfolgen (§ 9 Abs. 1 Satz 3 BestattG). Die Möglichkeit einer auch *„elektronischen"* Genehmigungserteilung hat der Landesgesetzgeber durch Art. 7 Nr. 2 Gesetz zum Abbau verzichtbarer Formerfordernisse vom 11.2.2020 (GBl. S. 37) ergänzt. Siehe zu den gesetzlichen Anforderungen an eine solche *„elektronische"* Genehmigungserteilung die entsprechende ausführliche Kommentierung zu § 5 Abs. 2 Satz 1 BestattG in diesem Kommentar.

Zu Absatz 2

Nur wenn die in Nrn. 1 bis 3 genannten Voraussetzungen vorliegen, kann ein privater Bestattungsplatz genehmigt werden. Der Hauptfall für private Bestattungsplätze war in früheren Jahren der, dass das Anwesen des Antragstellers weitab vom nächsten Friedhof lag. Mit der zunehmenden Motorisierung wird dies aber kaum mehr ein Grund dafür sein, ein berechtigtes Bedürfnis für einen privaten Bestattungsplatz zu begründen. Auch die Bestattung bedeutender Persönlichkeiten in einer privaten Begräbnisstätte wird kaum mehr die Genehmigung rechtfertigen. Das **öffentliche Interesse** an der Bestattung aller Toten in einem öffentlichen Friedhof wird hier **höher zu werten** sein **als das** genannte **private Interesse**.

Ein allgemein geltend gemachtes Interesse, z. B. die Asche des Verstorbenen auf dem eigenen Grund und Boden beisetzen zu können, ist allgemeiner Natur, da der Wunsch, auch nach dem Tode die enge Verbundenheit mit dem Grundeigentum aufrechtzuerhalten, bei jedermann bestehen kann, der über ein solches Eigentum verfügt. Da bei der Grundentscheidung, die der Gesetzgeber für den Friedhofszwang getroffen hat, die Ausnahmeregelung des § 9 Abs. 2 BestattG auf ganz besonders gelagerte Fälle zugeschnitten ist, kann dieser allgemeine Wunsch nicht als ein berechtigtes Bedürfnis i. S. dieser Vorschrift anerkannt werden. Nach Auffassung des VGH BW (Urt. vom 22.1.1979, BWVPr. 1979 S. 135) reicht die Tatsache, dass die Kläger orthodoxen Glaubens sind, und dass die beklagte Stadt nicht über einen orthodoxen Friedhof verfügt, für die Annahme eines berechtigten Bedürfnisses i. S. des § 9 Abs. 2 Nr. 1 BestattG nicht aus. Dies gilt auch für andere Glaubensgemeinschaften. Selbst wenn man davon ausgeht, dass dem Wunsch der Urnenbeisetzung außerhalb des Friedhofs eine echte Glaubens- und Gewissensentscheidung zugrunde liegt, verstößt es nach Auffassung des Gerichts nicht gegen Art. 4 GG, wenn man in diesem Wunsch kein berechtigtes Bedürfnis für eine Ausnahme vom Friedhofszwang sieht, zumal wenn der Friedhof der Gemeinde weltanschaulich absolut neutral ist.

Auch dürfte es nicht zulässig sein, menschliche Aschenreste in einer Wohnung aufzubewahren. Dies gilt auch dann, wenn der nächste Angehörige körperlich behindert ist und deshalb den Friedhof nicht oder nur unter besonderen Schwierigkeiten aufsuchen kann (OVG NRW, Beschl. vom 21.1.1985, NVwZ 1986 S. 401).

Bei der Interessenabwägung sind auch die Interessen des Städtebaues und des Landschaftsschutzes sowie jedes andere überwiegende private Interesse zu berücksichtigen.

Das Verwaltungsgericht Karlsruhe hat auch in einer jüngeren Gerichtsentscheidung, deren Streitgegenstand ein Antrag auf Genehmigung eines privaten Bestattungsplatzes in der Form eines kleinen Ruhewaldes (ca. 70 Bäume) war, an dem strengen Genehmigungsmaßstab gemäß § 9 Abs. 2 BestattG festgehalten (VG Karlsruhe, Urt. vom 11.2.2021, zit. nach juris, Rn. 30): *„Der in § 9 Abs. 2 Nr. 1 BestattG verwendete Begriff des „Bedürfnisses", der stärker als derjenige des „Interesses" eine auf zwingende Gründe zurückführende Notwendigkeit betont, macht jedoch deutlich, dass es insoweit auch nicht bereits ausreichend ist, dass die Anlegung eines privaten Bestattungsplatzes für die Gemeindebevölkerung sinnvoll oder angenehm erscheint."* Das Verwaltungsgericht hat außerdem das Vorliegen entgegenstehender öffentlicher Interessen im Sinne von § 9 Abs. 2 Nr. 3 BestattG angenommen (VG Kalsruhe, a. a. O., Rn. 34): *„Als ein solches öffentliches Interesse ist grundsätzlich das Interesse einer Gemeinde, die einen öffentlichen Friedhof betreibt und unterhält, daran anzuerkennen, dass die von ihr bereitgestellten Begräbnisstätten genutzt werden, um dadurch zumindest die laufenden Kosten decken zu können."*

Zu Absatz 3

Die Vorschriften über die allgemeinen Anforderungen an Friedhöfe (§ 2 BestattG), die Abstandsvorschriften (§ 3 BestattG), die Vorschriften über die Bodenbeschaffenheit und Lage (§ 4 BestattG), die Vorschrift über das Verhältnis zu anderen Bewilligungen und Genehmigungen (§ 5 Abs. 3 BestattG) sowie die Vorschriften über die Ruhezeiten (§ 6 BestattG) gelten auch für private Bestattungsplätze. Nicht anzuwenden ist die Vorschrift über die Verkehrssicherungspflicht (§ 7 BestattG); **bei privaten Bestattungsplätzen gelten ausschließlich die Bestimmungen des BGB** (insbesondere § 823 BGB).

Zweiter Abschnitt

Entwidmung und Schließung von Bestattungsplätzen

§ 10

Entwidmung vor Ablauf der Ruhezeit

(1) Vor Ablauf der Ruhezeit dürfen Friedhöfe oder Teile von Friedhöfen nicht entwidmet werden.

(2) Die zuständige Behörde kann hiervon Ausnahmen bewilligen, wenn an einer Nutzung des Friedhofsgeländes zu anderen Zwecken vor Ablauf der Ruhezeit ein zwingendes öffentliches Interesse besteht. In diesem Falle müssen Verstorbene in Erdgräbern und Urnen mit Aschen Verstorbener, deren Ruhezeit noch nicht abgelaufen ist, umgebettet und die Grabeinrichtungen verlegt werden. Die zuständige Behörde hat die notwendigen Schutzmaßnahmen anzuordnen. Die Umbettung bedarf keiner Erlaubnis nach § 41. Nutzungsberechtigte sind durch Einräumung eines entsprechenden Nutzungsrechts zu entschädigen. § 6 Abs. 2 gilt entsprechend.

Erläuterungen

Zu Absatz 1

Von der Entwidmung ist die Außerdienststellung eines Friedhofs zu unterscheiden. Die Entwidmung eines Friedhofs ist ein gestaltender Verwaltungsakt, durch den der Friedhof seiner Bestimmung, als Ruhestätte der Toten zu dienen, entzogen und einer anderen Verwendung zugeführt wird. Die Außerdienststellung (Schließung) eines Friedhofs ist ein Verwaltungsakt, durch den – ohne den Bestand des Friedhofs als anstaltlich verwaltete öffentliche Sache zu berühren – weitere Beisetzungen auf dem Friedhof untersagt werden (BVerwG, Beschl. vom 9.6.1992 – 7 B 59/92 –, BWGZ 1994 S. 648). Wünschenswert wäre, aus Gründen der Pietät ehemalige Friedhöfe für Grünflächen, Kirchen und ähnliche Zwecke zu verwenden. Im Regierungsentwurf war die Vorschrift enthalten: *„Bei einer Nutzung des früheren Friedhofsgeländes zu anderen Zwecken ist auf seine ehemalige Eigenschaft als Bestattungsplatz Rücksicht zu nehmen. Aufgefundene Leichenreste sind beizusetzen."* Diese Bestimmung wurde im Laufe des Gesetzgebungsverfahrens wieder gestrichen.

Eine Genehmigungspflicht für die Entwidmung besteht nicht. Aus der Verpflichtung der Gemeinden in § 1 BestattG, bei Vorliegen eines öffentlichen Bedürfnisses Friedhöfe anzulegen, zu unterhalten und zu erweitern, ergibt sich, dass eine **Entwidmung nur** erfolgen kann, **wenn die Gemeinde dieser Verpflichtung anderweitig nachkommt.**

Die Totenruhe und gesundheitliche Gründe erfordern, dass Friedhöfe **nicht vor Ablauf der Ruhezeit entwidmet** werden. Regelmäßig ist eine **Entwidmung** ohne Vornahme von **Umbettungen, also erst nach vorausgegangener Außerdienststellung, möglich.** Ist die Ruhezeit höher bemessen als nach § 6 BestattG und war sie auch höher bemessen, als dies im Hinblick auf die Verwesungsdauer notwendig gewesen wäre, kann die Ruhezeit vom Friedhofsträger herabgesetzt werden. Allerdings darf dabei die Mindestruhezeit (§ 6 BestattG), aber auch die für die Verwesung notwendige evtl. längere Ruhezeit, nicht unterschritten werden. Wird die Ruhezeit in zulässiger Weise herabgesetzt und sind dann alle Ruhezeiten abgelaufen, ist eine Genehmigung nach Absatz 2 nicht mehr erforderlich. Die **Entwidmung** eines Friedhofs **stellt einen Verwaltungsakt** (Allgemeinverfügung) **dar.** Der einzelne hat keinen Rechtsanspruch darauf, dass ein Friedhof erhalten bleibt. Er kann also nur **wegen fehlerhafter Anwendung des Ermessens** (z. B. Willkür) mit Erfolg die **Verwaltungsgerichte anrufen.** Auch hat der einzelne bei der Entwidmung eines Friedhofs keine Entschädigungsansprüche (vgl. auch Absatz 2).

Zu Absatz 2

Auch **vor Ablauf der Ruhezeit können mit Genehmigung der unteren Verwaltungsbehörde** (§ 36 BestattVO) **Friedhöfe entwidmet werden.** Voraussetzung hierfür ist, dass ein **zwingendes öffentliches Interesse** besteht. Dieses kann im Einzelfall auch aus Gründen des Städtebaues (Sanierung) gegeben sein (evtl. auch Straßenbau). Allerdings müssen in diesem Falle die Leichen und Aschen der Verstorbenen, deren Ruhezeit noch nicht abgelaufen ist, umgebettet und die Grabeinrichtungen verlegt werden. Die Kosten für diese Maßnahmen hat die Gemeinde oder die sonst verursachende Stelle zu tragen. **Als Schutzmaßnahmen werden vor allem Maßnahmen gesundheitspolizeilicher Art in Frage kommen.** Nach § 41 BestattG ist bei Umbettungen eine Erlaubnis vorgeschrieben. Diese Erlaubnis ist hier nicht erforderlich, da die notwendigen Schutzmaßnahmen bereits im Verfahren über die Ausnahmebewilligung angeordnet werden.

Bei der Entwidmung eines Friedhofs oder von Teilen von Friedhöfen vor Ablauf der Ruhezeit können neben Leichen und Aschen Verstorbener, deren Ruhezeit noch nicht abgelaufen ist, eventuell auch Gebeine bereits vorher dort vorgenommener Bestattungen aufgefunden werden. Insofern ist mit diesen Gebeinen entsprechend§ 6 Abs. 2 BestattG zu verfahren (würdevolle Behandlung von Gebeinen und Urnen mit Aschen Verstorbener).

§ 11

Nutzung privater Bestattungsplätze zu anderen Zwecken

Private Bestattungsplätze dürfen vor Ablauf der Ruhezeit anderen Zwecken nur zugeführt werden, wenn Verstorbene in Erdgräbern und Urnen mit Aschen Verstorbener, deren Ruhezeit noch nicht abgelaufen ist, umgebettet worden sind. Aufgefundene Gebeine und Urnen sind beizusetzen.

Erläuterungen

Im **Gegensatz zu Friedhöfen können private Bestattungsplätzejederzeit einem anderen Nutzungszweck zugeführt werden.** Es braucht hierfür kein privates und auch kein öffentliches Interesse nachgewiesen zu werden. Vor Ablauf der Ruhezeit müssen Verstorbene und Aschen umgebettet werden. Die Gemeinden sind nicht verpflichtet, hierfür ihre Friedhöfe zur Verfügung zu stellen. Wenn allerdings ein anderer privater Bestattungsplatz nicht zur Verfügung steht, weil z. B. ein neuer privater Bestattungsplatz nicht genehmigt wird, so wird den Gemeinden keine andere Möglichkeit verbleiben, als die Umbettungen auf ihre Friedhöfe vornehmen zu lassen.

Wegen einer Verkürzung der Ruhefrist gilt das zu § 10 BestattG gesagte entsprechend.

DRITTER ABSCHNITT
GRABSTÄTTEN

§ 12

Reihengräber und Wahlgräber

(1) Auf Gemeindefriedhöfen ist für jede verstorbene Person eine Einzelgrabstätte (Reihengrab) zur Verfügung zu stellen.

(2) An Grabstätten auf Gemeindefriedhöfen kann ein öffentlich-rechtliches Nutzungsrecht eingeräumt werden (Wahlgrab). Das Nutzungsrecht wird durch eine schriftliche oder elektronische Nutzungserlaubnis erworben. Die Voraussetzungen für den Erwerb und der Inhalt des Nutzungsrechts sowie der Kreis der Nutzungsberechtigten sind in der Friedhofsordnung festzulegen.

(3) Die Einräumung eines Nutzungsrechts an Grabstätten auf kirchlichen Friedhöfen bleibt unberührt.

Erläuterungen

(vgl. auch §§ 10 bis 12 Friedhofsatzung)

Zu Absatz 1

Eine Grabstätte ist ein der Aufnahme einer menschlichen Leiche dienender Teil des Friedhofgrundstücks (so *Gaedke*, Friedhofs- und Bestattungsrecht). Die Vorschrift räumt einen **Anspruch auf eine Einzelgrabstätte** ein. Der im Gesetz festgelegte Rechtsanspruch ist im Zusammenhang mit § 1 Abs. 1 Satz 2 BestattG zu sehen. Danach hat die Gemeinde für die verstorbenen Gemeindeeinwohner sowie für die in der Gemeinde verstorbenen oder tot aufgefundenen Personen ohne Wohnsitz oder mit unbekanntem Wohnsitz einen Friedhof bereitzustellen. Der Anspruch auf eine Einzelgrabstätte beschränkt sich also auf diesen Personenkreis.

Der Anspruch besteht auf eine Einzelgrabstätte, von der die sog. Massengräber oder mehrfach belegten Gräber zu unterscheiden sind. Es wird jedoch nicht ausgeschlossen, dass eine Grabstätte mit dem Einverständnis der Angehörigen mehrfach belegt wird (z. B. durch Tieferlegung). Solche Ausnahmen werden z. B. in Frage kommen bei der Zubettung von Kinderleichen oder von Urnen. Bei Wahlgräbern ist die Zubettung die Regel. Ein **Anspruch, an einer bestimmten Stelle des Friedhofs bestattet zu werden, besteht nicht.** Die **Zuweisung der einzelnen Grabstelle** erfolgt in Ausübung der Anstaltsgewalt durch **Verwaltungsakt.** Sie **kann** nur mit Erfolg **angefochten werden, wenn der Friedhofsträger willkürlich handelt** und z. B. mit der Einweisung der Grabstelle eine Ehrminderung beabsichtigt oder im Ergebnis bewirkt werden würde.

In Gemeinden mit mehreren gemeindlichen Friedhöfen besteht **kein Anspruch auf Bestattung in einem bestimmten Friedhof.** Die Gemeinde kann festlegen (in der Friedhofsatzung oder durch Gemeinderatsbeschluss), dass die Friedhöfe bestimmten Ortsteilen vorbehalten sind. Ausnahmen davon sind auch ohne Regelung in der Friedhofsatzung zulässig, z. B. wenn Eltern, Kinder oder Geschwister auf einem anderen Friedhof der Gemeinde bestattet oder beigesetzt worden sind. Die Gemeinde kann aber auch die Entscheidung den Angehörigen der Verstorbenen überlassen. Auch ist es **möglich, nur auf bestimmten Friedhöfen Wahlgräber zuzulassen** oder Felder mit besonderen Gestaltungsvorschriften einzurichten; in diesem Falle muss aber allen, die dies wünschen, die Möglichkeit der Bestattung auf einem solchen Friedhof gegeben sein. Befindet sich neben dem gemeindlichen Friedhof auch noch ein kirchlicher Friedhof am Ort, so darf die **freie Entscheidung** jedes Gemeindeeinwohners, **sich auf dem kirchlichen Friedhof beerdigen zu lassen, nicht ausgeschlossen werden.** Lediglich von Seiten der Kirche kann bestimmt werden, dass z. B. nur Angehörige der gleichen Konfession auf dem kirchlichen Friedhof bestattet werden dürfen.

Die normale Benutzung des Friedhofs erfolgt in der Form der Beisetzung in einem Normalgrab, nach der gesetzlichen Terminologie **„Reihengrab"** genannt. Reihengräber sind Einzelgräber, dienen also der Aufnahme jeweils eines einzelnen Verstorbenen, und werden „der Reihe nach" (zeitlich und örtlich) für die Dauer der Ruhezeit zur Verfügung gestellt. Die Grabreihen brauchen nicht linienförmig angelegt zu werden. Die **Gestaltungsfreiheit des Friedhofsträgers bleibt** insoweit **unberührt.** Eine Belegung der Reihe nach ist für eine ordnungsgemäße Wiederbelegung notwendig, da hierfür Grabfelder besser geeignet sind als verstreut gelegene Gräber. Die Zuweisung des Reihengrabes erfolgt erst im Todesfalle, nicht schon davor, wie die Zuweisung des Wahlgrabes. Das Verfügungsrecht am Reihengrab erlischt ohne weiteres nach Ablauf der Ruhefrist. Die Abschaffung einer bisherigen Übergehungsmöglichkeit bei Reihengräbern ist rechtlich nicht zu beanstanden (VGH BW, Urt. vom 2.12.1987, BWGZ 1989 S. 59).

Neben den Reihengräbern für die Erdbestattung sind in der Musterfriedhofsatzung (§ 10) auch **Urnenreihengräber** für die Feuerbestattung vorgesehen. In ländlichen Gemeinden, in denen kein Bedürfnis für Urnenreihengräber besteht, kann von der Bereitstellung von Urnengrabfeldern abgesehen werden. Mit dem Todesfall erwerben die Bestattungsberechtigten einen **Rechtsanspruch auf Bestattung in einem Reihengrab.** Dies schließt nicht aus, dass auf Wunsch zwei Leichen in einem doppelt tiefen Grab beigesetzt werden können. In diesem Falle ist aber die einheitliche Abräumung und Wiederbelegung eines Reihengrabfeldes wegen des in der Regel unterschiedlichen Ablaufs der Ruhezeit nicht möglich. **In der Musterfriedhofsatzung** (§ 11 Abs. 3) ist deshalb **vorgesehen, dass nur ein Verstorbener in einem Reihengrab beigesetzt werden darf.** Bei dem **Rechtsanspruch** handelt es sich um **ein öffentlich-rechtliches Nutzungsrecht.** Für Rechtsstreitigkeiten hieraus ist der **Verwaltungsrechtsweg gegeben.** Nach einem Urteil des OVG Bln-Bbg (DÖV 1964 S. 557) beinhaltet das Recht den Anspruch auf Bestattung des Verstorbenen, auf Gestaltung und Pflege der Grabstätte sowie auf angemessene Totenehrung. Auch bei kirchlichen Friedhöfen ist bei Streitigkeiten über die Benutzung des Friedhofs der Verwaltungsrechtsweg gegeben (Urt. des BVerwG vom 16.12.1966, Fundstelle BW 1967 Rn. 895).

Es liegt im Ermessen des Friedhofträgers, in der Friedhofsatzung zu bestimmen, ob einzelne Grabfelder ausschließlich für Angehörige bestimmter Religions- oder Weltanschauungsgemeinschaften bereitgehalten werden.

In der Regel wird **bei den Reihengräbern** eine **Trennung in Grabfelder für Kindergräber und für Erwachsenengräber vorgesehen** (vgl. § 11 Abs. 2 der Musterfriedhofsatzung). Auf eine solche Differenzierung kann auch, insbesondere in kleineren Gemeinden, verzichtet werden. Die altersmäßige Abgrenzung zwischen diesen Grabfelderarten ist im Zusammenhang mit den in § 6 BestattG festzusetzenden Ruhezeiten zu sehen. Nur wenn sich die altersmäßige Abgrenzung für die Grabfelder mit der altersmäßigen Abgrenzung für die Ruhezeiten deckt, ist es möglich, dass später die Grabfelder geschlossen wieder belegt werden können.

Das VG Freiburg hat in einem Urt. vom 19.4.1979 (BWGZ 1980 S. 61) die Vorschrift in der Friedhofsordnung einer Gemeinde bestätigt, die nur Einzelgrabstätten und Doppelgrabstätten zuließ. Ein Steinmetz wollte über insgesamt drei Grabstätten (ein Familiengrab und ein Einzelgrab) ein Grabmal errichten, was ihm jedoch von der Gemeinde versagt wurde. Die gemeindliche Friedhofsordnung enthielt allerdings eine Vorschrift, die in Abweichung vom Muster des Gemeindetags (§ 12 Abs. 5) nur Einzelgrabstätten und Doppelgrabstätten vorsah. Eine solche Einschränkung in der Friedhofsatzung ist möglich, weil bei Dreiergrabstätten der Platzbedarf wegen der dann noch unterschiedlicheren Ruhezeiten größer ist und dieser zusätzliche Platzbedarf evtl. von der Gemeinde nicht befriedigt werden kann.

Der BayVGH hat in einem Urt. vom 29.6.1983 – Nr. 7 B 80 A 830 – (BayVBl. 1983 S. 697), einen Streitfall entschieden, in dem der **Sarg im Nachbargrab zu weit in den Zwischenraum zum Wahlgrab oder sogar in das Wahlgrab selbst hineinragte.** Das Gericht lehnte einen Abwehr- oder Beseitigungsanspruch ab und begründete dies u. a. damit,

„[...] das Recht des Klägers auf ausschließliche Nutzung seiner Sondergrabstätte könne nur dann verletzt sein, wenn dies gleichzeitig noch einem anderen zur Nutzung zur Verfügung gestellt worden wäre oder wenn die Nutzung durch eine anderweitige Belegung – etwa auch durch eine nicht sachgerechte oder der Friedhofsordnung widersprechende Bestattung in einem Nachbargrab – für ihn als Berechtigten unmöglich gemacht oder in unzumutbarer Weise behindert oder erschwert worden wäre. Dies sei hier nicht der Fall. Der Sarg des Nachbargrabes liege nicht genau in dem Bereich, den oberirdisch das dazu gehörige Grab-Beet und dessen (steinerne) Grabeinfassung einnehmen, sondern rage teilweise in den Raum hinein, der oberirdisch als Zwischenraum zwischen den beiden Gräbern angelegt sei. Damit sei aber die unbeschränkte Nutzung der Sondergrabstätte des Klägers nicht in unzumutbarer Weise beeinträchtigt. Dessen eigentliche Begräbnisstätte sei freigeblieben und könne unbehindert genutzt werden. Auch die ausschließliche Befugnis des Klägers zur Gestaltung und Pflege der Oberfläche des Grabes werde nicht berührt. Ebenso

seien rechtserhebliche ideelle Beeinträchtigungen, die sich beispielsweise bei einer gleichzeitigen Belegung derselben Grabstätte (vgl. zu einer solchen Fallgestaltung BayVGH v. 21.2.1968 Nr. 159 IV 66) ergeben könnten, bei einer Bestattung (teilweise) im Grenzraum nach Auffassung des Gerichts nicht anzuerkennen."

Falsche Belegung einer Grabstätte

Sachverhalt:

Durch einen Irrtum der Friedhofsverwaltung wurde eine Frau nicht in der zweistelligen Grabstätte, die sie und ihr Ehemann zur Nutzung erworben hatten, sondern in der daneben liegenden dreistelligen Grabstätte beigesetzt. Die Nutzungsberechtigte der dreistelligen Grabstätte verlangte daraufhin von der Friedhofsverwaltung die Umbettung des Leichnams der Frau in die eigene Grabstätte. Dieser Umbettung stimmte der Ehemann der verstorbenen Frau unter Hinweis auf den Schutz der Totenruhe jedoch nicht zu. Um die Umbettung doch noch zu erreichen, erhob die Nutzungsberechtigte der dreistelligen Grabstätte Klage. Das VG wies die Klage ab. Die Berufung zum Oberverwaltungsgericht Nordrhein-Westfalen blieb ebenfalls ohne Erfolg (Urt. vom 10.11.1998 – 19 A 1320/98 –, NVwZ 2000 S. 217).

Aus den Gründen:

Anspruch auf Umbettung grundsätzlich gegeben

„Der Folgenbeseitigungsanspruch dient dazu, die rechtswidrigen Folgen rechtwidriger Amtshandlungen der vollziehenden Gewalt zu beseitigen. Nach Ansicht des OVG lag hier eine rechtswidrige Amtshandlung der Friedhofsverwaltung vor, da diese die Verstorbene nicht in der eigenen Grabstätte, sondern in der angrenzenden (fremden) dreistelligen Grabstätte bestattet hatte. Durch die rechtswidrige Handlungsweise der Friedhofsverwaltung sei das Grabstättennutzungsrecht der Nutzungsberechtigten der dreistelligen Grabstätte auch insofern unmittelbar beeinträchtigt worden, als sie eine bis dahin freie Grabstelle ihrer Grabstätte nicht mehr für eine Bestattung entsprechend ihrer Wahl nutzen konnte."

... entfällt hier aber wegen unzulässiger Rechtsausübung

„Der somit gegebene Folgenbeseitigungsanspruch entfällt hier aber nach Meinung des OVG, weil seine Verwirklichung – die Herstellung des Zustands, der ohne die rechtswidrige Handlung der Friedhofsverwaltung bestehen würde – sich als eine unzulässige Rechtsausübung darstelle. Dem Anspruch auf Umbettung stehe Art. 1 Abs. 1 GG entgegen, der mit dem Schutz der unantastbaren Würde des Menschen auch den Schutz der Totenruhe der Verstorbenen erfordere."

Kein besonders wichtiger Grund für das Umbettungsverfahren

„Nach Ansicht des OVG ist bei einem Anspruch auf Umbettung die gesamte Sachlage zu berücksichtigen. Es müssen, so das OVG, dem Antragsteller erhebliche Umstände zur Seite stehen. Dies sei hier jedoch nicht der Fall. Zwar falle das Grabstättennutzungsrecht zumindest in einem Kernbereich unter den Schutz des Art. 14 Abs. 1 GG. Dieser Kernbereich bestehe in der Befugnis, die Grabstätte nach Maßgabe der jeweils geltenden Friedhofsordnung für die Bestattung, Grabanlage und Errichtung eines Grabmals oder anderer Grabeinrichtungen zu nutzen. Der Schutz der Totenruhe sei hier jedoch gegenüber dem Grabstättennutzungsrecht der Nutzungsberechtigten des dreistelligen Grabs vorrangig. Art. 1 GG gehöre zu den tragenden Konstitutionsprinzipien. Es besteht hier nach Auffassung des OVG auch kein wirklich zwingender Grund für die Umbettung, da das durch Art. 14 Abs. 1 GG geschützte Grabstättennutzungsrecht hier nur teilweise entzogen werde und sich der von der Nutzungsberechtigten der dreistelligen Grabstätte erstrebte Erfolg – die spätere Beisetzung neben ihrem verstorbenen Ehemann und ihrer verstorbenen Schwester – auch auf andere Weise als die Umbettung erreichen lasse, da die Friedhofsverwaltung der Nut-

zungsberechtigten die Nutzung an zwei weiteren, unmittelbar benachbarten Grabstellen gebührenfrei übertragen wolle."

Grabgestaltungsrecht bleibt bestehen

„Das der Nutzungsberechtigten der dreistelligen Grabstelle zustehende Grabgestaltungsrecht gehört nach Ansicht des OVG zu dem durch Art. 14 GG geschützten Kern des Grabstättennutzungsrechts und bleibe auch für das Grab, in dem die Verstorbene fälschlicherweise bestattet wurde, bestehen. Der Ehemann der verstorbenen Frau könne sein Totenfürsorgerecht in der Weise ausüben, dass er auf seiner unmittelbar benachbarten Grabstelle ein Grabmal aufstellen lasse und Blumen pflanze. Dies sei ihm im Rahmen des verhältnismäßigen Ausgleichs bei den hier kollidierenden Art. 1 und 14 GG auch zuzumuten. Wenn der Ehemann dagegen einen Grabstein direkt auf dem Grab errichten möchte, in dem seine verstorbene Frau auch liege, so sei es ihm zuzumuten, der Umbettung zuzustimmen, wodurch er das angestrebte Grabgestaltungsrecht erhalten werde, ohne dass das Gestaltungsrecht der Nutzungsberechtigten der dreistelligen Grabstelle beeinträchtigt werde. Das OVG führt hierzu aus, dem könne nicht entgegengehalten werden, dass es dem allgemeinen Sittlichkeits- und Pietätsempfinden widerspräche, den oberen Teil von einer Grabstätte vom unterirdischen Teil zu trennen. Bei den vielfach anzutreffenden Familien-Wahlgrabstätten mit mehreren Grabstellen befinde sich der Grabstein häufig nur auf einem Teil der Grabstellen, auf die er sich beziehe. Wolle der Ehemann der Verstorbenen sich damit nicht begnügen, sondern außer der Wahrung der Totenruhe seiner verstorbenen Ehefrau erreichen, dass ein Grabstein direkt auf der von ihr belegten Grabstelle aufgestellt oder diese Grabstelle von ihm in irgendeiner Weise gestaltet werden könne, dann sei ihm zuzumuten, sich durch eine Zustimmung zur Umbettung des Leichnams seiner Ehefrau in seine eigene Grabstätte das angestrebte Gestaltungsrecht an derselben Grabstelle zu verschaffen, in der seine verstorbene Ehefrau bestattet ist, ohne dass das eigentumsähnliche Grabgestaltungsrecht der Klägerin beeinträchtigt werden müsste. Dies sei dem Ehemann der Verstorbenen umso mehr zumutbar, als die Umbettung wahrscheinlich nicht einmal die Ausgrabung des Leichnams erfordern würde, sondern durch „Verschieben des Sarges auf der Sohle" erfolgen könne."

Absatz 1 wurde durch die Novelle 2009 an eine geschlechtsneutrale Schreibweise angepasst (künftig: *„jede verstorbene Person"*).

Zu Absatz 2

Wahlgräber sind Grabstätten, für **die ein besonderes Nutzungsrecht auf eine bestimmte Dauer eingeräumt wird und in denen in der Regel mehrere Familienangehörige bestattet werden.** Häufig haben sie eine bevorzugte Lage. Ihre Schaffung entspricht einem praktischen Bedürfnis. Häufig wird, um einen Verlust der Grabstelle infolge des Ablaufs der Ruhezeit zu vermeiden, die Einräumung weitergehender Nutzungsrechte am Grab verlangt. Auch besteht oft der Wunsch, dass mehrere Familienmitglieder in einer Grabstelle beerdigt werden oder dass das Grab in einer exponierten Stelle angelegt wird. Für diese Fälle ist das Wahlgrab, früher auch das Vorzugs- oder Familiengrab oder unrichtig Kaufgrab genannt, vorgesehen.

Entgegen der landläufigen Meinung, die in dem Begriff „Grabkauf" zum Ausdruck kommt, ist der Erwerb eines Grabnutzungsrechts keineswegs ein zivilrechtlicher Vorgang, sondern ein das Anstaltsverhältnis begründender Verwaltungsakt. Das Nutzungsrecht wird durch eine schriftliche oder elektronische Nutzungserlaubnis erworben. Die Möglichkeit einer auch *„elektronischen"* Nutzungserlaubnis hat der Landesgesetzgeber durch Art. 7 Nr. 3 Gesetz zum Abbau verzichtbarer Formerfordernisse vom 11.2.2020 (GBl. S. 37) ergänzt. Siehe zu den gesetzlichen Anforderungen an eine solche *„elektronische"* Nutzungserlaubnis die entsprechende ausführliche Kommentierung zu § 5 Abs. 2 Satz 1 BestattG in diesem Kommentar. Die schriftliche Nutzungserlaubnis, seit ihrer Einführung sicher auch die elektronische, hat konstitutiven Rechtscharakter (VG Sigmaringen, Urt.

vom 20.7.1989, BWGZ 1994 S. 650). Der Übergang des Grabnutzungsrechts erfolgt nach öffentlich-rechtlichen Vorschriften, die Erbschaft nach dem BGB ist nicht maßgebend (VG Sigmaringen, Urt. vom 1.7.1987, BWGZ 1987 S. 830; OVG NRW, Urt. vom 18.3.1986, KStZ 1987 S. 233).

Im Falle der Zuteilung eines Wahlgrabes erwirbt der Berechtigte zwar kein Eigentum, aber er erhält ein für einen längeren Zeitraum bestimmtes subjektiv-öffentliches Sondernutzungsrecht an der ausgewählten Grabstelle für sich und seine Angehörigen bzw. Rechtsnachfolger. Als personengebundenes, hoheitlich verliehenes Sondernutzungsrecht nicht vermögensrechtlicher Art kann das Grabnutzungsrecht nicht durch ein bloßes Rechtsgeschäft übertragen werden, daher kann darin auch keine unmittelbar der erbrechtlichen Gesamtrechtsnachfolge (§ 1922 BGB) unterliegende Rechtsposition gesehen werden. Es obliegt vielmehr dem Friedhofsträger, durch entsprechende Satzungsbestimmungen festzulegen, ob und an wen das Grabrecht im Falle des Todes des bisherigen Inhabers übergeht (VG Stuttgart, Urt. vom 15.3.2024, – 6 K 3116/22 –, zit. nach juris, Rn. 31 unter Verweis auf BayVGH, Beschl. vom 21.3.2018 – 4 ZB 17.2082 – juris, Rn. 10 f. und *Gaedke*, Handbuch des Friedhofs- und Bestattungsrechts, 12. Auflage 2019, Kap. 11 Rn. 46).

Ein Erwerb des Nutzungsrechts im Wege der Rechtsnachfolge ist wegen der mit dem Nutzungsrecht verbundenen Pflichten nur möglich, wenn der Rechtsnachfolger zustimmt und sich damit den einschlägigen Bestimmungen der Friedhofsordnung unterwirft (*Gaedke*, a. a. O., Kap. 11 Rn. 73 unter Verweis auf OVG NRW, Urt. vom 18.3.1986, – 2 A 2750/84 –, KStZ 1987, 233–235).

Der einzelne hat **keinen Rechtsanspruch auf die Zuteilung eines Wahlgrabes.** Allerdings müssen bei der Vergabe von Wahlgräbern der Gleichheitsgrundsatz und das Willkürverbot beachtet werden. Da für Wahlgräber regelmäßig mehr Friedhofsfläche benötigt wird, können Gemeinden, in denen die Friedhofsfläche knapp ist, **von der Bereitstellung von Wahlgräbern absehen.** Eine Rechtspflicht, Wahlgräber zur Verfügung zu stellen, besteht auch dort nicht, wo am Ort nur ein, demgemäß mit Monopolcharakter ausgestatteter Friedhof vorhanden ist. Der **Bestattungsanspruch** der Gemeindeeinwohner **kann nur die normale Benutzung des Friedhofs,** d. h. die Bereitstellung eines Reihengrabes **zum Ziele haben,** da dadurch eine ordnungsgemäße Erfüllung des Friedhofszweckes hinreichend gewährleistet ist (HessVGH, Beschl. vom 8.9.1994 – 11 N 3052/90 –, NVwZ 1995 S. 509; a. A. OVG RhPf, Urt. vom 4.10.1994 – 7 A 11102/94 –, NVwZ 1995 S. 510).

Die **Dauer der Nutzungsrechte ist in der Friedhofsordnung festzulegen** (vgl. § 12 der Musterfriedhofsatzung). Diese Nutzungszeit wird üblicherweise, auch aus Rechtsgründen, länger festgesetzt als die Ruhezeit (§ 12 Musterfriedhofsatzung). **Gebräuchlich** ist meist **eine Nutzungszeit von 25 bis 30 Jahren.** Teilweise existiert die Praxis, die Nutzungszeit von Wahlgräbern der geltenden Ruhezeit und damit der Nutzungszeit von Reihengräbern anzugleichen. Das dürfte nur in seltenen Fällen gerechtfertigt sein, etwa wenn hierfür überwiegende Gründe des öffentlichen Wohls angeführt werden könnten. Das BVerwG hat in einem anderen Zusammenhang ausdrücklich festgehalten, dass sich eine Beschränkung der Nutzungsdauer von Sondergrabstellen innerhalb des Anstaltszwecks wie des besonderen Zwecks dieser Grabstellen halten müsse, was nicht mehr der Fall wäre, wenn die Nutzungszeit von Wahlgräbern unangemessen verkürzt, z. B. auf die Benutzungsdauer der Reihengräber herabgesetzt würde (BVerwG, Urt. vom 8.7.1960 – VII C 123.59 –, BVerwGE 11, 68–75 = DVBl 1960 S. 722; jeweils zit. nach und vgl. zum Ganzen *Barthel* in Jürgen Gaedke, Handbuch des Friedhofs- und Bestattungsrechts, 11. Auflage, Kap. 11, Rn. 48 ff.; siehe auch zu den dogmatischen Unterschieden der Nutzungszeit einer Wahlgrabstätte zur Ruhezeit im Sinne von § 6 BestattG *Uhl*, Anmerkung zum Urteil des VG Karlsruhe vom 28.4.2014 (7 K 2374/1) – Zur Festlegung der Ruhezeit beziehungsweise Nutzungszeit über die Mindestruhezeit des Bestattungsgesetzes hinaus in BWGZ 2015 S. 374–375). In der Musterfriedhofsatzung (§ 12 Abs. 2 Satz 2) ist vorgesehen, dass die Nutzungsrechte für Wahlgräber nur anlässlich eines Todesfalles erworben werden können. Dadurch soll vermieden werden, dass einzelne Grabflächen in einem Grabfeld offenbleiben und störend wirken. Will sich jemand zu Lebzeiten ein Wahlgrab sichern, so kann er das auch testamentarisch erreichen. Soll ein Wahlgrab auch zu Lebzeiten erworben werden können, so empfiehlt es sich, eine altersmäßige Begrenzung (z. B. 65. oder 70. Lebensjahr) zu setzen, da sonst häufig die Grabflächen für Jahre nicht belegt werden können. Die Gemeinde muss bei der Verleihung den Gleichheitsgrundsatz beachten.

Überschreitet bei einer beabsichtigten **Bestattung in einem Wahlgrab die Ruhezeit das laufende Nutzungsrecht, so kann eine Bestattung nicht stattfinden.** Vielmehr muss zuvor das **Nutzungsrecht verlängert werden.** Auch auf die Verlängerung eines solchen Nutzungsrechtes besteht kein Rechtsanspruch. Wenn eine Gemeinde keine Wahlgräber mehr vergibt, braucht sie auch das Nutzungsrecht an bereits vorhandenen Wahlgräbern nicht zu verlängern. Dann tritt die Folge ein, dass mit Ablauf der Nutzungszeit praktisch die Wahlgräber aufgehoben sind.

Wegen des Flächenmangels auf manchen Friedhöfen wurden in der Musterfriedhofsatzung (§ 12 Abs. 5) **doppeltiefe Gräber zugelassen.** Die Friedhofsatzung kann aber auch dahin abgeändert werden, dass **dreifachtiefe Gräber zugelassen** sind.

In der Vergangenheit hat sich immer wieder gezeigt, dass es sehr problematisch ist, wer von den Angehörigen der Nutzungsberechtigte an einem Wahlgrab ist. Dies gilt insbesondere für die sich aus dem Nutzungsrecht ergebenden Pflichten. Deshalb enthält § 12 Abs. 7 der Musterfriedhofsatzung eine ins Einzelne gehende Regelung mit der genauen Bestimmung der Reihenfolge der Angehörigen, auf welche das Nutzungsrecht – ausschließlich mit deren Zustimmung – übergeht.

Mit dem Ablauf des Nutzungsrechts verliert der Nutzungsberechtigte sein Recht. Es ist zweckmäßig, wenn der Nutzungsberechtigte rechtzeitig auf den Ablauf des Nutzungsrechts von der Gemeinde hingewiesen wird, damit er evtl. einen **Antrag auf erneute Verleihung** stellen kann. Eine Verpflichtung der Gemeinde zu einem solchen Hinweis besteht jedoch nicht; der Hinweis ist kein Verwaltungsakt. Für die Verleihung des Nutzungsrechts wird regelmäßig eine Gebühr erhoben. Bei einer erneuten Verleihung gelten die zu diesem Zeitpunkt maßgebenden Vorschriften. Sieht die Friedhofsordnung einer Gemeinde die Möglichkeit der erneuten Verleihung eines Nutzungsrechts an einem Wahlgrab auf Antrag vor, so hat der Antragsteller einen Anspruch auf ermessensfehlerfreie Entscheidung. Die Gemeinde handelt innerhalb des ihr eingeräumten Ermessensspielraums nicht ermessensfehlerhaft, wenn sie die erneute Verleihung bei aktuellem Flächenbedarf auf dem Friedhof und/oder wegen der Umgestaltung oder Neuordnung des Gemeindefriedhofs ablehnt (VGH BW, Urt. vom 15.11.1993 – 1 S 1607/93 –, BWGZ 1994 S. 651). Ist bei noch nicht abgelaufener Nutzungszeit eine weitere Bestattung in einem Wahlgrab vorgesehen, die restliche Nutzungszeit jedoch nicht mindestens so lange wie die Ruhezeit, hat grundsätzlich eine entsprechende Verlängerung durch Wiederverleihung zu erfolgen, die auch auf die Teilnutzungszeit beschränkt erfolgen kann. Auch sind eine nachträgliche Verleihung von Nutzungsrechten an Wahlgräbern und eine nachträgliche Gebührenerhebung grundsätzlich möglich (BWGZ 1988 S. 827).

Bei freiwilliger Rückgabe des Nutzungsrechts besteht kein Rechtsanspruch auf Erstattung des entsprechenden Teils der seinerzeit entrichteten Benutzungsgebühr, doch kann die Gemeinde eine solche Erstattung nach Ermessen vornehmen, insbesondere wenn sie wegen des Platzbedarfs an einer früheren Rückgabe von Wahlgräbern interessiert ist. Die Gebührenerstattung muss nicht in der Friedhofsatzung geregelt sein. Zweckmäßigerweise erfolgt eine Erstattung anteilsmäßig im Verhältnis der nicht genutzten, nach Jahren gerechneten Nutzungszeit zu der Höhe der entrichteten Benutzungsgebühr. Die Erstattung hat an den zu diesem Zeitpunkt Nutzungsberechtigten zu erfolgen. Eine Rückgabe eines Nutzungsrechts kann grundsätzlich nur für die gesamte Grabstätte erfolgen. Für noch nicht belegte Grabstätten kann das Nutzungsrecht jederzeit zurückgegeben werden. Zur Verkürzung der Nutzungszeit vgl. § 30 der Musterfriedhofsatzung.

Ist vor Ablauf der Nutzungszeit kein Nutzungsberechtigter mehr vorhanden, erlischt dieses, und das Wahlgrab fällt an die Gemeinde zurück.

Es ist zulässig, für den Erwerb von Wahlgräbern eine Altersgrenze festzulegen (HessVGH, Beschl. vom 8.9.1994 – 11 N 3052/90 –). In dem entschiedenen Fall war für den überlebenden Ehegatten eine Altersgrenze von 60 Jahren festgelegt. Die Altersgrenze muss dann aber auch für Gräber mit z. B. dreifacher oder vierfacher Belegung vorgesehen sein. Das OVG RhPf (Urt. vom 4.10.1994 – 7 A 11102/94 –, NVwZ 1995 S. 511) akzeptiert diese Einschränkung nicht, wenn sie unter Berücksichtigung der Kapazitätsverhältnisse auf dem Friedhof nicht erforderlich ist.

Zeitlich **unbegrenzte Nutzungsrechte an Grabstätten** auf Friedhöfen (sog. Erbbegräbnisse) **können** durch Änderung der Friedhofsatzung **eingeschränkt werden;** insbesondere kann ihr zeitlich beschränkter Fortbestand von der (erneuten) Zahlung einer Gebühr abhängig gemacht werden. Der VGH BW stellte in seinem Urteil (ESVGH 17, 79; vgl. hierzu auch Beschl. des HessVGH, ESVGH Bd. 25, 209) fest, ein Friedhofsdauerrecht könne nicht als ein durch Nutzungsverleihung begründetes, nur aus überwiegenden Gründen des Gemeinwohls und nur gegen Entschädigung entziehbares Recht angesehen werden, auch nicht als eigentumähnliches Recht im Sinne von Art. 14 GG, das nur unter den Voraussetzungen der Enteignung entziehbar wäre. Subjektiven Rechten, die der Staat in Erfüllung sozialstaatlicher Pflichten einräume, fehle der verfassungsrechtliche Eigentumsbegriff. Als eigentumsbildende Leistung könne weder die Gebührenzahlung noch die Grabpflege angesehen werden. **Friedhofsdauerrechte** seien somit **keine unabänderlichen Rechte,** stellte der VGH BW in den Urteilsgründen weiter fest. Der Anstaltsträger könne sie kraft seiner Autonomie unter gewissen Voraussetzungen einseitig ändern und aufheben. Der Friedhof diene der Allgemeinheit. **Im Interesse einer ordnungsgemäßen Handhabung des Bestattungswesens müsse der Nutzungsberechtigte Eingriffe in seine Befugnisse hinnehmen,** wenn sie sich innerhalb des Anstaltszwecks und des besonderen Zwecks der Dauergräber halten. In dem entschiedenen Fall habe die Gemeinde die Dauernutzungsrechte auf 40 Jahre beschränkt. Der VGH stellte fest, dass sich auch diese zeitliche Beschränkung innerhalb der Schranken des Anstaltszwecks und des besonderen Zwecks der Dauergräber halte. Neben den Dauerrechten gibt es auch noch Fälle, in denen die Gemeinden für sehr lange Zeiträume (z. B. 70 Jahre) Friedhofsrechte vergeben haben und nunmehr vor der Notwendigkeit stehen, diese Rechte zu revidieren. Im Hinblick darauf, dass Friedhofsdauerrechte beschränkt werden können, wird auch von der Möglichkeit der Verkürzung solcher für einen längeren Zeitraum eingeräumter Rechte ausgegangen werden können. Allerdings wird **auch hier nur eine angemessene Beschränkung** (z. B. Herabsetzung von 70 Jahren auf 40 Jahre) **möglich** sein. Das BVerwG hat mit Urt. vom 8.3.1974 – VII C 73.72 – festgestellt, dass ein Verstoß gegen Art. 14 GG nicht gegeben sei, wenn die Nutzungszeit für Erbbegräbnisrechte durch die Änderung der Friedhofsatzung im Rahmen des Anstaltszwecks nachträglich von 50 Jahren auf 40 Jahre herabgesetzt und die Verlängerung der Nutzungsrechte von der Zahlung einer Gebühr abhängig gemacht wird (DÖV 1974 S. 390). Der VGH lässt die Begrenzung alter Nutzungsrechte auf 30 Jahre seit ihrem Erwerb, frühestens mit dem Ablauf der Ruhezeit des in dieser Grabstätte zuletzt Bestatteten, zu (Urt. vom 11.2.1982, BWGZ 1983 S. 491). Allerdings darf hierdurch der Wesenskern der Wahlgräber nicht beeinträchtigt werden. Das BVerwG hat eine Vorschrift in einer Friedhofsatzung akzeptiert, wonach die vor Inkrafttreten dieser Satzung entstandenen Nutzungsrechte von unbestimmter Dauer auf zwei Nutzungszeiten (von je 30 Jahren) beschränkt werden, wobei die Nutzungsrechte allerdings nicht vor Ablauf eines Jahres nach Inkrafttreten der Satzung und der Ruhezeit der zuletzt beigesetzten Leiche oder Asche enden (BVerwG, Beschl. vom 4 8. 1989, BWVPr. 1989 S. 273). Eine Entziehung des Nutzungsrechts ohne jede Übergangsregelung dürfte wohl nicht zulässig sein (vgl. hierzu auch HessVGH, Urt. vom 26.11.1992 – 5 UE 3446/90 –, KStZ 1993 S. 238).

Eine Angleichung der Nutzungszeit für Wahlgräber an die Ruhefrist ist mit dem besonderen Zweck der Grabstellen wohl unvereinbar. Sie würde zur Folge haben, dass eine mehrstellige Grabstätte kaum voll nutzbar wäre, denn in einem solchen Falle wäre eine Belegung sämtlicher Grabstellen nur im ersten Nutzungsjahr möglich, weil andernfalls die Ruhefrist die Nutzungsdauer in jedem Falle überschreiten würde. Dies wäre jedoch mit dem Sinn und Zweck der Einräumung eines mehrstelligen Wahlgrabes unvereinbar (OVG Lüneburg, Urt. vom 28.8.1980 – 8 OVG C 2/79 –). Diese verlangen vielmehr, dass innerhalb der Nutzungszeit eine spätere Belegung der noch freien Grabstellen möglich ist. Andernfalls würde der Gehalt der erworbenen Nutzungsberechtigung in einer ihrer Zweckbestimmung zuwiderlaufenden Weise unzulässig geschmälert, indem die mit dem Erwerb eines mehrstelligen Wahlgrabes verfolgte Absicht unverwirklicht bleiben müsste (OVG RhPf, Urt. vom 18.9.1979, Die Gemeinde 1980 S. 178). Auch dürfte es nicht zulässig sein, für später Verstorbene die Urnenbestattung vorzuschreiben; diese Entscheidung muss freigestellt bleiben (vgl. hierzu auch § 32 BestattG).

(Zur Übertragung des Nutzungsrechts an einem Wahlgrab durch mündliche Vereinbarung vgl. BVerwG, Urt. vom 12.6.1992, NJW 1992 S. 2908).

Wahlgräber unterliegen wie Normalgräber **den für Friedhöfe allgemein geltenden Bestimmungen.** Da sie sich in der Regel durch bevorzugte Lage und Größe auszeichnen, kann die Gemeinde an die Verleihung von Nutzungsrechten an Wahlgräbern besondere (strengere) Bedingungen und damit höhere Anforderungen an die Gestaltung der Grabstätten und Grabmale stellen, die dort errichtet werden sollen. Die Berechtigung hierzu entspringt der Befugnis der Gemeinde als Anstaltsträger, eine Erlaubnis, die nach eigenem Ermessen erteilt wird, an Auflagen oder Bedingungen zu knüpfen. Solche **Auflagen und Bedingungen** können allgemein in der Friedhofsordnung enthalten sein (die Musterfriedhofsatzung enthält keine Sonderregelung), aber auch in die Nutzungsverleihung aufgenommen werden. Im letzteren Fall ist Rechtsgrundlage für solche Nebenbestimmungen zum Verwaltungsakt § 36 LVwVfG. Der Nutzungsberechtigte eines Wahlgrabes hat keinen Anspruch darauf, dass die Gestaltungsvorschriften des Friedhofsträgers bis zum Ablauf des Nutzungszeitraums unverändert bleiben und ihm nach Ausübung seiner Gestaltungsbefugnis künftige potentielle Gestaltungsrechte offengehalten werden (VGH BW, Beschl. vom 19.5.1992, BWVPr. 1992 S. 210).

Der Friedhofsträger darf in der Friedhofsatzung die Rechtsnachfolge an Nutzungsrechten an Wahlgräbern abweichend von den erbrechtlichen Vorschriften des BGB regeln (NdsOVG, Urt. vom 24.11.1995 – 8 L 216/94 –, NVwZ 1996 S. 810).

§ 13
Grüfte und Grabgebäude

(1) Auf Gemeindefriedhöfen dürfen Grüfte und Grabgebäude nur angelegt oder erweitert werden, wenn die Friedhofsordnung dies zuläßt.

(2) Grüfte und Grabgebäude müssen den polizeilichen Erfordernissen entsprechen. Sie dürfen nur mit Genehmigung der zuständigen Behörde angelegt oder erweitert werden. Ist zugleich eine Baugenehmigung erforderlich, so ist die Baurechtsbehörde zuständig.

Erläuterungen

Zu Absatz 1

Grüfte sind ausgemauerte Grabstätten, die durch Mauerwerk allseitig dicht umschlossen sind. **Grabgebäude** (Mausoleen) sind über der Erde befindliche Gebäude, in denen die Toten bestattet werden. Grüfte und Grabgebäude sind **aus hygienischen Gründen nicht erwünscht.** Die in ihnen bestatteten Leichen verwesen außerdem in absehbaren Zeiträumen nicht oder nur unvollständig. Die meist für unbestimmte Dauer angelegten Grüfte und Grabgebäude beanspruchen deshalb für unübersehbare Zeit Friedhofsgelände, so dass eine Wiederbelegung mit anderen Leichen ausscheidet. Dazu kommt, dass sehr viel Raum benötigt wird. **Aus diesem Grunde sieht das Muster einer Friedhofsatzung die Zulassung von Grüften und Grabgebäuden nicht vor.** Wenn in einer Gemeinde diese Bestattungsart zugelassen werden soll, müsste die Friedhofsatzung entsprechend ergänzt werden. Dabei könnten besondere Vorschriften hinsichtlich der Särge getroffen werden. Ein **Rechtsanspruch** des einzelnen **auf Zulassung von Grüften und Grabgebäuden besteht nicht.**

Vorhandene Grüfte und Grabgebäude dürfen weiter bestehen bleiben.

Bei der **Anlage von Grabkammern** müssen, unabhängig von der Frage, ob es sich bei einem bestimmten Grabkammertyp um eine Gruft im Sinne dieser Vorschrift handelt, die allgemeinen Anforderungen des Bestattungsrechts beachtet werden. Hierzu ist von der Genehmigungsbehörde die Stellungnahme des Gesundheitsamtes und ggf. sonst berührter Behörden (z. B. Geologisches Landesamt) einzuholen. Insbesondere muss eine hygienisch unbedenkliche einwandfreie Verwesung der Leiche gewährleistet sein. **Die Entscheidung über den Einsatz eines Grabkammersystems liegt auf jeden Fall beim Friedhofsträger.** Aus Umweltschutzgründen ist grundsätzlich eine Erdbestattung in geeigneten Böden oder eine Feuerbestattung anzustreben. Nicht immer stehen jedoch geeignete Böden zur Verfügung bzw. besteht die Möglichkeit einer Feuerbestattung. Bei Standorten mit Bodenschichten, die ständig oder zeitweise erhöhte Wassergehalte (Stau-, Hang- oder Schichtwasser in undurchlässigen Tonböden) aufweisen, kann der Einsatz von dauerhaften Grabkammern in Frage kommen, wenn durch entsprechende Maßnahmen der Abfluss des Sicker- oder Schichtwassers nicht wesentlich behindert wird. Im Grundwasserbereich sollten jedoch Grabkammern nicht erstellt werden, da sie die natürliche Funktion des Grundwasserleiters stören oder gar zerstören. Grabkammern müssen so beschaffen sein, und so eingebaut, aufgestellt, unterhalten und betrieben werden, dass eine Verunreinigung der Gewässer oder eine sonstige nachhaltige Veränderung ihrer Eigenschaften nicht zu besorgen ist. Vgl. hierzu Wochenspiegel Städtetag Nr. 411/1996.

Zu Absatz 2

Das **Genehmigungsverfahren** kommt **nur** in Frage, **wenn die Friedhofsatzung die Anlegung oder Erweiterung von Grüften oder Grabgebäuden vorsieht.** Ist dies nicht der Fall, ist ihre Anlegung von vornherein unzulässig. Zuständige Behörde ist die Baurechtsbehörde (§ 36 Abs. 2 BestattVO). Das Genehmigungsverfahren dient insbesondere gesundheitspolizeilichen Zwecken. Wegen evtl. Nebenbestimmungen ist auf § 36 LVwVfG zu verweisen.

§ 14

Gestaltung und Ausstattung

Gestaltung und Ausstattung der Grabstätten müssen der Würde des Orts entsprechen; Grabausstattungen müssen standsicher sein. Der Träger des Bestattungsplatzes ist berechtigt, nicht standsichere Grabausstattungen zu befestigen oder zu entfernen.

Erläuterungen

Die §§ 14 ff. der Musterfriedhofsatzung enthalten nähere Gestaltungsvorschriften. Hierbei sind die in den vergangenen Jahren von der Rechtsprechung entwickelten Grundsätze berücksichtigt. Die Angehörigen sind berechtigt, die Grabstätte in einer dem Herkommen sowie ihrem ästhetischen oder religiösen Empfinden entsprechenden Weise zu gestalten und gärtnerisch zu pflegen. Diese **Gestaltungsfreiheit** ist Ausfluss des Grundrechts der Handlungsfreiheit nach Art. 2 GG (BVerwGE 17, 119; ESVGH 7, 178). Die Gestaltungsfreiheit ist jedoch **eingeschränkt durch den Friedhofszweck,** der es nicht zulässt, dass der Benutzer nach seinem Belieben ohne Rücksicht auf andere handelt. Verboten werden können solche Grabmale, die im Rahmen der Totenehre „unwürdig", durch Übergröße stören oder dem Zweck des Friedhofs abträglich sind. **Maßgebend** sind jedoch nicht bestimmte künstlerische oder besonders strenge ästhetische Auffassungen einzelner, sondern eine

Durchschnittsauffassung. Der VGH BW fasst den relevanten Maßstab für die Beurteilung einer würdigen Gestaltung von Grabmälern auf einem Friedhof mit Beschl. vom 7.10.2024 – 1 S 800/24 – überzeugend wie folgt zusammen (zit. nach juris, Rn. 7 f.): *„Was einer würdigen Bestattung und einem ungestörten Totengedenken entspricht, ist nach ganz herrschender Meinung in Rechtsprechung und Literatur im Rahmen einer Gesamtbetrachtung und danach zu entscheiden, was ein sog. „gebildeter Durchschnittsbetrachter“ darunter versteht“* (vgl. *Gaedke*, Handbuch des Friedhofs- und Bestattungsrechts, 13. Aufl. 2022, Kap. 13 Rn. 41 ff. m. w. N.; BVerwG, Urt. vom 8.11.1963 – VII C 148.60 – BVerwGE 17, 119; VGH BW, Urt. vom 28.6.2016 – 1 S 1327/15 –, juris, Rn. 55). Hierdurch sollen Spannungen ausgeglichen werden, die durch naturgemäß differierende religiöse und künstlerisch-ästhetische Meinungen einer Vielzahl von Nutzern, wie sie auf Friedhöfen zusammentreffen, bestehen. Bei der Beurteilung ist daher weder auf den besonders geschulten, kunstsachverständigen oder empfindsamen Betrachter, noch auf die Ansicht solcher Menschen abzustellen, die ästhetischen Eindrücken gegenüber gleichgültig sind (BVerwG, Urt. vom 28.6.1955 – I C 146.53 –, juris, Rn. 15), sondern auf den „gebildeten Durchschnittsbetrachter“, der zwischen diesen Personenkreisen steht. Mit Blick auf den oben ausgeführten Gemeinschaftscharakter eines Friedhofs und der Vielzahl in Ausgleich zu bringender Auffassungen ist die Heranziehung dieses Maßstabs entgegen der Auffassung der Kläger nicht zu beanstanden. Die Argumentation der Kläger, dass der Durchschnittsbetrachter *„selbstverständlich keinen Grundrechtsträger“* darstelle, geht an den Entscheidungsgründen des erstinstanzlichen Urteils vorbei. Das Verwaltungsgericht hat den „Durchschnittsbetrachter“ in Einklang mit der ständigen (obergerichtlichen) Rechtsprechung nur zur Maßstabsbildung herangezogen. Einer würdigen Bestattung und einem ungestörten Totengedenken stehen daher Grabmale, die aus Sicht des gebildeten Durchschnittsbetrachters aufdringlich, effekttheischend oder sonst objektiv geeignet wären, Ärgernis zu erregen und den allgemeinen Friedhofszweck des Totengedenkens zu beeinträchtigen, entgegen (vgl. VGH BW, Urt. vom 28.6.2016 – 1 S 1327/15 –, juris, Rn. 52; HessVGH, Urt. vom 22.11.1988 – 11 UE 218/84 –, juris, Rn. 24; OVG NRW, Beschl. vom 28.1.2003 – 19 A 4302/01 –, juris, Rn. 14; *Gaedke*, a. a. O., 12. Kap. Rn. 6).

Die Regelungsbefugnis eines Friedhofsträgers zum Erlass von Vorschriften für die Grabgestaltung findet ihre Grenze dort, wo schutzwürdige Belange der Nutzungsberechtigten entgegenstehen (OVG RhPf, Urt. vom 19.10.1982, DÖV 1983 S. 477).

Eine Gemeinde überschreitet nicht den ihr im Hinblick auf die Beachtung des Friedhofszwecks eingeräumten ortsgesetzgeberischen Ermessensspielraum, wenn sie zur Sicherstellung einer Verwesung der Leiche innerhalb der Ruhezeit in der Friedhofsatzung bestimmt, dass bei Grabstätten für Erdbestattungen die Grabbeete nur bis zur Hälfte mit Platten und sonstigen wasserundurchlässigen Materialien abgedeckt werden dürfen (OVG NRW, BWGZ 1980 S. 55). Dabei sind die Bodenverhältnisse und die damit verbundene Verwesungsdauer maßgebend (vgl. BWGZ 1980 S. 58). Das VG Karlsruhe hat mit Urt. vom 22.7.1986 (rechtskräftig) das Verbot von Grababdeckplatten über 0,35 m^2 in der Friedhofssatzung bestätigt. Auch der gestellte Hilfsantrag, eine abdeckende Grabsteinplatte mit einer 1,15 cm breiten Fuge auf dem Grab anzubringen, hatte keinen Erfolg, nachdem gutachterlich festgestellt wurde, dass dies für die rechtzeitige Verwesung der Leiche unzureichend sei. Ein Verbot von Grababdeckplatten ist zur Sicherstellung der Verwesung gerechtfertigt (VGH BW, Urt. vom 13.12.1993 – 1 S 428/93 –, BWGZ 1994 S. 657; OVG NRW, Beschl. vom 11.4.1997 – 19 A 1211/96 –, NVwZ 1998 S. 869). Auch kann für ein früher erworbenes Wahlgrab eine Ganzabdeckung verboten werden (VGH BW, Beschl. vom 19.5.1992, BWGZ 1994 S. 654). In dem entschiedenen Fall hatte die Gemeinde eine Umbettung – auf Kosten der Nutzungsberechtigten – in einen Friedhofsbereich, in dem die Ganzabdeckung zulässig ist, angeboten. Die Nutzungsberechtigten gingen auf dieses Angebot nicht ein. Auch der VGH BW hatte sich im Jahr 2016 mehrfach mit Gestaltungsvorschriften zum Ausmaß zulässiger Grababdeckungen – konkret zur Begrenzung der Ansichtsfläche von Pultsteinen für Urnengräber – zu befassen. Hiernach ist nun geklärt, dass der Zweck der Verwesung innerhalb der Ruhezeit eine Begrenzung der Ansichtsfläche von Pultsteinen für Urnengräber in einer Friedhofssatzung nicht rechtfertigen kann, denn für Urnengräber stellt sich die Frage der Verwesung nicht (VGH BW, Urt. vom 28.6.2018 – 1 S 1243/15 –, juris, Rn. 53 f.; siehe hierzu auch *Uhl*, Gestaltungsvorschriften für Grabstätten auf dem Prüfstand (Urteilsanmerkungen) in BWGZ 2017 S. 891 ff.). Im Übrigen ist der Friedhofsträger darlegungs- und beweispflichtig dafür, dass die geologischen Verhältnisse ein Verbot von die Leichenverwesung beeinträchtigenden Grabmalgestaltungen erfordern (VGH BW, Urt. vom 28.6.2016 – 1 S 1327/15 –, juris, Rn. 50; siehe auch hierzu *Uhl*, a. a. O., S. 891, 895. Der HessVGH hielt eine Grabeinfassung, die an der Vorderkante zwischen 31 cm und 53 cm hoch ist, für verunstaltend (Urt. vom 17.9.1984, BWGZ 1986 S. 90). Der VGH BW vertritt in einem Urt. vom 26.9.1989 (VBlBW 1990 S. 142) die Auffassung, einer insgesamt 20 cm hohen, 10 cm über dem Bodenniveau stehenden Grabeinfassung aus 6 cm starkem Marmor stehe die Wahrung der Friedhofwürde nicht entgegen. Der BayVGH hielt es für zulässig, dass der Friedhofsträger eine einheitliche Beschriftung von Verschlussplatten für Urnennischen an Nischenmauern vorschreiben kann. Auch kann weiter bestimmt werden, dass der Friedhofsträger diese Beschriftung selbst durchführt oder im Wege der Ausschreibung an einen Steinmetz vergibt (BayVGH, Urt. vom 9.9.1981, KStZ 1982 S. 75).

Will eine Gemeinde Gestaltungsvorschriften durchsetzen, die über diese von der Rechtsprechung entwickelten Grundsätze hinausgehen, so muss sie die **Friedhofsflächen in Grabfelder mit Mindestanforderungen** an eine würdige Grabgestaltung und in Grabfelder mit besonderen Gestaltungsvorschriften **aufteilen.** Eine solche Aufteilung wird von der Rechtsprechung verlangt (vgl. z. B. VGH, Urt. vom 25.1.1988 – 1 S 3418/86 –, BWGZ 1994 S. 653 und vom 26.9.1989, BWGZ 1994 S. 655) und sieht das Muster der Friedhofsatzung in den §§ 15 und 16 auch vor. So kann eine Grabeinfassung nicht durch allgemeine Gestaltungsvorschriften ausgeschlossen werden. Diese Unterscheidung muss dann allerdings sowohl bei den Reihengräbern als auch bei den Wahlgräbern getroffen werden (vgl. hierzu HessVGH, Urt. vom 17.9.1984, BWGZ 1986 S. 90). Bei beengten Platzverhältnissen können nötigenfalls die Grabfelder ohne besondere Gestaltungsvorschriften für Reihengräber und Wahlgräber zusammen in einer Fläche ausgewiesen werden. Die Angehörigen der Verstorbenen müssen eine echte **Auswahlmöglichkeit zwischen den Grabfeldern ohne und mit besonderen Gestaltungsvorschriften** auf dem Friedhof selbst haben (VGH BW, Urt. vom 16.10.1996 – 1 S 3164/95 –, BWGZ 2001 S. 300). In diesem vom VGH BW entschiedenen Fall wollten eine Witwe und ihre Tochter das Grab des Verstorbenen mit einem polierten Grabstein schmücken. Einem entsprechenden Antrag wurde seitens der Stadt als Trägerin des Friedhofs zwar grundsätzlich entsprochen, allerdings mit der Auflage, dass das Grabmal nicht poliert sein dürfe. Solche Grabmale seien durch die Friedhofsordnung aus ästhetischen Gründen auf diesem Friedhof untersagt. Polierte und feingeschliffene Grabsteine hätten den Nachteil, dass sie aufgrund dieser Politur nicht altern würden, d. h. das sonst auf dem Friedhof gegebene gute Erscheinungsbild, dass sich im Rahmen einer gewissen „Vergänglichkeit“ ergebe, würde hier zusätzlich nachhaltig gestört werden. Sollten die Frauen gleichwohl auf einem polierten Grabstein bestehen, müssten sie den Verstorbenen auf einem etwa 6 km entfernt gelegenen Friedhof eines anderen Stadtteils beerdigen, auf dem diese Beschränkung nicht gelten würde.

Die Frauen erhoben dagegen Widerspruch und nach dessen Zurückweisung Verpflichtungsklage beim VG. Sie erhielten sowohl dort als auch vor dem VGH BW Recht.

Zur Zulässigkeit friedhofsrechtlicher Gestaltungsvorschriften, die die Einfassung von Grabstätten oder Grabstellen mit festem Material untersagen NdsOVG, Urt. vom 27.9.1995 – 8 L 1219/93 –, NVwZ 1996 S. 810.

Sie sollten bei der Zuweisung eines Grabes auf diese Möglichkeit aufmerksam gemacht werden. Vgl. hierzu auch BWGZ 1978 S. 821. Eine Rechtspflicht für eine solche Belehrung dürfte allerdings nicht bestehen (BayVGH, Urt. vom 11.5.1983, BWGZ 1984. S. 194). Für den Nachweis der Belehrung über die Auswahlmöglichkeit kann es sich empfehlen, von den Bestattungsberechtigten eine formularmäßige schriftliche Erklärung zu verlangen, dass die Belehrung erfolgt ist. Gestaltungsvorschriften können auch in bereits verliehene Grabnutzungsrechte für Wahlgräber eingreifen; die Gemeinde hatte allerdings in dem entschiedenen Fall die kostenlose Umbettung des Toten in eine Abteilung ohne besondere Gestaltungsvorschriften angeboten (VGH BW, Urt. vom 25.1.1988, BWVPr. 1988 S. 233). Der Nutzungsberechtigte eines Wahlgrabes hat keinen Anspruch darauf, dass die Gestaltungsvorschriften des Friedhofsträgers bis zum Ablauf des Nutzungszeitraums unverändert bleiben und ihm nach Ausübung seiner Gestaltungsbefugnis künftig potentielle Gestaltungsrechte offengehalten werden (VGH BW, Beschl. vom 19.5.1992, DÖV 1992 S 840). Die Grabzuteilung durch die Gemeinde, wenn der Bestattungsberechtigte nicht oder nicht rechtzeitig zu ermitteln oder zu erreichen ist, kann sowohl in einem allgemeinen Gräberfeld als auch in einem Gräberfeld mit besonderen Gestaltungsvorschriften erfolgen. Einem späteren Umbettungsantrag der Bestattungsberechtigten ist jedoch – auf Kosten des Antragstellers – in diesen Fällen in der Regel zu entsprechen.

In Gemeinden mit mehreren Friedhöfen müssen mindestens in einem Friedhof Grabfelder, für die keine besonderen Gestaltungsvorschriften gelten, vorhanden sein.

Neben den Gestaltungsvorschriften in der Friedhofsatzung können noch weitere **Gestaltungsvorschriften in sog. Belegungs- und Grabmalplänen** für die einzelnen Grabfelder erlassen werden. Diese Pläne weisen in zeichnerischer Darstellung die Einteilung der betreffenden Flächen mit Wegen, Freiflächen und Gräbern aus. In Texten sind dann weitere besondere Gestaltungsvorschriften enthalten (z. B. über Gräberarten, Gesteinsarten, Höhe und Breite der Grabmale usw.). Die Rechtsgültigkeit solcher auf Grund einer Friedhofsatzung vom Gemeinderat aufgestellten Belegungs- und Grabmalpläne ist vom VGH BW mit Urt. vom 29.11.1961 (BaWüVBl 1962 S. 14) anerkannt worden. Auch das BVerwG hat diese Entscheidung durch Urt. vom 8.11.1963 – VII C 75/63 – (WGZ 1964 S. 304) bestätigt. Es wäre aber auch möglich, eine Satzung über die Aufstellung eines Belegungs- und Grabmalplans zu erlassen. Das Gebot, nur einen Teil der Grabstätte zu bepflanzen, während der übrige Teil als Rasenfläche angelegt wird, ist für Friedhofsabteilungen mit besonderen Gestaltungsvorschriften zulässig.

Vgl. hierzu *Spranger*, „Der Friedhofszweck als Grenze zusätzlicher Gestaltungsvorschriften", VBlBW 1998 S. 454.

Ein Verbot des Blumenschmucks an einem Kolumbarium als besondere Gestaltungsvorschrift ist zulässig (VG Stuttgart, Urt. vom 10.3.1997 – 6 K 5497/96 –, BWGZ 2001 S. 302). Die Errichtung einer Skulptur auf einer Grabstätte ist dann mit dem Anstaltszweck nicht vereinbar, wenn sie bei Würdigung ihrer Größe, der verwandten Materialien, der Farbe und der sonstigen Gestaltung insgesamt so auffällig wird, dass sich auch ein gebildeter, für neuartige ästhetische Eindrücke offener Betrachter in seinen Empfindungen ernsthaft gestört fühlen kann (VG Arnsberg, Urt. vom 11.6.1992 – 1 K 5211/91 –, NVwZ 1993 S. 704).

Bleiben die Grabstätten nicht in einem würdigen Zustand erhalten oder finden die vom Friedhofsträger erlassenen Bestimmungen keine Beachtung, so **können die Nutzungsberechtigten zur angemessenen Instandhaltung aufgefordert werden.** Kommen sie einer solchen Aufforderung innerhalb der gesetzten Frist nicht nach, so können die betreffenden Grabstätten von der Friedhofsverwaltung beseitigt (eingeebnet und eingesät) werden. Auch können verwelkte Kränze und Blumen beseitigt werden, wenn sie einen störenden Eindruck erwecken und trotz Aufforderung von den Angehörigen nicht beseitigt werden.

Häufig – in den vergangenen Jahren durch die Mobilität der Bevölkerung immer mehr – treten einzelne Einwohner an die Gemeinde heran, die **Pflege ihres künftigen Grabes sicherzustellen.** Dies kann geschehen

a) in der **Form eines gegenseitigen Vertrags** nach den Vorschriften des bürgerlichen Rechts (§§ 320 ff. BGB). Die betreffende Gemeinde erhält einen bestimmten Geldbetrag, wofür sie sich verpflichtet, die künftige Grabpflege für die Dauer der Ruhezeit oder des Nutzungsrechts zu übernehmen.

b) Der Gemeinde kann eine **Schenkung** gemacht werden **mit der Auflage,** den Ertrag aus dem Kapitelbetrag zur Pflege der künftigen Grabstelle zu verwenden (Schenkung unter einer Auflage, §§ 525 ff. BGB). Die Gemeinde ist nicht verpflichtet, eine solche Schenkung anzunehmen.

c) In einem **Testament** kann einer Gemeinde eine bestimmte Summe oder aber auch ein Gegenstand (z. B. ein Haus) vermacht werden mit der Auflage, hierfür die Grabpflege zu übernehmen (Vermächtnis unter einer Auflage, §§ 2147 ff. BGB, §§ 2152 ff. BGB). Die Gemeinde ist zur Annahme eines Vermächtnisses nicht verpflichtet.

Der Hauptfall in der Praxis ist der unter Buchst. a genannte Grabpflegevertrag. Allerdings werden solche Grabpflegeverträge heute überwiegend mit Privaten (Gärtnereien) abgeschlossen.

Die Vorschrift über die standsichere Grabausstattung ist in diesem Zusammenhang mit § 7 BestattG zu sehen (vgl. Erl. zu § 7 BestattG). Die §§ 18 und 19 des Musters einer Friedhofsatzung enthalten weitere ergänzende Bestimmungen. **Für die Überprüfung der Standsicherheit der Grabmale ist grundsätzlich derjenige verantwortlich, der über die Grabstätte verfügt oder die Sorge hierfür übernommen hat. Bei Wahlgräbern** ist dies **der Nutzungsberechtigte** und **bei Reihengräbern** derjenige, **der tatsächlich die Pflege und die Unterhaltung des Grabes übernommen hat.** Grabsteine müssen von Fachleuten repariert werden. Die Voraussetzungen einer standsicheren Aufstellung sind erfüllt, wenn die Aufstellung den Richtlinien für das Fundamentieren und Versetzen von Grabdenkmälern in der jeweils aktuellen Fassung, herausgegeben vom Bundesinnungsverband des deutschen Steinmetz-, Stein- und Holzbildhauer-Handwerks, entspricht. Diese Richtlinien stellen auf die Kipp- und Gleitsicherheit eines Grabmals unter Berücksichtigung der Bodenpressung, der Fundierung und des Eigengewichts sowie der Verdübelung ab. Einzelheiten vgl. Erl. zu § 7 BestattG. Die **unzulängliche Unterhaltung** von Grabmalen und sonstigen baulichen Anlagen gilt nach § 25 Nr. 5 der Musterfriedhofsatzung als **Ordnungswidrigkeit.**

Die Errichtung eines Grabmals auf dem Friedhof einer **Religionsgesellschaft** unterliegt der staatlichen Gerichtsbarkeit (BVerwG, Beschl. vom 31.5.1990, NJW 1990 S. 2079; BayVGH, Urt. vom 5.12.1990, BayVBl. 1991 S. 465 und vom 30.7.1990, BayVBl. 1991 S. 205).

Für die Genehmigung zur Aufstellung und Veränderung eines Grabmals ist in der Gebührensatzung eine Genehmigungsgebühr vorgesehen. Die Gebühren sollen den Verwaltungsaufwand decken, der notwendig ist, um diese Genehmigung zu erteilen und sie sollen den Aufwand für die Prüfung, dass das Grabmal entsprechend der Genehmigung erstellt wurde, enthalten. Außerdem sind die Kosten für die Überprüfung der Standsicherheit während der Dauer des Nutzungsrechtes einzukalkulieren. Die Kalkulation muss nachvollziehbar sein.

Vierter Abschnitt
Ordnung auf Bestattungsplätzen

§ 15

(1) Für Gemeindefriedhöfe ist eine Friedhofsordnung als Satzung zu erlassen. Sie enthält die Bestimmungen, die notwendig sind, Verstorbene geordnet und würdig zu bestatten, beizusetzen und zu ehren sowie die Ordnung auf dem Friedhof aufrechtzuerhalten.

(2) Die Ordnung auf anderen Bestattungsplätzen kann durch Polizeiverordnung geregelt werden.

(3) In Friedhofsordnungen und Polizeiverordnungen kann festgelegt werden, dass nur Grabsteine und Grabeinfassungen aufgestellt werden dürfen, die nachweislich ohne Einsatz schlimmster Formen der Kinderarbeit im Sinne des Artikels 3 des Übereinkommens 182 der Internationalen Arbeitsorganisation vom 17. Juni 1999 über das Verbot und

unverzügliche Maßnahmen zur Beseitigung der schlimmsten Formen der Kinderarbeit (BGBl. 2001 II S. 1290, 1291) hergestellt worden sind.

(4) Der Nachweis im Sinne des Absatzes 3 ist erbracht, wenn durch lückenlose Dokumentation dargelegt wird, dass die Grabsteine und Grabeinfassungen vollständig in Mitgliedstaaten der Europäischen Union, weiteren Vertragsstaaten des Abkommens über den Europäischen Wirtschaftsraum oder der Schweiz hergestellt wurden.

(5) Der Nachweis im Sinne des Absatzes 3 ist auch erbracht, wenn durch ein bewährtes Zertifikat bestätigt wird, dass die verwendeten Steine in der gesamten Wertschöpfungskette ohne Einsatz schlimmster Formen der Kinderarbeit hergestellt wurden. Bewährte Zertifikate sind schriftliche Erklärungen, die von gemeinnützigen oder anderen, von der herstellenden Industrie und dem Handel unabhängigen Organisationen oder Einrichtungen nach transparenten Kriterien vergeben werden und die mindestens sicherstellen, dass die Herstellung ohne Einsatz schlimmster Formen der Kinderarbeit regelmäßig durch sachkundige und unangemeldete Kontrollen vor Ort überprüft wird. Als bewährt gelten Zertifikate insbesondere, wenn den Zertifizierern auf allgemein zugänglichen und anerkannten Plattformen nach Evaluation des Zertifizierungsprozesses und Publikation der gewonnenen Ergebnisse Authentizität zugesprochen wird.

(6) Ist die Vorlage eines bewährten Zertifikats nicht oder nur unter unzumutbaren Belastungen möglich, hat der betroffene Händler stattdessen eine schriftliche Erklärung vorzulegen, in der er zusichert, dass ihm keinerlei Anhaltspunkte dafür bekannt sind, dass die Grabsteine und Grabeinfassungen unter Einsatz schlimmster Formen der Kinderarbeit hergestellt wurden.

(7) Eines Nachweises im Sinne von Absatz 3 bedarf es nicht, wenn der Letztveräußerer glaubhaft macht, dass die Grabsteine oder Grabeinfassungen aus Naturstein oder deren Rohmaterial vor dem 1. März 2021 in das Bundesgebiet eingeführt wurden.

Erläuterungen

Zu Absatz 1

Die **Gemeinden müssen für die Gemeindefriedhöfe Friedhofsordnungen erlassen.** Die Friedhofsordnung ist also eine sog. „Muss-Satzung", für die die Vorschriften des § 4 GemO gelten. Eine Friedhofsordnung schafft keine den Friedhof dauernd bindenden Rechte; vielmehr kann sie jederzeit den Umständen angepasst werden. Die kommunalen Landesverbände haben unter Federführung des Württ. Gemeindetags ein Muster einer Friedhofsatzung ausgearbeitet, das unter Anhang 2 abgedruckt ist.

In Gemeinden mit mehreren Friedhöfen kann die Friedhofsatzung für alle Friedhöfe gemeinsam oder **getrennt mit unterschiedlichem Inhalt** ergehen. Die **Friedhofsatzung enthält** insbesondere Anstaltsvorschriften, sie enthält aber **auch Ordnungsvorschriften.**

Der **Umfang der Anstaltsvorschriften** wird durch den Anstaltszweck und andere allgemeine Rechtsvorschriften beschränkt. Es können Bestimmungen für jeden getroffen werden, der sich entweder auf dem Friedhof aufhalten oder betätigen will, der aber in einer äußeren Beziehung zum Friedhof steht. Die Bestimmungen in der Friedhofsatzung können sowohl das Grundverhältnis als auch das Betriebsverhältnis betreffen. In den §§ 6, 12, 13, 29 und 39 BestattG ist vorgesehen, dass in die Friedhofsatzung besondere Bestimmungen aufgenommen werden. Wegen der Vorschriften über die Gestaltung der Grabstätten, insbesondere der Grabmale, vgl. Erl. zu §§ 13, 14 BestattG. Die Aufstellung von Grabmalen kann von der Zustimmung des Friedhofsträgers abhängig gemacht werden. § 16 der Musterfriedhofsatzung sieht ein solches Zustimmungserfordernis vor. Zur Prüfung seitens der Gemeinde, ob eine Zustimmung erteilt werden kann, ist in der Friedhofsatzung vorgesehen, dass bestimmte Unterlagen (insbesondere eine Zeichnung über den Entwurf des Grabmals) dem Zustimmungsantrag beizufügen sind. Eine Satzungsbestimmung, wonach

Grabmäler samt Zubehör nach Ablauf der Ruhezeit zu entfernen sind, unterliegt keinen rechtlichen Zweifeln (VGH BW, Urt. vom 2.12.1987, BWGZ 1989 S. 59).

Eine Regelung in der Friedhofsordnung, nach der die Zulassung einer Grabeinfassung im Ermessen der Friedhofsbehörde steht und nur in Grabfeldern möglich ist, für die auch besondere Gestaltungsvorschriften gelten, ist unwirksam (VGH BW, Urt. vom 26.9.1989, VBlBW 1990 S. 142).

Das NdsOVG hat ähnlich entschieden (Urt. vom 27.9.1995 – 8 L 1219/93 –, NVwZ 1996 S. 810).

Für die **gewerbliche Betätigung auf dem Friedhof** kann eine Zulassung gefordert werden, bei der insbesondere die fachliche Eignung, aber auch die persönliche Zuverlässigkeit des Handwerkers geprüft werden kann (OVG NRW, DÖV 1967 S. 170). Unter diesen Personenkreis fallen vor allem Bildhauer, Steinmetze, Gärtner und sonstige **Gewerbetreibende** (§ 4 der Musterfriedhofsatzung). Zu den sonstigen Gewerbetreibenden gehören auch **Bestattungsinstitute.** Der Friedhofsträger ist berechtigt, jegliche gewerbsmäßige Tätigkeit auf einem Friedhof zu verbieten (OVG NRW, BWGZ 1980 S. 55). Es kann bestimmt werden, dass die Zuständigkeit von privaten Bestattungsunternehmen am „Friedhofstor" endet (VGH BW, Urt. vom 1.12.1986, BWVPr. 1987 S. 156). Wenn allerdings gewerbliche Tätigkeiten zugelassen werden, besteht ein Anspruch auf eine ermessensfehlerfreie Entscheidung. Die festgelegten Voraussetzungen müssen durch den Friedhofszweck gerechtfertigt sein und dürfen die Gewerbetreibenden nicht unverhältnismäßig belasten (BayVGH, Urt. vom 9.9.1981, KStZ 1982 S. 75). Die Zulassung kann zeitlich befristet werden (vgl. § 4 des Musters einer Friedhofsatzung). Die Voraussetzungen für die Zulassung und der Rechtsanspruch müssen sich aus der Satzung selbst ergeben. Eine Beschränkung der Zulassung auf ortsansässige Handwerker ist nicht möglich. Das gewerblichen Tätigkeiten in den Friedhofsordnungen vorgeschaltete Zulassungsregime wird durch vorrangiges Unionsrecht, wie der EU-Dienstleistungsrichtlinie, beschränkt. Nicht mit der EU-Dienstleistungsrichtlinie (Richtlinie 2006/123/EG (DLR)) dürfte das Erfordernis zu vereinbaren sein, eine Zulassung (gebührenpflichtig) auch dann beantragen zu müssen, wenn bereits eine vergleichbare Zulassung etwa für Friedhöfe der Standortgemeinde besteht und diese nachgewiesen werden kann (VG Stuttgart, Urt. vom 23.4.2024, – 6 K 5935/23 –, zit. nach juris, Rn. 7 (Hinweis: Das Urteil wurde im Rücknahmebeschluss des VGH BW vom 17.9.2024, – 1 S 1269/24 – für unwirksam erklärt)). Es ist nach der Dienstleistungsrichtlinie im Regelfall unzulässig, den Dienstleistungserbringer doppelten Kontrollen zu unterwerfen. Lediglich zwingende Gründe des Allgemeininteresses können hiervon eine Ausnahme rechtfertigen. Das Vorliegen solcher Gründe konnte die Beklagte im Verfahren vor dem Verwaltungsgericht Stuttgart jedoch nicht begründen. Die an sich zulässigen Regelungen zur Zulassung eines Gewerbetreibenden hätten im vorliegenden Einzelfall nicht angewendet werden dürfen (VG Stuttgart, a. a. O., Rn. 38 f.).

Ein Bestattungsunternehmen verstößt gegen § 1 UWG, wenn es die Übertragung hoheitlicher Bestattungsaufgaben in der Werbung für seine privatwirtschaftliche Tätigkeit direkt oder indirekt hervorhebt (OLG Bamberg, Urt. vom 4.6.1997 – 3 U 201/96 –, BayVBl. 1998 S. 636).

Enthält eine Friedhofgebührensatzung einen Gebührentatbestand für die Zulassung zu gewerblichen Tätigkeiten auf den Friedhöfen, verbietet sich bei der Festsetzung der Verwaltungsgebühr für die Versagung der Zulassung der Rückgriff auf den Tatbestand einer allgemeinen Verwaltungsgebührensatzung. Wird als „Zulassungsgebühr" ein fester Gebührensatz bestimmt, bleibt für die Berücksichtigung des Umstands, dass die Zulassung zu mehreren gewerblichen Betätigungen und zu mehreren Friedhöfen begehrt wird, kein Raum (VGH, Urt. vom 1.12.1986, BWVPr. 1987 S. 156). Die Höhe der Gebühr ist im Rahmen einer Gebührenkalkulation zu ermitteln.

Nach einem Urteil des VG Sigmaringen vom 23.7.1974 (Mitteilungen des Städtetages Baden-Württemberg, Februar 1975, Nr. 39) erfüllt auch ein selbständiger Schreinermeister die Voraussetzungen für eine Zulassung als Bestattungsunternehmer. Nach Auffassung des Gerichts erfordert die fachliche und betriebliche Zuverlässigkeit für diese Arbeiten nicht eine Ausbildung als Gärtner und das Vorhandensein eines Gärtnereibetriebs. Das Gericht hat dem Antragsteller einen Anspruch auf die Genehmigung zugebilligt. Dem Urt. ist beizupflichten, da sonst ein Verstoß gegen den Gleichheitsgrundsatz (Art. 3 GG) vorliegen würde.

Ein Gewerbetreibender handelt bei der Ausführung von Arbeiten zum Zwecke der Gestaltung einer Grabstätte nur als Hilfsperson des Nutzungsberechtigten, ohne selbst Friedhofsbenutzer zu werden. Dem Gewerbetreibenden steht dann kein eigenes Recht auf die Gestaltung einer konkreten Grabstätte zu (OVG NRW, Urt. vom 30.10.1978, BWGZ 1980 S. 55).

Die Gemeinde kann eine Werbung für gewerbliche Zwecke auf dem Friedhof verbieten (HessVGH, Urt. vom 14.12.1982, Fundstelle Baden-Württemberg Rn. 656/1983).

Art. 90 Abs. 1 EWG-V ist dahin auszulegen, dass er es den Trägern öffentlicher Gewalt verbietet, den Unternehmen, denen sie ausschließliche Rechte wie das Monopol für den externen Bestattungsdienst eingeräumt haben, Preisgebaren aufzuzwingen (EuGH, Urt. vom 4.5.1988, DVBl 1989 S. 923). Die Preise müssen sich vielmehr durch den Wettbewerb der privaten Bestattungsunternehmer bilden.

Eine Satzungsbestimmung, die auf gemeindlichen Friedhöfen tätige Gärtner verpflichten, ihr anfallendes Abräum-, Rest- und Verpackungsmaterial vom Friedhof zu entfernen, verstößt nicht gegen höherrangiges Recht (BayVGH, Beschl. vom 26.2.1999 – 4 N 98.1181 –, BayVBl. 2000 S. 21).

Der Erlass von **Polizeiverordnungen für Gemeindefriedhöfe** ist **nicht mehr möglich,** da die bisherigen Ermächtigungsgrundlagen (vgl. § 55 Abs. 2 Nr. 1 und 2 BestattG) aufgehoben wurden.

Zu Absatz 2

Für andere Bestattungsplätze können **Polizeiverordnungen** erlassen werden. Da es sich dabei nicht um Anstalten der Gemeinde handelt, können die Gemeinden das Benutzungsverhältnis nicht durch Satzung regeln. In die Polizeiverordnungen **können nur polizeiliche Gebote und Verbote aufgenommen werden.** Da andere Bestattungsplätze selten sind, wurde ein Muster einer Polizeiordnung nicht ausgearbeitet. Der **Träger anderer Bestattungsplätze kann über die polizeilichen Vorschriften hinaus Nutzungsbestimmungen erlassen.** Sie sind darin freier als die Gemeinden, wobei die Nutzungsbestimmungen allerdings nicht sittenwidrig sein dürfen (insbesondere bei Monopolcharakter). Das Benutzungsverhältnis ist bei privaten Bestattungsplätzen privatrechtlicher Natur. **Bei den kirchlichen Friedhöfen** hat das BVerwG in einem Urt. vom 16.12.1966 (– VII C 45.65 –) entschieden, dass es sich hierbei um ein öffentliches Recht handelt und daher bei Streitigkeiten **der öffentlich-rechtliche Rechtsweg gegeben** sei. Vgl. hierzu Erl. zu § 1 BestattG.

Zu Absatz 3

Auf der Grundlage von § 15 Abs. 3 BestattG kann in Friedhofsordnungen und Polizeiverordnungen festgelegt werden, dass nur Grabsteine und Grabeinfassungen aufgestellt werden dürfen, die nachweislich ohne Einsatz schlimmster Formen der Kinderarbeit hergestellt worden sind; der Aspekt eines fairen Handels ist nicht – mehr – Gegenstand der Ermächtigungsgrundlage.

Die Motivation des Gesetzgebers, mit der Schaffung dieser Ermächtigungsgrundlage schlimmste Formen der Kinderarbeit zurückzudrängen, ist aller Ehren wert. Eine rechtssichere Umsetzung solcher Regelungen ist aber ein schwieriges Unterfangen. Das hat tatsächliche und rechtliche Gründe. Zum einen müssen die Umstände der Herstellung von Grabsteinen und Grabeinfassungen in sehr fernen Ländern wie z. B. Indien oder Brasilien ermittelt und kontrolliert werden. Zum anderen begründen derartige Regelungen, insbesondere die damit einhergehenden Nachweisregime, einen Eingriff in die Berufsausübungsfreiheit der Berufsgruppe der Steinmetze in Baden-Württemberg.

Der Gesetzgeber hat drei Anläufe genommen, um die Regelung gemäß § 15 Abs. 3 in seiner aktuellen Fassung samt Folgeabsätzen zu einem Nachweisverfahren ins Bestattungsgesetz zu bekommen.

Durch die Einfügung des Absatzes 3 durch das Gesetz vom 26.6.2012 (GBl. S. 437) wurde erstmals die ausdrückliche Ermächtigung geschaffen, dass die Gemeinden in ihren als Satzungen zu erlassende Friedhofsordnungen festlegen können, wonach nur Grabsteine und Grabeinfassungen verwendet werden dürfen, die nachweislich aus fairem Handel stammen (dieser Aspekt ist 2021 in Ermangelung von Nachweismöglichkeiten entfallen) und ohne ausbeuterische Kinderarbeit im Sinne der Konvention 182 der Internationalen Arbeitsorganisation (ILO) hergestellt sind; die Anforderungen an diesen Nachweis sind in den Friedhofsordnungen festzulegen. Die Internationale Arbeitsorganisation (ILO) fordert in ihrer Konvention 182 Maßnahmen, um die schlimmsten Formen der Kinderarbeit zu verhindern. Die Bundesrepublik hat diese Konvention 2002 ratifiziert.

In mehreren Urt. wurden Satzungsbestimmungen von Kommunen für unwirksam erklärt, nach denen auf den Friedhöfen der Kommunen nur Grabmale aufgestellt werden dürfen, die nachweislich in der gesamten Wertschöpfungskette ohne ausbeuterische Kinderarbeit hergestellt worden sind (Urt. des OVG RhPf vom 6.11.2008 – 7 C 10771/08.OVG –, siehe Hinweis in Gt-INFO 969/2008 vom 20.12.2008; Urt. des BayVGH vom 4.2.2009 – 4 N 08.788 –, siehe Gt-INFO 132/2009 vom 20.2.2009, so auch BVerwG, Beschl. vom 7.1.2010 – 7 BN 2/09 –, (Vorinstanz: BayVGH, Beschl. vom 27.7.2009 – 4 N 09.1300 –).

Auch in Baden-Württemberg sind zwischenzeitlich auf Grundlage von § 15 Abs. 3 BestattG erlassene satzungsrechtliche Verbote von Grabsteinen aus Kinderarbeit auf Betreiben von Steinmetzen von den hiermit befassten VG für unwirksam erklärt worden. Das insoweit maßgebliche Urteil des VGH BW vom 29.4.2014 – 1 S 1458/12 – hatte entsprechende Bestimmungen der Friedhofssatzung der Stadt Kehl zum Gegenstand; diese Satzungsbestimmungen wiesen ferner die Besonderheit auf, wonach von der zuständigen Friedhofsverwaltung fortlaufend ein Verzeichnis der vertrauenswürdigen Zertifikate zu führen und zu aktualisieren war. Die Verfassungswidrigkeit und Gesamtnichtigkeit dieser Satzungsbestimmungen wurden seitens des VGH BW wie folgt begründet (VGH BW, a. a. O., juris, Rn. 48, 51 f.):

„Die Regelungen in § 13 Abs. 2 Sätze 2 bis 11 FS sind nichtig und daher gemäß § 47 Abs. 5 Satz 2 Halbs. 2 VwGO für unwirksam zu erklären. Die Vorschrift des § 13 Abs. 2 Satz 4 FS über den Nachweis durch ein vertrauenswürdiges, allgemein anerkanntes Zertifikat verletzt den verfassungsrechtlichen Verhältnismäßigkeitsgrundsatz (aa). Die Norm des § 13 Abs. 2 Satz 5 FS, dass die zuständige Friedhofsverwaltung fortlaufend ein Verzeichnis der vertrauenswürdigen Zertifikate führt und aktualisiert, verstößt gegen den Gesetzesvorbehalt des Art. 12 Abs. 1 Satz 2 GG (bb). Die Nichtigkeit dieser beiden Regelungen führt zur Gesamtnichtigkeit von § 13 Abs. 2 Sätze 2 bis 11 FS (cc).

Keine dieser Voraussetzungen ist hier gegeben. Insbesondere lässt sich eine allgemeine Verkehrsauffassung, welche bestehenden Zertifikate als verlässlich einzustufen sind, nicht feststellen. Zwar hat der Gesetzgeber die Zertifikate fair stone und XertifiX in der Gesetzesbegründung als in Betracht kommend angeführt (vgl. LT-Drucks. 15/1648, S. 4; vgl. auch LUBW, Faire Beschaffung in Kommunen, August 2009, S. 17, 27; Bayerisches Staatsministerium für Wirtschaft, Infrastruktur, Verkehr und Technologie – Leitfaden, März 2013, S. 10). Eine allgemeine Verkehrsauffassung, dass diese Siegel verlässlich sind, belegt das jedoch nicht. An verlässlichen Nachweismöglichkeiten fehlt es, wie bereits das Bundesverwaltungsgericht im Urteil vom 16. Oktober 2013 festgestellt hat (vgl. BVerwG, Urt. v. 16.10.2013, a. a. O., Rn. 22) und wovon auch die Beteiligten hier übereinstimmend ausgehen, bisher. § 13 Abs. 2 Satz 4 FS ist, da die Norm mangels eines allgemein anerkannten

Zertifikats nicht vollzugsfähig ist, bereits nicht geeignet, den verfolgten Zweck, dass Grabsteine aus ausbeuterischer Kinderarbeit nicht verwendet werden, zu fördern. Aufgrund ihrer mangelnden Umsetzbarkeit belastet die Norm zudem die betroffenen Steinmetze übermäßig und ist daher unverhältnismäßig im engeren Sinne.

§ 13 Abs. 2 Satz 5 FS verstößt gegen Art. 12 Abs. 1 Satz 2 GG. Dieser Gesetzesvorbehalt erlaubt Eingriffe in die Berufsfreiheit nur auf der Grundlage einer gesetzlichen Regelung, die Umfang und Grenzen des Eingriffs deutlich erkennen lässt (st. Rspr., vgl. nur BVerwG, Urt. v. 16.10.2013, a. a. O., Rn. 26, m. w. N.). Die Regelung, dass die zuständige Friedhofsverwaltung fortlaufend ein Verzeichnis der vertrauenswürdigen Zertifikate führt und aktualisiert, überlässt die Prüfung und Festlegung, welche Zertifikate ein ausreichender Nachweis i. S. v. § 13 Abs. 2 Satz 4 FS sind, der Friedhofsverwaltung der Antragsgegnerin. Dieses Verzeichnis vollzieht nicht lediglich eine vom Satzungsgeber in § 13 Abs. 2 FS getroffene Entscheidung nach. Vielmehr ist die Entscheidung über die anzuerkennenden Zertifikate auf die Friedhofsverwaltung übertragen. Gerade angesichts des Umstands, dass eine gesicherte Verkehrsauffassung, welche Zertifikate vertrauenswürdig sind, ebenso fehlt wie eine staatliche Anerkennung von Zertifikaten, ist mit dieser Übertragung eine eigenständige Prüfungs- und Entscheidungsbefugnis der Friedhofsverwaltung verbunden. Darin liegt – wovon auch die Antragsgegnerin ausgeht – eine unzulässige Delegation von Kompetenzen zur Festlegung der anzuerkennenden Zertifikate auf die Exekutive. Unerheblich ist insofern, dass der Gemeinderat der Antragsgegnerin in schlichten Gemeinderatsbeschlüssen die nach seiner Auffassung vertrauenswürdigen Zertifikate benannt hat; denn nach § 13 Abs. 2 Satz 5 FS liegt die Entscheidungsbefugnis insoweit dennoch bei der Friedhofsverwaltung."

Diese Entscheidung des VGH BW wurde fortgeführt (VGH BW, Beschl. vom 21.5.2015 – 1 S 383/14 –; Beschl. vom 21.9.2015 – 1 S 536/14 –; Urt. vom 25.11.2016 – 1 S 490/14 –). Es lässt sich bis heute eine allgemeine Verkehrsauffassung, welche bestehenden Zertifikate als verlässlich einzustufen sind, nicht feststellen. Zwar hat der Gesetzgeber die Zertifikate fair stone und XertifiX in der Gesetzesbegründung als in Betracht kommend angeführt (vgl. LT-Drs. 15/1648 S. 4). Eine allgemeine Verkehrsauffassung, dass diese Siegel verlässlich sind, belegt das jedoch nicht (VGH BW, Beschl. vom 21.9.2015 – 1 S 536/14 –, juris, Rn. 27). Solange ein allgemein anerkannter Nachweis nicht möglich ist, sollte von der Ermächtigungsgrundlage gemäß § 15 Abs. 3 BestattG kein Gebrauch gemacht werden. Bereits erlassene Satzungsbestimmungen sind durch den Ortsgesetzgeber aufzuheben. Es ist hingegen nicht zulässig, die Anwendung der als rechtswidrig und nichtig erkannten Satzungsbestimmungen einfach auszusetzen. Die Verwaltung verfügt eben nicht über eine entsprechende Normverwerfungskompetenz. Soll die wichtige politische Forderung im Sinne von § 15 Abs. 3 BestattG dennoch schon heute in eine Friedhofsordnung Eingang finden, kann dieses Thema in rechtlich unproblematischer Weise lediglich in der Form einer unverbindlichen – aktuell nicht durchsetzbaren – Absichtserklärung geregelt werden; im aktuellen Satzungsmuster des Gemeindetags (Stand 2015) findet sich ein entsprechender Vorschlag (BWGZ 7/2015 S. 361):

„Es ist wünschenswert, dass Grabmale, Einfassungen oder sonstige Grabausstattungen eingebracht werden, die nachweislich in der gesamten Wertschöpfung ohne ausbeuterische Kinderarbeit im Sinne der ILO-Konvention 182 hergestellt worden sind."

Eine Gesetzesinitiative aus dem Jahr 2015, welche auf die Regelung von Anforderungen an einen Nachweis für Grabsteine und Grabeinfassungen, die aus fairem Handel stammen und ohne ausbeuterische Kinderarbeit hergestellt wurden, abzielte (Gesetzentwurf der Fraktion der CDU, der Fraktion Grüne, der Fraktion der SPD und der Fraktion der FDP/DVP – LT-Drs. 15/7553 vom 13.10.2015), wurde nach erfolgter Überweisung an den Ausschuss für Arbeit und Sozialordnung, Familie, Frauen und Senioren nicht weiter betrieben.

Die Regelungen gemäß § 15 Abs. 3 bis Abs. 7 BestattG in der aktuellen Fassung gehen auf das Jahr 2021 zurück: Durch Gesetz zur Änderung des Bestattungsgesetzes vom 3.2.2021 (GBl. S. 55) wurden erstmals Anforderungen an den Nachweis für Grabsteine und Grabeinfassungen, die ohne Einsatz schlimmster Formen der Kinderarbeit hergestellt wurden, im Bestattungsgesetz selbst geregelt. Es wurde ein gestuftes Nachweisverfahren eingeführt. Hierfür wurde § 15 BestattG um die weiteren Absätze vier bis sieben ergänzt. Hierbei geht jeweils der vorherige Absatz dem nachfolgenden Absatz aus Gründen der Spezialität vor. Es war Ziel des Änderungsgesetzes vom 3.2.2021, den Gemeinden eine Grundlage zur rechtssicheren Ausgestaltung ihrer Friedhofsordnungen zu geben (LT-Drs. 16/9279 vom 13.11.2020 S 1). Das Regelwerk ist weiterhin als „kann"-Vorschrift ausgestaltet. Die Träger der Friedhöfe sind weiterhin nicht verpflichtet, in der Friedhofsordnung Regelungen zu einem Verbot von Grabsteinen und Grabeinfassungen, die unter Einsatz schlimmster Formen der Kinderarbeit hergestellt wurden, aufzunehmen. Sofern sie dies allerdings wünschen, bedarf es einer entsprechenden Ergänzung in der Friedhofsordnung; die Regelungen gemäß § 15 Abs. 3 bis 7 BestattG entfalten allein keine Rechtswirkungen. Eine Regelung in der Friedhofsordnung muss die gesamten Vorgaben gemäß § 15 Abs. 3 bis 7 BestattG umfassen. Es darf aus Gründen der Verhältnismäßigkeit nicht etwa auf einzelne Stufen des Nachweisverfahrens verzichtet werden. Es ist insofern der Vorschlag des Gemeindetags überzeugend, *„sich bei der Formulierung des Tatbestandes in der Friedhofssatzung möglichst eng am Gesetzestext zu orientieren"*; es könnte zur Umsetzung in der Friedhofsordnung im Anschluss an die Gestaltungsvorschriften ein eigener Paragraf mit der Überschrift „Verbot von Grabsteinen und Grabeinfassungen aus ausbeuterischer Kinderarbeit" eingefügt werden (hierzu mit einem konkreten Formulierungsvorschlag Gemeindetag Baden-Württemberg, Gt-info Nr. 05/2021 vom 20.3.2021).

Friedhofsträger müssen den mit der Einführung einer solchen Verbotsregelung verbundenen Verwaltungsaufwand selbst beurteilen. Eine andere Frage ist, ob das aktuelle Regelungsregime gemäß § 15 Abs. 3 bis 7 BestattG tatsächlich Rechtssicherheit gebracht und Satzungsbestimmungen auf dieser Grundlage gerichtsfest gemacht hat. Das wird unterschiedlich beurteilt. Die kommunalen Spitzenverbände haben sich in der Anhörung zum Gesetzentwurf kritisch geäußert (Gemeinsame Stellungnahme von Gemeindetag und Städtetag Baden-Württemberg, abgedruckt in: LT-Drs. 16/9346 vom 14.1.2021, S. 2 ff.). Der Landesinnungsverband Steinmetz- und Steinbildhauerhandwerk Baden-Württemberg hat sich konstruktiv beteiligt und in Absprache mit dessen Bundesinnungsverband einen Muster-Vordruck für die Umsetzung des gestuften Nachweisverfahrens erarbeitet und vorgelegt. Der Gesetzesentwurf wurde als „geeignet" eingestuft, eine Reduzierung der Kinderarbeit zu erreichen bei machbarer Umsetzbarkeit für die Steinmetze. Trefflich bedauern die Steinmetze grundsätzlich die zunehmenden Versuche, *„weltpolitische Probleme auf kommunaler Ebene lösen zu wollen"* (Stellungnahme des Landesinnungsverbands Steinmetz- und Steinbildhauerhandwerk Baden-Württemberg vom 7.1.2021, abgedruckt in: LT-Drs. 16/9346 S. 5 f (samt Muster-Vordruck)). Eine Stellungnahme des Justizministeriums gibt es nicht. Ein Vertreter des Justizministeriums hat sich aber auf Nachfrage im Ausschuss für Soziales und Integration dahingehend mündlich geäußert, *„dass der Gesetzentwurf keine offenkundigen unverhältnismäßigen Eingriffe in die Berufsfreiheit der Steinmetze darstellen dürfte. Das gelte jedenfalls so lange, wie es Plattformen wie „siegelklarheit.de" gebe, die eine gewisse Gewähr für die Tauglichkeit der Siegel gäben"* (LT-Drs. 16/9380 vom 21.1.2021 S. 4).

Es gilt im Übrigen die alte Weisheit: „Wo kein Kläger, da kein Richter." Insbesondere die Steinmetze scheinen bis heute keine Klagen gegen Regelungen in der Friedhofsordnung zum Verbot von Grabsteinen und Grabeinfassungen aus ausbeuterischer Kinderarbeit auf Grundlage der aktuellen Ermächtigungsgrundlage gemäß § 15 Abs. 3 bis 7 BestattG angestrengt zu haben. Die Steinmetze und ihre Standesvertreter scheinen sich mit dem aktuellen Regelungsregime, insbesondere mit den damit verbundenen Nachweismöglichkeiten, arrangiert zu haben.

Zu Absatz 4

Der neue Absatz 4 bestimmt, dass die Herstellung ohne schlimmste Formen der Kinderarbeit als nachgewiesen gilt, wenn durch lückenlose Dokumentation dargelegt wird, dass die

Grabsteine und Grabeinfassungen vollständig in Mitgliedstaaten der Europäischen Union, weiteren Vertragsstaaten des Abkommens über den Europäischen Wirtschaftsraum oder der Schweiz hergestellt wurden (LT-Drs. 16/9279 vom 13.11.2020 S. 6).

Zu Absatz 5

Der neue Absatz 5 stellt klar, dass für Grabsteine und Grabeinfassungen, die nicht unter Absatz 4 fallen, der Nachweis der Herstellung ohne schlimmste Formen der Kinderarbeit durch bewährte Zertifikate geführt werden kann. Unter diesem Absatz werden auch die Anforderungen an „bewährte Zertifikate" normiert (LT-Drs. 16/9279 vom 13.11.2020 S. 6). Es wird in diesem Zusammenhang in der Begründung zum Gesetzentwurf auf die zwischenzeitlich existierende Internetplattform „siegelklarheit.de" des Bundesministeriums für wirtschaftliche Zusammenarbeit und Entwicklung verwiesen. Es handele sich bei dieser Plattform um eine unabhängige Institution, auf der verlässliche Siegel ausgewiesen werden (LT-Drs., a. a. O. S. 6).

Das Justizministerium hat auf rechtliche Risiken in Bezug auf die Regelungen in § 15 Abs. 5 Sätze 2 und 3 BestattG verwiesen: Die Definition des „bewährten Zertifikats" und die Regelvermutung würden im Hinblick auf die Grundsätze der Normenklarheit und hinreichenden Bestimmtheit nicht ganz zweifelsfrei erscheinen. Das Justizministerium vertritt im Übrigen die Auffassung, dass es letztlich eine politische Entscheidung sei, ob die mit den Regelungen verbundenen Risiken in Kauf genommen werden sollen (vgl. zum Ganzen LT-Drs., a. a. O. S. 4). Das ist richtig.

Zu Absatz 6

Die unter Absatz 6 geregelte dritte Stufe des Nachweisverfahrens berücksichtigt wesentlich den Aspekt der Zumutbarkeit und adressiert den Händler. Kann dieser ohne zumutbare Belastungen kein entsprechendes Zertifikat vorlegen oder ist dieses nicht möglich, hat er stattdessen eine schriftliche Erklärung vorzulegen, in der er zusichert, dass ihm keinerlei Anhaltspunkte dafür bekannt sind, dass die Grabsteine und Grabeinfassungen unter Einsatz schlimmster Formen der Kinderarbeit hergestellt wurden (LT-Drs., a. a. O. S. 6).

Zu Absatz 7

Die Regelung gemäß Absatz 7 dient dem Vertrauensschutz der Steinmetze und Händler hinsichtlich solcher Steine, die schon vor dem 1.3.2021 in das Bundesgebiet eingeführt wurden (LT-Drs., a. a. O. S. 6). Solche Lagerware bleibt uneingeschränkt verkehrsfähig. Steine aus diesen Beständen unterfallen nicht der Nachweispflicht im Sinne von § 15 Abs. 3 BestattG.

Fünfter Abschnitt
Bestattungseinrichtungen

§ 16
Leichenhallen

Die Gemeinden sollen Leichenhallen errichten, soweit dafür ein öffentliches Bedürfnis besteht.

Erläuterungen

Aus hygienischen Gründen ist eine baldige Entfernung der Leichen aus dem Sterbehaus geboten, insbesondere, wenn es sich um Leichen von Personen handelt, die an einer übertragbaren Krankheit erkrankt sind oder dessen verdächtigt waren. Schon nach § 7 Abs. 3 der Dritten Durchführungsverordnung zum Gesetz über die Vereinheitlichung des Gesundheitswesens vom 30.3.1935 (RMBl. S. 327) hatten die Gesundheitsämter auf die

Errichtung von Leichenhallen hinzuwirken. Ist eine öffentliche Leichenhalle vorhanden, so müssen Verstorbene binnen 36 Stunden nach Eintritt des Todes, jedoch nicht vor Ausstellung der Todesbescheinigung, dorthin überführt werden, wenn sie nicht innerhalb dieser Frist in einer anderen Leichenhalle oder einem Leichenraum aufgebahrt werden (§ 27 Abs. 1 Satz 1 BestattG). Die Leichenhallen umfassen meist auch einen Raum für die Bestattungsfeierlichkeiten.

Ein **öffentliches Bedürfnis** für die Errichtung einer Leichenhalle wird in der Regel bestehen. Die heutigen Wohnverhältnisse lassen es nicht zu, die Leichen bis zur Bestattung in den Wohnungen aufzubewahren. Ist ein öffentliches Bedürfnis zu bejahen, so ist die Gemeinde verpflichtet, eine öffentliche Leichenhalle zu erstellen, es sei denn, dass im Einzelfall ganz besondere Gründe entgegenstehen, z. B. das finanzielle Unvermögen der Gemeinde oder eine der Allgemeinheit zur Verfügung stehende Leichenhalle eines Bestattungsunternehmens. Im letzteren Fall ist es wohl fraglich, ob ein Benutzungszwang eingeführt werden kann (ThürOVG, Beschl. vom 12.8.1997, NVwZ 1998 S. 871 – von diesem Gericht wird die Zulässigkeit des Benutzungszwangs verneint). Wegen der Anforderungen an die Räume, die der Aufbewahrung von Leichen dienen, vgl. § 6 BestattVO.

Zur Ausschmückung der Trauerhalle in der städt. Friedhofshalle vgl. Erl. zu § 19 BestattG und zur Aufbewahrung von Heimbewohnern in einer Leichenhalle eines Bestattungsunternehmers Urt. des BGH vom 2.7.1987 – I ZR 167/85 – (Fundstelle Baden-Württemberg RdNr. 231/1988).

§ 17
Feuerbestattungsanlagen

Feuerbestattungsanlagen dürfen nur mit Genehmigung der zuständigen Behörde betrieben werden. Die Genehmigung ist schriftlich oder elektronisch zu erteilen. Sie darf nur versagt werden, wenn die Feuerbestattungsanlagen oder ihr Betrieb den Anforderungen des § 19 oder sonstigen Rechtsvorschriften nicht entspricht oder ein ausreichender Abstand zu störenden Betrieben, Einrichtungen und Verkehrsflächen nicht gewahrt wird beziehungsweise eine würdige Umgebung nicht gewährleistet ist. § 5 Abs. 3 gilt entsprechend.

Erläuterungen

Die Gemeinden sind nicht verpflichtet, **Feuerbestattungsanlagen** zu errichten. Der Begriff *„Feuerbestattungsanlage"* umfasst ein Gebäude mit allen Anlagen für die Einäscherung Verstorbener einschließlich aller zugehörigen Einrichtungen und einem öffentlichen Raum, der die Abhaltung einer würdevollen Abschiedsfeier ermöglicht (nicht veröffentlichte Begründung des Sozialministeriums zu § 19 BestattVO). Die Feuerbestattungsanlagen brauchen, um wirtschaftlich arbeiten zu können, einen großen Einzugsbereich, so dass nur in den Großstädten solche Anlagen errichtet werden können. Nach § 8 Abs. 1 des aufgehobenen Feuerbestattungsgesetzes war die Errichtung den Gemeinden, Gemeindeverbänden und solchen Körperschaften des öffentlichen Rechts, denen die Sorge für die Beschaffung öffentlicher Begräbnisplätze obliegt, vorbehalten. Dies ist nach dem BestattG nicht mehr der Fall. Nunmehr können auch andere Träger Feuerbestattungsanlagen betreiben. Die aus der Achtung der Menschenwürde folgende Pflicht des Staates, eine den jeweiligen Pietätsvorstellungen der Gesellschaft und der herrschenden Kulturen angemessene Bestattung zu gewährleisten, wird nicht verletzt, wenn eine Einäscherung in privat betriebenen Feuerbestattungsanlagen zugelassen wird (BayVerfGH, Entsch. vom 4.7.1996 – Vf. 1b – VII – 94 u. a. –, NJW 1997 S. 2874).

Die Einäscherung von Leichen darf nur in Anlagen vorgenommen werden, deren Betrieb nach § 17 BestattG oder bisherigem Recht genehmigt worden ist. **Für die Genehmigung ist die Baurechtsbehörde zuständig (§ 36 Abs. 2 BestattVO).** Diese Genehmigung ist schriftlich oder elektronisch zu erteilen (§ 17 Satz 2 BestattG). Die Möglichkeit einer auch *„elek-*

tronischen" Genehmigungserteilung hat der Landesgesetzgeber durch Art. 7 Nr. 1 Gesetz zum Abbau verzichtbarer Formerfordernisse vom 11.2.2020 (GBl. S. 37) ergänzt. Siehe zu den gesetzlichen Anforderungen an eine solche „*elektronische*" Genehmigungserteilung die entsprechende ausführliche Kommentierung zu § 5 Abs. 2 Satz 1 BestattG in diesem Kommentar.

Neben der Genehmigung nach § 17 BestattG ist regelmäßig noch eine Genehmigung nach dem Baurecht erforderlich (vgl. § 5 Abs. 3 BestattG). In § 19 Abs. 1 Satz 1 BestattVO ist **zwingend vorgeschrieben, dass für die Feuerbestattungsanlagen eine Leichenhalle vorhanden sein muss,** in der die Leichen bis zur Einäscherung aufzubewahren sind. Dort sind die Verstorbenen in würdiger Weise bis zur Einäscherung aufzubewahren (§ 19 Abs. 1 Satz 2 BestattVO). Für Bestattungsfeierlichkeiten müssen geeignete Räumlichkeiten zur Verfügung stehen (§ 19 Abs. 2 BestattVO). Weitere Vorschriften über die Feuerbestattungsanlage enthalten die §§ 20 und 21 BestattVO.

Auf die VO über Anlagen zur Feuerbestattung und zur Änderung der VO über genehmigungsbedürftige Anlagen vom 19.3.1997 (BGBl. I S. 545), zuletzt geändert durch Art. 10 der Verordnung vom 2.5.2013 (BGBl. I S. 973), wird verwiesen. Die immissionsschutzrechtliche Genehmigung ist entfallen; an ihre Stelle ist eine Anzeigepflicht getreten. Die VO enthält insbesondere Betriebsvorschriften.

Bei der Genehmigung von Feuerbestattungsanlagen wird vor allem darauf zu achten sein, dass gesundheitsgefährdenden Einwirkungen auf die Nachbarschaft durch genügend hohe Schornsteine und durch den Ausschluss von Brennstoffen, die Ruß- oder Rauchbelästigungen herbeiführen können, begegnet wird.

Eine Feuerbestattungsanlage soll nur an einem Ort bzw. in einer Umgebung betrieben werden, die der Würde und der Pietät im Zusammenhang mit der Kremierung von Verstorbenen angemessen ist. Zwar wird der würdevolle Betrieb einer Feuerbestattungsanlage bereits durch den Verweis auf die allgemeine Bestimmung in § 19 BestattG gewährleistet. Es dient allerdings der durch die Novelle 2009 eingefügten Klarstellung, dass auch der Ort bzw. die Umgebung, in der eine Feuerbestattungsanlage errichtet werden soll, diesem Grundsatz entsprechen muss.

§ 18
Sonstige Bestattungseinrichtungen

Die Gemeinden haben dafür zu sorgen, daß die sonstigen notwendigen Bestattungseinrichtungen zur Verfügung stehen. Dies gilt nicht für Bestattungseinrichtungen auf kirchlichen Friedhöfen und privaten Bestattungsplätzen. § 11 Abs. 1 Satz 2 der Gemeindeordnung für Baden-Württemberg bleibt unberührt.

Erläuterungen

Die Gemeinden müssen die **sonstigen notwendigen Bestattungseinrichtungen bereitstellen.** Zu den sonstigen Bestattungseinrichtungen gehören nicht die Bestattungsplätze selbst, die Leichenhalle und die Feuerbestattungsanlagen, da diese Anlagen in den vorhergehenden Bestimmungen im Einzelnen erfasst sind. Zu den sonstigen Bestattungseinrichtungen gehören vor allem die **Leichenbesorgung,** die **Leichenbeförderung** innerhalb der Gemeinde und die **Totengräber.** Die Gemeinde muss eine Person bereitstellen, die die Verstorbenen reinigt, entkleidet und einsargt. Auch muss die Gemeinde für eine **Beförderungsmöglichkeit innerhalb der Gemeinde** sorgen. Weiter ist es Aufgabe der Gemeinde, den Totengräber, der das Grab aushebt und schließt, bereitzustellen. Diese Verpflichtung der Gemeinde besteht aber nur, soweit hierfür eine Notwendigkeit vorhanden ist. Die Notwendigkeit ist nicht gegeben, wenn bereits Dritte die Einrichtungen und Arbeitsleistungen zu angemessenen Bedingungen bereithalten. Dies trifft insbesondere dann zu, wenn **private Bestattungsinstitute** in der Gemeinde tätig sind, die die Verrichtungen zu angemessenen Bedingungen erbringen. Die Gemeinden können sich in diesen Fällen durch Vertrag mit den privaten Bestattungsunternehmen die Bereithaltung der sonstigen Bestattungseinrichtungen sichern, müssen dies aber nicht (das Muster eines Vertrags ist als Anhang 3 abgedruckt). Die Gemeinden bleiben in der Außenwirkung, im Verhältnis zu den Benutzern der Bestattungseinrichtungen und zu den Hinterbliebenen der eigentlich Verpflichtete und Verantwortliche.

Zur wirtschaftlichen Betätigung der Gemeinden auf dem Gebiet des Bestattungswesens hat der BGH mehrfach Stellung genommen (Urt. vom 22.2.1972 – I C 24.69 –, BaWüVBl. 1972 S. 105; Beschl. vom 1.3.1978, GewArch. 1979 S. 15; Urt. vom 19.6.1986 – I ZR 54/84 –, NJW 1987 S. 60 und Urt. vom 19.6.1986 – I ZR 53/84 –, NJW 1987 S. 62). In den genannten Entscheidungen wurden die Klagen, die gegen die Gemeinden gerichtet waren, abgewiesen. In der Entscheidung vom 22.2.1972 vertrat das Gericht die Auffassung, dass der öffentliche Zweck das wirtschaftliche Unternehmen der Gemeinde rechtfertige (vgl. § 102 Abs. 1 GemO). Diese Bestimmung der GemO sei keine Schutznorm für die wirtschaftlichen Konkurrenten der Gemeinde. In der Entscheidung vom 19.6.1986 – I ZR 53/84 – hat das Gericht folgende Auffassung vertreten (Leitsatz): Es ist ohne Hinzutreten besonderer Umstände keine nach § 1 UWG zu missbilligende Ausnutzung der hoheitlichen Aufgaben einer politischen Gemeinde zugunsten ihrer privatwirtschaftlichen Betätigung im Bereich des Bestattungswesens, wenn ihre hoheitlich tätigen Bediensteten Auskünfte dahin erteilen, dass für die nicht hoheitlichen Bestattungstätigkeiten die Bestattungsordner der Gemeinde zur Verfügung stehen.

Die Entscheidung vom 19.6.1986 – I ZR 54/84 – drucken wir wegen der grundsätzlichen Bedeutung auszugsweise ab.

Leitsätze:

1. **Zur wettbewerbsrechtlichen Zulässigkeit einer privatwirtschaftlichen Betätigung politischer Gemeinden im Bereich des Bestattungswesens.**
2. **Die Wahrnehmung privatwirtschaftlicher Aufgaben im Bereich des Bestattungswesens durch eine politische Gemeinde in demselben Gebäude (z. B. Rathaus), in dem in besonderen Räumen auch die Bestattungshoheitsverwaltung und das Sterbefallstandesamt untergebracht sind, ist ohne Hinzutreten weiterer, die Sittenwidrigkeit begründender Umstände für sich allein wettbewerbsrechtlich nicht zu beanstanden.**

Zum Sachverhalt:

„Die Kl. betreibt in S. ein Bestattungsunternehmen. Sie befaßt sich mit sämtlichen bei Bestattungen anfallenden Aufgaben wie Leichenbergung, manueller Versorgung der Leiche und Leichentransporten auch verunglückter Personen, Lieferung von Sterbewäsche, Särgen und gärtnerischen Dekorationen und Ausgestaltung der Trauerfeier. Gleiche Leistungen wie die Kl. erbringt oder vermittelt auch die bekl. Landeshauptstadt. Diese Aufgaben erfüllt sie im Rahmen eines sog. Bestattungswirtschaftsbetriebs auf der Grundlage privatrechtlich ausgestalteter Rechtsbeziehungen zu den Hinterbliebenen. Daneben übt die Bekl. hoheitliche Bestattungsverwaltung aus. Dazu gehören die Entgegennahme der Todesbescheinigungen und der Anmeldungen zur Erd- oder Feuerbestattung, die Prüfung und Aufbewahrung der Bestattungsunterlagen, die Zuteilung einer Grabstelle, die Festlegung von Ort und Zeit der Bestattung und die Festsetzung der Bestattungsgebühren. Tätig wird die Bekl. durch städtische Bedienstete ihres Friedhofsamts, die sog. Bestattungsordner, die teilweise sowohl Aufgaben aus der (privatrechtlich ausgestalteten) Bestattungswirtschaft als auch aus dem Bereich der (hoheitlichen) Bestattungsverwaltung wahrnehmen. Ihre Diensträume haben die Bestattungsordner im Rathaus der Bekl., in dessen vierten Stockwerk das Friedhofsamt untergebracht ist, und an anderen Stellen in S. Bei der Bearbeitung von Bestattungsfällen durch ihre Bestattungsordner hat die Bekl. Formulare mit der Bezeichnung „Bestattungsgrundblatt Bestattungsanzeige" verwendet, in denen unter den Kopfzeilen „Landeshauptstadt S." und „Friedhofsamt" die Leistungen der Bekl. – getrennt nach gewerblichen und hoheitlichen – zum Zwecke der Kostenermittlung

aufgeführt sind. In ihrem Amtsblatt, in Merkblättern und in Tageszeitungen weist die Bekl. darauf hin, daß die Hinterbliebenen zwischen ihren Diensten und denen der privaten Bestattungsunternehmen wie der Kl. wählen können, die sie sämtlich nach Namen, Adresse und Telefonnummer näher bezeichnet. Bei Todesfällen in Krankenhäusern erhalten die Hinterbliebenen Briefumschläge ausgehändigt, die die Bestattungspapiere wie Todesbescheinigung und Leichenschauschein enthalten. Nach der Adressierung sollen diese Briefe über das Standesamt, das sich im dritten Stockwerk des Rathauses befindet, an das Friedhofsamt weitergeleitet werden. Die Kl. hat die Verbindung von hoheitlichen und gewerblichen Tätigkeiten durch die Bekl. im Bereich des Bestattungswesens beanstandet. Sie hat gegen die Bekl. zwei Unterlassungs- und Schadensersatzfeststellungsklagen erhoben. In vorliegender Sache wendet sie sich gegen eine räumliche Nähe von Bestattungswirtschaftsbetrieb einerseits und Bestattungshoheitsverwaltung sowie Sterbefallstandesamt andererseits.

Das LG hat in vorliegender Sache die Bekl. unter Abweisung der Klage im übrigen verurteilt, es zu unterlassen, durch ihre Bestattungsordner in denselben Räumen für gewerbliche Bestattungsaufträge zu werben oder hierüber Verträge abzuschließen, in denen diese zugleich hoheitliche, Bestattungsverwaltungshandlungen (wie z. B. Festsetzung der Beerdigungszeit, Entgegennahme der Sterbefallanzeige, Auskunft über hoheitliche Bestattungsangelegenheiten) durchführen. Das OLG hat die Berufung der Kl. im wesentlichen zurückgewiesen. Zugunsten der Kl. hat es lediglich über die durch das LG ausgesprochene Verurteilung hinaus festgestellt, daß die Bekl. der Kl. jeglichen Schaden zu ersetzen hat, der ihr durch Zuwiderhandlungen gegen die von dem jeweiligen Verbotsausspruch umfaßten Unterlassungspflichten entstanden ist oder noch entsteht. Die Revision der Kl. hatte keinen Erfolg."

Aus den Gründen:

„I.... 2. Nach der Auffassung des BerGer. ist es sachlich nicht zu beanstanden, wenn die Bekl. ihren privatwirtschaftlichen Bestattungsbetrieb in demselben Gebäude (Rathaus) ausübt, in dem die Bestattungshoheitsverwaltung und das Sterbefallstandesamt untergebracht sind, auch wenn die privatwirtschaftlichen und hoheitlichen Tätigkeiten auf der gleichen Etage und weniger als 50m voneinander entfernt ausgeübt werden. Auch diese Beurteilung begegnet keinen durchgreifenden rechtlichen Bedenken. Unterlassungsansprüche aus § 1 UWG hat das BerGer. rechtsfehlerfrei verneint. Auch nach § 35 GWB i. V. mit § 26 II GWB kommen solche Ansprüche nicht in Betracht. Für eine von der wettbewerbsrechtlichen Beurteilung nach § 1 UWG abweichende Beurteilung nach § 26 II GWB ist nichts vorgetragen (vgl. BGHZ 96, 337 = NJW 1986, 1877 – Abwehrblatt II).

a) Das angegriffene Verhalten der Bekl. ist nicht allein schon deshalb zu beanstanden, weil sich diese im Rahmen ihres Bestattungswirtschaftsbetriebs am Wettbewerb beteiligt. Eine Teilnahme der öffentlichen Hand am Wettbewerb ist weder allgemein noch im Bereich des Bestattungswesens unzulässig (vgl. § 102 GemO Baden-Württemberg; BVerwGE 39, 329 [332, 336 ff.] – Kommunaler Bestattungsbetrieb; BVerwG, NJW 1978, 1539 [1540] – Kommunale Wohnungsvermittlung). Ihre Entscheidung, auf dem Gebiete des Bestattungswesens überhaupt einer privatwirtschaftlichen Tätigkeit nachzugehen und in Konkurrenz zu Mitbewerbern zu treten, unterliegt als solche grundsätzlich auch nicht der Nachprüfung durch die ordentlichen Gerichte (BGH, NJW 1974,1333 = LM § 1 UWG Nr. 273 = GRUR 1974, 733 [7351 = WRP 1974, 397 [399] – Kfz-Schilderverkauf). Zu einem wettbewerbsrechtlich begründeten Unterlassungsausspruch kann daher das Wettbewerbsverhalten der öffentlichen Hand regelmäßig erst dann führen, wenn sie sich dabei sittenwidriger Mittel bedient, beispielsweise unter Mißbrauch ihrer Stellung als öffentlich-rechtlicher Körperschaft, oder wenn sie sonst aus der Verbindung hoheitlicher und privatrechtlicher Interessen einen unzulässigen Vorsprung vor ihren Mitbewerbern erlangt oder erstrebt (BGH, LM § 1 UWG Nr. 134 = GRUR 1964, 210 [212] = WRP 1964, 85 [87] – Landwirtschaftsausstellung; BGH, NJW 1974, 1333 =

LM § 1 UWG Nr. 273 = GRUR 1974, 733 [735] = WRP 1974, 397 [399] – Kfz-Schilderverkauf). Dafür ist vorliegend kein hinreichender Anhalt ersichtlich.

b) So fehlt es insbesondere an hinreichenden Anhaltspunkten für die Annahme, daß die Bekl. mit ihrer privatwirtschaftlichen Betätigung auf dem Gebiet des Bestattungswesens Bestand oder Grundlagen des Leistungswettbewerbs gefährdet. Nach den Feststellungen des BerGer. ist der Auftragsanteil der Bekl., die früher alleinige Anbieterin bestattungswirtschaftlicher Leistungen war, seit dem Aufkommen privater Bestattungsunternehmen im Jahre 1962 kontinuierlich zurückgegangen, nach dem Vortrag der Kl. auf 50 bis 60 % aller Aufträge, nach dem der Bekl. auf 47 %. Daß die Bekl. eine weitergehende Veränderung der Auftragsanteile zu Lasten der privaten Bestattungsunternehmen in unzulässiger, Bestand und Grundlagen des Leistungswettbewerbs in Frage stellender Weise verhindert oder auf eine Ausschaltung der privaten Bestattungsunternehmer hinarbeitet, ist nicht ersichtlich. Nach den Feststellungen weist vielmehr die Bekl. in den von ihr herausgegebenen Merkblättern und in anderen von ihr veranlaßten Publikationen ausnahmslos und umfassend auf sämtliche ortsansässigen Bestattungsunternehmen hin.

c) Eine wettbewerbsrechtliche Unzulässigkeit der privatwirtschaftlichen Betätigung der Bekl. auf dem Gebiet des Bestattungswesens folgt entgegen der Auffassung der Revision auch nicht daraus, daß die Bekl. in Konkurrenz zur Kl. und zu anderen privaten Mitbewerbern ihren Bestattungswirtschaftsbetrieb einschließlich der Unterhaltung der dafür notwendigen Diensträume mit Mitteln des allgemeinen Steuer- und Abgabenaufkommens bestreitet. Aus dem Grundsatz, daß der öffentlichen Hand eine Teilnahme am Wettbewerb nicht ohne weiteres untersagt ist, ergibt sich, daß es ihr grundsätzlich auch nicht verwehrt werden kann, auf die ihr zur Verfügung stehenden Mittel, auch der finanziellen, – im Rahmen der Gesetze und etwaiger weiterer sie bindender Rechtsvorschriften – in dem erforderlichen Umfang und in angemessener Weise zurückzugreifen. Eine dadurch hervorgerufene Benachteiligung des Wettbewerbs von Mitbewerbern, die sich aus vergleichbaren Gründen auch aus dem Konkurrenzverhältnis privater Unternehmen ergeben kann, folgt aus der grundsätzlichen Zulässigkeit des Wettbewerbs der öffentlichen Hand auch in dem in Rede stehenden Sachbereich. Sie muß dementsprechend auch wettbewerbsrechtlich grundsätzlich hingenommen werden.
Eine Betätigung der öffentlichen Hand in diesem Bereich überschreitet auch nicht den Rahmen eines sachgerechten und angemessenen Wettbewerbsverhaltens und führt vorliegend auch nicht zu einem ungerechtfertigten Wettbewerbsvorsprung der öffentlichen Hand vor privaten Mitbewerbern. Die bestattungswirtschaftliche Betätigung der Bekl. unter Verwendung von Mitteln des allgemeinen Steuer- und Abgabenaufkommens und unter Benutzung von Räumlichkeiten öffentlicher Gebäude liegt ungeachtet der Tatsache, daß auch private Anbieter Bestattungsleistungen erbringen, im öffentlichen Interesse. Das ergibt sich aus der historischen Entwicklung des gemeindlichen Bestattungswesens und im Zusammenhang damit aus dem Bedürfnis der Allgemeinheit an gemeindlichen Dienstleistungen dieser Art sowie aus der Verpflichtung der öffentlichen Hand zur Berücksichtigung sozialer Belange sowohl im Einzelfall als auch allgemein durch Festsetzung angemessener Entgelte und Tarife (vgl. BVerwGE 39, 329 [334 – 336] – Kommunaler Bestattungsbetrieb). Damit erfüllt die Bekl. in Übereinstimmung mit den Vorschriften der Gemeindeordnung für Baden-Württemberg über die wirtschaftliche Betätigung der Gemeinden und die Errichtung wirtschaftlicher Unternehmen (§ 102 I und II, GBl 1983, 577 [578 ff.]) Aufgaben der Daseinsvorsorge im Rahmen privatwirtschaftlicher Betätigung. Allein der Umstand, daß im Bestattungswesen im Bereich der Stadt S. seit 1962 auch private Anbieter eine Betätigung suchen, kann die Erfüllung dieser Aufgaben der Daseinsvorsorge durch die Stadt nicht unlauter machen und zwar grundsätzlich auch nicht insoweit, als dabei öffentliche Sach- und Finanzmittel eingesetzt werden. Unlauter wird die Verwendung öffentlicher Mittel im Wettbewerb daher regelmäßig erst durch Hinzutreten weiterer Umstände, die den Einsatz dieser Mittel als rechts- und zweckwidrig und damit als sittenwidrig i. S. des § 1

UWG erscheinen lassen (vgl. RGZ 138, 174 [178] – Haus der Jugend; BGH, NJW 1982, 2125 = LM § 180 RVO Nr. 1 = GRUR 1982, 433 [436] = WRP 1982, 460 [462, 463] – Kinderbeiträge). Umstände dieser Art sind nach den getroffenen Feststellungen vorliegend nicht gegeben. Insbesondere ist nicht ersichtlich, daß das Preisgebaren der Bekl. die Absicht erkennen ließe oder auch nur objektiv geeignet wäre, private Mitbewerber durch Preisunterbietungen vom Markt zu verdrängen oder sonst in wettbewerbswidriger Weise zu benachteiligen.

d) Aus der räumlichen Unterbringung des Bestattungswirtschaftsbetriebs der Bekl. in einem Nebengebäude des Rathauses, in dem im 3. Stockwerk das Sterbefallstandesamt und im 4. Stockwerk das Friedhofsamt untergebracht sind, und in einer Zweigstelle, in der sich ebenfalls Abteilungen beider Ämter befinden, läßt sich – entgegen der Auffassung der Kl. – eine mißbräuchliche Ausnutzung der hoheitlichen Aufgaben der Bekl. zu Zwecken des Wettbewerbs nicht herleiten. Das LG hat der Bekl. in vorliegender Sache rechtskräftig untersagt, durch ihre Bestattungsordner in denselben Räumen für gewerbliche Bestattungsaufträge zu werben oder hierüber Verträge abzuschließen, in denen diese zugleich hoheitliche Bestattungsverwaltungshandlungen vornehmen. Eine weitergehende räumliche Trennung des Bestattungswirtschaftsbetriebs von der Bestattungshoheitsverwaltung, wie sie die Kl. mit dem vorliegend noch verfolgten Verbot begehrt, bestattungswirtschaftliche Aufgaben überhaupt nicht mehr im Rathaus wahrzunehmen, jedenfalls aber nicht auf ein und derselben Etage mit der Bestattungshoheitsverwaltung, zumindest nicht weniger als 50m von dieser entfernt, kann die Kl. nicht verlangen.

Allerdings ist nicht zu verkennen, daß sich aus einer engen räumlichen Verbindung von Hoheitsverwaltung und Bestattungswirtschaftsbetrieb Wettbewerbsvorteile zugunsten der Bekl. ergeben können. Bei Hinterbliebenen, die noch kein privates Bestattungsunternehmen beauftragt haben und – wie in den von der Kl. angeführten Sterbefällen in Krankenhäusern und Unglücksfällen – von Bediensteten der Bekl. teils mit, teils ohne Aushändigung entsprechend adressierter Briefumschläge die Aufforderung erhalten, das Sterbefallstandesamt und das Friedhofsamt aufzusuchen, kann nicht ausgeschlossen werden, daß diese, um sich weitere Wege und Mühen zu ersparen, bei Gelegenheit der Vorsprache im Sterbefallstandesamt bzw. im Friedhofsamt auch die Bestattungsordner der Bekl. in deren Bestattungswirtschaftsbereich mit der gewerblichen Durchführung der Bestattungsvorbereitung beauftragen. Jedoch rechtfertigt das unter den gegebenen Umständen noch nicht den Vorwurf sittenwidrigen Verhaltens der Bekl. hinsichtlich der angegriffenen räumlichen Zuordnung von Bestattungswirtschaftsbetrieb und Hoheitsverwaltung. Das BerGer. hat insoweit erwogen, daß es durch die besondere Situation, in der sich Hinterbliebene befänden, angemessen und zulässig sei, wenn diesen die Möglichkeit eröffnet werde, in zeit- und kräftesparender Weise den gewerblichen Teil der Bestattungsvorbereitung bei der Bekl. mitzuerledigen. Zwar ist dabei zu bedenken, daß Standortvorteile, die sich aus dem öffentlich-rechtlichen Aufgabenbereich zugunsten der privatwirtschaftlichen Betätigung der Bekl. ergeben, wettbewerbsrechtlich nicht allein durch Umstände gerechtfertigt werden, die lediglich der Bequemlichkeit des Publikums dienen, dieses vielmehr davon abhalten, Güte und Preiswürdigkeit eines Angebots zu prüfen (vgl. BGH, GRUR 1956, 227 [228] – Reisebüro). Andererseits kann aber auch nicht allein aus Rücksichtnahme auf die wirtschaftlichen Interessen der Mitbewerber von der Bekl. verlangt werden, daß sie zu Lasten des Publikums und ihres eigenen Verwaltungsablaufs den Gang der Auftragserteilung im Bestattungswirtschaftsbetrieb, mit dem sie im öffentlichen Interesse liegende Aufgaben angemessen und sachgerecht erfüllt, durch Verlegung der dafür erforderlichen Diensträume in weiter entfernt liegende Gebäudeteile oder sogar ganz nach außerhalb erschwert, verlangsamt und verteuert und daß sie dem sie aufsuchenden Publikum und den Hinterbliebenen, die sie mit der gewerblichen Bestattungsvorbereitung betrauen wollen, zumutet, besondere Aufwendungen an Zeit und Mühe, die dadurch erforderlich würden, auf sich zu nehmen (vgl. BGH, NJW 1974, 1333 = LM § 1 UWG Nr. 273 = GRUR 1974, 733 [735] =

WRP 1974, 397 [399] – Kfz-Schilderverkauf). Das wäre, wie das BerGer. zu Recht angenommen hat, wettbewerbsrechtlich nicht geboten.

Darüber hinaus darf auch nicht übersehen werden, daß die Bekl. nach dem insoweit rechtskräftig gewordenen Urteil des LG in vorliegender Sache ihren Bestattungswirtschaftsbetrieb von dem der Bestattungshoheitsverwaltung räumlich getrennt halten muß und daß sie nach dem ebenfalls in Rechtskraft erwachsenen Urteil des LG ihre Bestattungsordner im Rahmen des Bestattungswirtschaftsbetriebs nicht als solche des Friedhofamts handeln lassen darf.

Damit ist eine ins Gewicht fallende Einflußnahme auf die Hinterbliebenen, die diese veranlassen könnte, den Auftrag ohne Prüfung aller in Betracht kommenden Angebote zu erteilen, weitgehend entfallen. Denn damit ist Vorsorge dafür getroffen, daß diejenigen Hinterbliebenen, die hoheitliche Maßnahmen der Bestattungsordner gerade beantragt oder herbeigeführt haben, nicht mehr gleichzeitig und im Beisein der Bediensteten des Friedhofsamts veranlaßt werden können, über die Erteilung des Auftrags zur gewerblichen Bestattungsvorbereitung zu entscheiden, sondern daß sie nach Verlassen der Diensträume der hoheitlichen Verwaltung unbeeinflußt darüber entscheiden können, wem sie den Auftrag zur gewerbsmäßigen Bestattungsvorbereitung erteilen. Hinzu kommt, daß die Bekl., soweit sie auf die Tätigkeit ihres Bestattungswirtschaftsbetriebs in Amts- und Merkblättern und anderen Publikationen hinweist, dabei auf die Interessen ihrer Mitbewerber angemessen Rücksicht nimmt, indem sie diese vollständig und unterschiedslos nach Namen, Anschrift und Telefonnummer mitaufführt (vgl. BGHZ 19, 299 [305 ff.] = NJW 1956, 339 – Staatliche Kurverwaltung/Bad Ems). Sind aber danach den Hinterbliebenen sämtliche auf dem Gebiet der gewerblichen Bestattungsvorbereitung tätigen Unternehmen bekannt und ist durch Trennung der Räume der Bestattungswirtschaft und der Bestattungshoheitsverwaltung dafür gesorgt, daß die Hinterbliebenen zwischen den verschiedenen Angeboten frei wählen können, kann allein in der Nähe der jeweiligen Räumlichkeiten zueinander eine mißbräuchliche, wettbewerbsrechtlich nicht hinnehmbare Ausnutzung der hoheitlichen Betätigung der Bekl. zugunsten ihrer privatwirtschaftlichen Aufgaben im Bereich der Bestattungswirtschaft nicht erblickt werden. Zu Recht hat daher das BerGer. das Klagebegehren, soweit es die Kl. jetzt noch verfolgt, für unbegründet erachtet."

Nach § 11 Abs. 1 GemO **können die Gemeinden für Bestattungseinrichtungen den Benutzungszwang vorschreiben.** Voraussetzung hierfür ist, dass ein öffentliches Bedürfnis besteht. Es erhebt sich die **Frage, inwieweit es möglich ist, dass Gemeinden auch für die genannten sonstigen Bestattungseinrichtungen einen Benutzungszwang vorschreiben und damit das Angebot durch Dritte ausschließen können.** Die Rechtsprechung hat sich schon mehrfach mit dieser Frage befasst. **Im Allgemeinen** liegt ein **öffentliches Bedürfnis,** das den Benutzungszwang rechtfertigt, **nur bei einer Gefahrenabwehr oder der Förderung der Wohlfahrt der Bürger** vor. Für die Leistung von Sterbewäsche, Urnen, Kränzen, Grabsteinen und ähnlichen Ausstattungen liegt kein öffentliches Bedürfnis im Sinne dieser Vorschrift vor. Ebenfalls kein Bedürfnis liegt nach der genannten Entscheidung des VGH bei der Leichenbeförderung, sei es außerhalb oder innerhalb der Gemeinde, vor (WGZ 1962 S. 247). Zur Ausschmückung der Leichenhalle vgl. Erl. zu § 19 BestattG.

Für **Bestattungseinrichtungen innerhalb der „Friedhofsmauern"** ist die Gemeinde bei der Einführung des Benutzungszwanges nicht an § 11 GemO gebunden. Auf Grund ihres Eigentumsrechts und ihrer Anstaltsgewalt kann sie Regelungen treffen und darin Dritte ausschließen, ohne dass hierfür ein öffentliches Bedürfnis vorhanden sein muss. Dies gilt insbesondere für die Aushebung und Schließung der Gräber (Totengräber) und für den Bestattungsvorgang. Soweit eine Gemeinde **Beschränkungen** trifft, müssen diese innerhalb des Anstaltszwecks liegen; sie **dürfen auf keinen Fall willkürlich sein.** Auch muss der Gleichheitsgrundsatz (Art. 3 GG) beachtet werden. So wäre z. B. der Ausschluss nicht ortsansässiger Handwerker nicht möglich (VG Freiburg, Urt. vom 5.7.1961, BaWüVerwBl. 1963 S. 189). Vgl. hierzu auch Erl. zu § 15 BestattG.

Bei **kirchlichen Friedhöfen und privaten Bestattungsplätzen** haben die Kirchen bzw. der Inhaber des privaten Bestattungsplatzes die sonstigen Bestattungseinrichtungen bereitzustellen. Hierbei wird man an die Möglichkeit, Dritte von den Leistungen auszuschließen, keine so strengen Anforderungen stellen können. Allerdings beschränkt sich diese Möglichkeit auf Verrichtungen innerhalb des Friedhofs, da das Eigentumsrecht und damit die Verfügungsgewalt dieser Träger an den Grenzen des Friedhofs oder Bestattungsplatzes endet.

§ 19
Allgemeine Anforderungen an Bestattungseinrichtungen

Bestattungseinrichtungen sind würdig und entsprechend den polizeilichen Erfordernissen zu gestalten und zu betreiben.

Erläuterungen

Nähere Anforderungen an die Bestattungseinrichtungen sind in den §§ 6 und 19 bis 21 BestattVO festgelegt. Diese Bestimmungen der BestattVO **beschränken sich aber auf die Leichenhallen und die Feuerbestattungsanlagen.** Für die sonstigen Bestattungseinrichtungen werden keine näheren Anforderungen festgelegt. In der BestattVO ist vor allem bestimmt, dass für die Feuerbestattungsanlagen und die Leichenhallen ein **verantwortlicher Leiter bestimmt werden muss und dass die Einrichtungen der Überwachung durch die Ortspolizeibehörde und des Gesundheitsamtes unterliegen.**

Zu den Grenzen der gewerblichen Betätigung in den Trauerräumen des Friedhofs hat der VGH BW mit Urt. vom 22.5.1978 (BWVPr. 1978 S. 276 und BWGZ 1978 S. 865) wie folgt Stellung genommen:

Eine Gemeinde erstellte vor einigen Jahren eine neue Friedhofshalle. Dabei wurde bestimmt, dass die Grunddekoration in der Halle mit sechs Lorbeerbäumen und vier Kerzenleuchtern und ebenso in den Aufbewahrungszellen für die Leichen mit Kunstpflanzen und Leuchtern jeweils von der Gemeinde selbst gestellt wird. Sie wies den Antrag der in der Gemeinde tätigen Bestattungsunternehmer ab, bei den von ihnen durchgeführten Bestattungen diese Dekoration zu entfernen und die Bestattungsgebühren dementsprechend zu ermäßigen, um ihnen eine einheitliche Ausgestaltung der Bestattung zu ermöglichen. Das Gericht hat die Zulässigkeit der Feststellungsklage nach § 43 Abs. 1 VwGO bejaht. Dem Unternehmer könne ein berechtigtes Interesse an einer alsbaldigen Feststellung des strittigen Rechtsverhältnisses zur Gemeinde nicht abgesprochen werden, weil davon die Ausgestaltung ihrer geschäftlichen Beziehungen zu ihrer Kundschaft abhänge, und es sich nicht nur um eine einmalige hoheitliche Zulassung zur Benutzung der Trauerräume in dem von ihnen gewünschten Rahmen handele. **Sachlich sei jedoch der Anspruch der Bestattungsunternehmer nicht begründet.** Die Freiheit der gewerblichen Betätigung nach § 1 GewO bedeute nicht, dass der Friedhofsträger jedem Gewerbetreibenden, der von Angehörigen eines Verstorbenen mit der Organisation der Totenfeier beauftragt werde, die uneingeschränkte Möglichkeit gewerblicher Betätigung auf dem Friedhof eröffnen müsse. Der auch vom Verwaltungsgericht zutreffend herausgestellte Grundsatz, dass die Gewerbefreiheit vor den Toren des Friedhofs halt machen müsse, gelte in ganz besonderem Maße dort, wo die Gemeinde als Trägerin des Friedhofs im Rahmen ihrer Anstaltsgewalt handele. Dass sich die Entscheidung, den Einsegnungsraum und die Aufbewahrungszellen der Friedhofshalle mit einer Grundausstattung an Schmuck zu versehen, in dem Bereich ihrer Anstaltsgewalt bewege, habe das Verwaltungsgericht zutreffend ausgeführt. Weiter hat der VGH BW u. a. ausgeführt: *„Die Friedhofshalle ist eine öffentliche Einrichtung, mit der die Gemeinde – ihren Pflichten aus der GemO (§ 10 Abs. 2 Satz 1) und dem BestattG (§ 19 i. V. m. § 17) entsprechend – den Zweck verfolgt, eine geordnete, dem pietätvollen Gedenken an die Verstorbenen angepaßte würdige Ausgestaltung der Totenbestattung zu ermöglichen. Die Ausstattung mit Trauerschmuck entspricht dem durch § 19* *des BestattG besonders vorgezeichneten Anstaltszweck; die Entscheidung, diesen Schmuck, der nur die allgemein übliche Grundausstattung darstellt und weiterer individueller Ausgestaltung durch die Hinterbliebenen Raum läßt, als festes Zubehör selbst zu stellen, gehört damit in den Bereich der Anstaltsgewalt der Gemeinde. Das Bestimmungsrecht der Gemeinde erleidet daher in diesem Bereich durch die Gewerbefreiheit keine Einschränkung; eine Widmung zur Gewerbeausübung umfaßt der Anstaltszweck ebensowenig wie ein Recht der Bestattungsunternehmer, die insoweit auch nicht in den Kreis der Benutzer gehören, zum Gemeingebrauch."*

ZWEITER TEIL
LEICHENWESEN

Erster Abschnitt
Leichenschau

§ 20
Leichenschaupflicht

(1) Verstorbene und tot geborene Kinder sind zur Feststellung des Todes, des Todeszeitpunktes, der Todesart und der Todesursache von einer Ärztin oder einem Arzt zu untersuchen (Leichenschau).

(2) Jede niedergelassene Ärztin oder jeder niedergelassene Arzt ist verpflichtet, die Leichenschau auf Verlangen vorzunehmen. Gleiches gilt für Ärzte von Krankenhäusern und sonstigen Anstalten für Sterbefälle in der Anstalt.

(3) Sind Anhaltspunkte dafür vorhanden, dass der Tod in ursächlichem Zusammenhang mit einer Narkose, mit operativen oder anderen therapeutischen oder sonstigen medizinischen Maßnahmen einschließlich Schutzimpfung eingetreten ist, dürfen die die medizinische Maßnahme veranlassenden Ärzte die Leichenschau nicht durchführen. Diese haben sich auf die Feststellung des Todes zu beschränken. Die darüber hinausgehende Leichenschau ist von einem an der Behandlung nicht beteiligten Arzt durchzuführen.

(4) Im Rettungsdienst eingesetzte Notärzte sind nicht verpflichtet, Todesart und Todesursache, sondern lediglich den Tod festzustellen. Sie haben den Eintritt des Todes auf der Todesbescheinigung ohne Ursachenfeststellung festzuhalten, über die Rettungsleitstelle die Durchführung der Leichenschau zu veranlassen und bei Anhaltspunkten für einen nicht natürlichen Tod sofort die Rettungsleitstelle zu benachrichtigen, die die Polizei hiervon in Kenntnis setzt.

Erläuterungen

Zu Absatz 1

Durch die **Leichenschau** werden der Tod und damit das Ende der Rechtspersönlichkeit eines Menschen festgestellt. Daneben soll die Leichenschau der Verheimlichung eines unnatürlichen Todes entgegenwirken. Sie bildet außerdem die Grundlage einer Todesursachenstatistik. Schließlich soll die Bestattung vermeintlich Toter verhindert werden. Die Leichenschau wurde bereits Mitte des 19. Jahrhunderts in Baden-Württemberg obligatorisch eingeführt.

Nach der Definition in der Literatur ist *„der Leichnam der entseelte menschliche Körper bis zu dem Zeitpunkt, in dem der Zusammenhang zwischen den einzelnen Teilen durch den natürlichen Verwesungsprozeß oder eine diesem gleichzustellende Vernichtungsart (z. B. Verbrennung) aufgehoben ist, sowie der zu wissenschaftlichen Zwecken zerlegte menschliche Körper, solange die Absicht einer gemeinsamen Bestattung der einzelnen Teile in* *herkömmlicher Weise besteht"* (so *Gaedke* in Friedhofs- und Bestattungsrecht). Ein Skelett ist keine Leiche mehr, sodass hieran auch keine Leichenschau mehr stattfinden muss.

Bei der **„Totgeburt"** ist von der Begriffsbestimmung des Personenstandsrechts auszugehen. In § 31 der VO zur Ausführung des Personenstandsgesetzes ist festgelegt:

„(1) Eine Lebendgeburt liegt vor, wenn bei einem Kind nach der Scheidung vom Mutterleib entweder das Herz geschlagen oder die Nabelschnur pulsiert oder die natürliche Lungenatmung eingesetzt hat.

(2) Hat sich keines der in Abs. 1 genannten Merkmale des Lebens gezeigt, beträgt das Gewicht der Leibesfrucht jedoch mindestens 500 Gramm, so gilt sie im Sinne des § 21 Abs. 2 des Gesetzes als ein totgeborenes Kind.

(3) Hat sich keines der in Abs. 1 genannten Merkmale des Lebens gezeigt und beträgt das Gewicht der Leibesfrucht weniger als 500 Gramm, handelt es sich um eine Fehlgeburt. Sie wird in den Personenstandsregistern nicht beurkundet. Eine Fehlgeburt kann von einer Person, der bei Lebendgeburt die Personensorge zugestanden hätte, dem Standesamt, in dessen Zuständigkeitsbereich die Fehlgeburt erfolgte, angezeigt werden. In diesem Fall erteilt das Standesamt dem Anzeigenden auf Wunsch eine Bescheinigung mit einem Formular nach dem Muster der Anlage 13.

(4) Eine Fehlgeburt ist abweichend von Absatz 3 als ein tot geborenes Kind zu beurkunden, wenn sie Teil einer Mehrlingsgeburt ist, bei der mindestens ein Kind nach Absatz 1 oder 2 zu beurkunden ist; § 21 Abs. 2 des Gesetzes gilt entsprechend."

Bei Fehlgeburten ist demnach auch keine Leichenschau erforderlich.

Bei der Leichenschau werden die genannten Merkmale ärztlich festgestellt. Die **Gemeinden haben unmittelbar mit der Leichenschau nichts zu tun.** Baden-Württemberg ist das einzige Bundesland, in dem bis zum Inkrafttreten des Bestattungsgesetzes noch in nennenswertem Umfange nichtärztliche Leichenschauer tätig waren. Die **ärztliche Leichenschau** ist aber heute **unerlässlich.** Ein Laie ist mit der Leichenschau regelmäßig überfordert, da er beispielsweise nicht feststellen kann, ob ein Mensch an einem Giftstoff oder eines natürlichen Todes gestorben ist.

Die Leichenschau ist im Einzelnen in den §§ 7 bis 12 BestattVO geregelt.

Bei der Leichenschau sind folgende Feststellungen zu treffen:

1. Der Tod des Menschen

Der Tod muss eindeutig **durch sichere Todeszeichen** festgestellt sein. Wann ein Mensch tot ist, ist im Gesetz nicht festgelegt. Diese Frage ist nach den jeweiligen Erkenntnissen der medizinischen Wissenschaft zu ermitteln. Bei einer Totgeburt beschränkt sich die Feststellung darauf, dass sich nach der Geburt keine Lebensmerkmale gezeigt haben.

2. Der Zeitpunkt des Todes

ist ebenfalls nach den neuesten wissenschaftlichen Methoden festzustellen. In der Regel wird es genügen, wenn der Todeszeitpunkt annähernd bestimmt wird.

3. Die Todesursache

Der Arzt hat die Todesursache festzustellen. Bei dieser Feststellung sind zu unterscheiden

- die unmittelbare Todesursache, die den Tod unmittelbar verursacht hat,
- die Grundleiden, die dem Tod ursächlich vorausgegangen sind, und
- die begleitenden Erkrankungen, die nicht zum Tod geführt haben.

Falls der behandelnde Arzt nicht auch die Leichenschau vornimmt und der Leichenschauarzt die Todesursache nicht feststellen kann, hat er sich an den behandelnden Arzt zu wenden. Dieser ist verpflichtet, die erforderlichen Auskünfte zu erteilen (§ 23 BestattG). Wenn es dem Arzt trotzdem nicht möglich ist, die Todesursache sicher festzustellen, braucht er grundsätzlich keine weiteren Nachforschungen anzustellen. Er ist **in der Regel nicht verpflichtet, eine Leichenöffnung vorzunehmen oder zu veranlassen, es sei denn, dass sich Anhaltspunkte für einen nicht natürlichen Tod ergeben** (§ 22 Abs. 3 BestattG).

4. Todesart

Bei der Todesart werden unterschieden: natürlicher Tod, Unfalltod, Selbsttötung, Todesart ungeklärt sowie Anhaltspunkte für nicht natürlichen Tod (strafbare Handlung). Ergeben sich Anhaltspunkte für einen nicht natürlichen Tod, ist die Todesart ungeklärt oder handelt es sich bei den Verstorbenen um unbekannte Personen, so hat die Ärztin oder Arzt sofort eine Polizeidienststelle zu verständigen. Ermittlungen über den Hergang des Todes braucht er nicht anzustellen. In allen Fällen, in denen Anhaltspunkte für einen nicht natürlichen Tod vorhanden sind oder wenn der Leichnam eines Unbekannten gefunden worden ist, hat der Arzt jede weitere Veränderung an der Leiche zu unterlassen, insbesondere von der Entkleidung der Leiche zunächst abzusehen. Er hat unverzüglich die nächste Polizeidienststelle zu benachrichtigen. Eine unklare Todesart liegt auch dann vor, wenn Fäulnisveränderungen so ausgeprägt sind, dass durch eine äußere Leichenschau vor Ort ein nicht natürlicher Tod nicht ausgeschlossen werden kann (Begründung des Sozialministeriums zu § 7 Abs. 3 BestattVO). Auch wenn die Todesart ungeklärt ist, hat der Arzt unverzüglich die örtliche Polizeidienststelle zu verständigen. Sind Anhaltspunkte dafür vorhanden, dass jemand eines nicht natürlichen Todes gestorben ist, oder wird der Leichnam eines Unbekannten gefunden, so sind die Polizei- und Gemeindebehörden zur sofortigen Anzeige an die Staatsanwaltschaft oder an das Amtsgericht verpflichtet (§ 159 Abs. 1 StPO). Der **Staatsanwalt hat zu prüfen, ob ein hinreichender Anlass für eine richterliche Leichenschau oder eine Leichenöffnung besteht** (vgl. hierzu § 87 StPO). Zur Bestattung ist die schriftliche Genehmigung der Staatsanwaltschaft erforderlich (§ 159 Abs. 2 StPO). Die Leichenschau nach § 20 BestattG wird durch die richterliche Leichenschau nicht überflüssig, kann aber mit der richterlichen Leichenschau zusammenfallen.

5. Ort der Vornahme der Leichenschau

Die ärztliche Leichenschau ist an dem Ort, an dem der Tod eingetreten oder die Leiche aufgefunden worden ist, vorzunehmen. Sie soll nicht im Freien erfolgen (§ 9 Abs. 1 BestattVO).

Absatz 1 wurde durch die Novelle 2009 an eine geschlechtsneutrale Schreibweise angepasst (künftig: Ärztin/Arzt).

Zu Absatz 2

Die niedergelassenen Ärzte sind verpflichtet, die Leichenschau auf Verlangen vorzunehmen. Gleiches gilt für Ärzte von Krankenhäusern und sonstigen Anstalten für Sterbefälle in der Anstalt (§ 20 Abs. 2 Satz 2 BestattG). Eine solche Verpflichtung im Gesetz war notwendig, um die ärztliche Leichenschau sicherzustellen. Besondere Leichenschauärzte sind nicht eingeführt. Während die Leichenschau jeder Arzt vornehmen kann, sind nur die niedergelassenen Ärzte sowie die Ärzte im Sinne von § 20 Abs. 2 Satz 2 BestattG hierzu ausdrücklich verpflichtet. Arzt ist, wer nach der Bundesärzteordnung eine Bestallung oder Approbation oder eine Erlaubnis zur vorübergehenden Ausübung des ärztlichen Berufs erhalten hat oder dessen frühere Bestallung nach § 14 Bundesärzteordnung fortgilt. Niedergelassene Ärzte sind Ärzte, die in einer eigenen Praxis den ärztlichen Beruf ausüben. Beamtete Ärzte, die keine eigene Praxis haben, sind also nicht zur Vornahme der Leichenschau verpflichtet. Ärzte in Krankenhäusern sind ebenfalls nicht verpflichtet, bei Sterbefällen außerhalb der Anstalt, in der sie tätig sind, die Leichenschau vorzunehmen. Niedergelassene Ärztinnen und Ärzte – wohl auch Anstaltsärzte im Sinne von § 20 Abs. 2 Satz 2 BestattG – können sich dieser Aufgabe nur aus zwingenden Gründen, insbesondere zum

Schutz eines höherwertigen Gutes, entziehen (§ 8 Abs. 1 Satz 1 BestattVO). Über einen solchen Verhinderungsfall haben die angefragten Ärztinnen und Ärzte den die Leichenschau Veranlassenden möglichst umgehend zu informieren. In diesem Fall ist dafür Sorge zu tragen, dass eine andere Ärztin oder ein anderer Arzt die Leichenschau vornimmt (§ 8 Abs. 1 Satz 2 BestattVO). Hierfür sind dann wiederum die nach § 21 BestattG zur Veranlassung einer Leichenschau Verpflichteten weiterhin zuständig. Dem verhinderten ärztlichen Berufsträger soll hierdurch ermöglicht werden, seiner aktuellen Verpflichtung unbeeinträchtigt nachzukommen (in diesem Sinne die zuständige Stelle im Sozialministerium auf Nachfragen). Die genannten Maßgaben nach § 8 Abs. 1 Satz 1 und 2 BestattVO gelten auch für solche Ärztinnen und Ärzte, die zur Durchführung einer Leichenschau nicht verpflichtet sind, sich aber hierzu bereiterklärt haben (§ 8 Abs. 1 Satz 3 BestattVO).

Absatz 2 wurde durch die Novelle 2009 an eine geschlechtsneutrale Schreibweise angepasst (künftig: jede niedergelassene Ärztin oder jeder niedergelassene Arzt).

Zu Absatz 3

Ist der Tod möglicherweise in ursächlichem Zusammenhang mit medizinischen Maßnahmen eingetreten, muss die Leichenschau durch einen an der Behandlung nicht beteiligten Arzt erfolgen, da sonst unter Umständen ein Konflikt zwischen der Handlung und der möglichen Verpflichtung zur Selbstanzeige entsteht (eingefügter neuer Absatz 3 durch die Novelle 2009).

Zu Absatz 4

Für Notärzte, die im Rettungsdienst eingesetzt werden, muss eine unmittelbare Abkömmlichkeit sichergestellt sein. Daher wird ein Hinderungsgrund zur Vornahme der Leichenschau unterstellt. Aus demselben Grund sind die Notärzte im Rettungsdienst auch von der Verpflichtung freigestellt, sich um einen Arzt zur Durchführung der Leichenschau zu kümmern. Die Notärzte im Rettungsdienst sind lediglich zur Todesfeststellung verpflichtet und haben über die Rettungsleitstelle die Durchführung der Leichenschau zu veranlassen. Dafür ist ein eigenes Formular vorgesehen. Bei Vorliegen von Anhaltspunkten für einen nicht natürlichen Tod hat der Notarzt allerdings sofort die Rettungsleitstelle zu benachrichtigen, die die Beteiligung der Polizei sicherstellt. Der neue Absatz 4 wurde durch die Novelle 2009 eingefügt und ist eine Anpassung an die Regelung in der Bestattungsverordnung.

§ 21
Veranlassung der Leichenschau

(1) Bei einem Sterbefall sind verpflichtet, die Leichenschau unverzüglich zu veranlassen

1. **die Ehegattin oder der Ehegatte, die Lebenspartnerin oder der Lebenspartner, die volljährigen Kinder, die Eltern, die Großeltern, die volljährigen Geschwister und Enkelkinder der verstorbenen Person (Angehörige),**
2. **die Person, in deren Wohnung, Einrichtung oder auf deren Grundstück der Sterbefall sich ereignet hat,**
3. **jede Person, die bei dem Tode zugegen war oder von dem Sterbefall aus eigenem Wissen unterrichtet ist.**

(2) Bei einer Totgeburt sind verpflichtet, die Leichenschau unverzüglich zu veranlassen

1. **der Vater,**
2. **die Hebamme, die bei der Geburt zugegen war,**
3. **die Ärztin oder der Arzt, die oder der bei der Geburt zugegen war,**
4. **jede andere Person, die dabei zugegen war oder von der Totgeburt aus eigenem Wissen unterrichtet ist.**

(3) Eine Verpflichtung, die Leichenschau zu veranlassen, besteht nur, wenn eine in der Reihenfolge zuvor genannte Person nicht vorhanden oder verhindert ist.

(4) Bei Sterbefällen und Totgeburten sind vor den in den Absätzen 1 und 2 genannten Personen verpflichtet

1. **in Krankenhäusern und Entbindungsheimen die ärztliche Leitung, bei mehreren selbständigen Abteilungen die ärztliche Abteilungsleitung,**
2. **auf Beförderungsmitteln deren Führer,**
3. **in Pflege- und Altersheimen, Erziehungs- und Gefangenenanstalten und ähnlichen Einrichtungen die Leitung.**

Erläuterungen

Die Pflicht, die Leichenschau zu veranlassen, entspricht überwiegend den Vorschriften des Personenstandsgesetzes (vgl. §§ 28 ff. PStG) über die Verpflichtung zur Anzeige eines Sterbefalles oder einer Totgeburt. Halbgeschwister sind „Geschwister" im Sinne von § 21 Abs. 1 Nr. 1 BestattG. Die bestattungsrechtliche Definition dieses Begriffs entspricht derjenigen des bürgerlichen Rechts (VG Stuttgart, Urt. vom 31.1.2000 – 6 K 6296/ 99 –, BWGZ 2001 S. 298). Absatz 4 sieht abweichend hiervon eine vorrangige Pflicht der Leiter der genannten Körperschaften und bei Beförderungsmitteln für deren Führer vor. Dies ist gerechtfertigt und entspricht einem praktischen Bedürfnis, da der Sterbefall sich in ihrem räumlichen Verantwortungsbereich ereignet hat.

Durch die genaue Festlegung der Reihenfolge der Verpflichteten **soll der Verantwortliche für die Veranlassung der Leichenschau bestimmbar sein.** Eine Berechtigung, die Leichenschau zu veranlassen, besteht auch außerhalb dieser Reihenfolge.

Wegen der Tragung der Kosten der Leichenschau vgl. Erl. zu § 24 BestattG.

Der Begriff des Angehörigen, der nach § 21 BestattG die Leichenschau zu veranlassen hat, steht im Zusammenhang mit der Ermächtigung der Gemeinde (Ortspolizeibehörde) in § 31 BestattG, die Kosten für die nicht von den Hinterbliebenen veranlasste Bestattung von den „Angehörigen" zu verlangen: Zu den Angehörigen gehören die Lebenspartnerin und der Lebenspartner. Das Bestattungsgesetz spricht nur von der Lebenspartnerin und vom Lebenspartner, ohne dies zu definieren oder auf andere Begriffsbestimmungen zu verweisen. In der Begründung zum Gesetzentwurf für die Novelle 2009 heißt es dazu: *„Anpassung an die geschlechtsspezifische Schreibweise sowie an das Lebenspartnerschaftsgesetz vom 16.2.2001 (BGBl. I S. 266) […]"* LT-Drs. 14/3847 S. 16.

Die unverzügliche Veranlassung der Leichenschau bei einer Totgeburt obliegt dem Vater; durch die Novelle 2009 wurde das Wort „eheliche" (Vater) gestrichen, da das BGB seit 1.7.1998 nicht mehr zwischen ehelichen und nicht ehelichen Müttern, Vätern und Kindern unterscheidet.

Durch die Novelle 2009 wurde außerdem in der Vorschrift eine Anpassung an die geschlechtsspezifische bzw. geschlechtsneutrale Schreibweise vorgenommen (Absatz 2 Nr. 3 und Absatz 4 Nr. 1 und 3).

§ 22

Vornahme der Leichenschau

(1) Die Ärztin oder der Arzt hat die Leichenschau unverzüglich vorzunehmen. Die Leichenschau ist an entkleideten Verstorbenen an dem Ort vorzunehmen, an dem der Tod eingetreten ist oder an dem sie aufgefunden worden sind. Die Entkleidung hat zu unterbleiben, wenn sich bereits ohne Untersuchung der Verdacht auf Anhaltspunkte für einen nicht natürlichen Tod ergibt. Um eine Leichenschau im Freien zu vermeiden, kann von Satz 2 abgewichen werden. Die Ärztin oder der Arzt ist berechtigt, zum Zweck der Leichenschau jederzeit den Ort zu betreten, an dem die Verstorbenen sich befinden, um dort

die Leichenschau vorzunehmen. Das Grundrecht der Unverletzlichkeit der Wohnung (Artikel 13 Abs. 1 des Grundgesetzes) wird insoweit eingeschränkt.

(2) Die Ärztin oder der Arzt hat unverzüglich eine Todesbescheinigung (nicht vertraulicher und vertraulicher Teil) auszustellen, wenn sichere Zeichen des Todes festgestellt wurden. Sichere Zeichen des Todes sind Totenstarre, Totenflecken, Fäulniserscheinungen, mit dem Leben unvereinbare Verletzungen, Hirntod sowie die Erfolglosigkeit der Reanimation nach hinreichend langer Dauer.

(3) Ergeben sich Anhaltspunkte für einen nicht natürlichen Tod, ist die Todesart ungeklärt oder handelt es sich bei den Verstorbenen um unbekannte Personen, so hat die Ärztin oder der Arzt sofort eine Polizeidienststelle zu verständigen. Sie oder er hat, soweit ihr oder ihm das möglich ist, dafür zu sorgen, daß an den Verstorbenen und deren Umgebung bis zum Eintreffen der Polizei keine Veränderungen vorgenommen werden. Die Todesbescheinigung darf erst ausgehändigt werden, wenn die Staatsanwaltschaft oder der Amtsrichter die Bestattung schriftlich oder elektronisch genehmigt hat.

(4) Die Todesbescheinigung darf für die Todesursachenstatistik, für Zwecke eines epidemiologischen Krebsregisters sowie für die Durchführung von wissenschaftlich-medizinischen Forschungsvorhaben von öffentlichen Einrichtungen mit der Aufgabe unabhängiger wissenschaftlicher Forschung verwendet werden. Das Gesundheitsamt kann zur Durchführung wissenschaftlich-medizinischer Forschungsvorhaben in die Todesbescheinigung Einsicht gewähren oder Auskünfte daraus erteilen, soweit

1. ein berechtigtes Interesse an dem Forschungsvorhaben besteht und
2. keine Anhaltspunkte dafür vorliegen, daß schutzwürdige Belange der Verstorbenen oder der Hinterbliebenen beeinträchtigt werden, oder das berechtigte Interesse an dem Forschungsvorhaben diese erheblich überwiegt.

Die Einsichtnahme oder Auskunfterteilung kann insbesondere versagt werden, wenn sie einen unverhältnismäßig großen Aufwand verursacht. Für die Verarbeitung der Angaben in der Todesbescheinigung bei der Durchführung von wissenschaftlich-medizinischen Forschungsvorhaben von öffentlichen Einrichtungen gilt § 13 Absatz 1 bis 3 des Landesdatenschutzgesetzes (LDSG) entsprechend; öffentliche Einrichtungen, die ihren Sitz nicht im Geltungsbereich dieses Gesetzes haben, haben sich schriftlich oder elektronisch zu verpflichten, die Daten nur für das Forschungsvorhaben zu nutzen und die Vorschriften des § 13 Absatz 1 bis 3 LDSG einzuhalten.

(5) Das Gesundheitsamt kann auf Antrag in die Todesbescheinigung Einsicht gewähren oder Auskünfte daraus erteilen, wenn der Antragsteller ein rechtliches Interesse an der Kenntnis über die Todesumstände des namentlich bezeichneten Verstorbenen glaubhaft macht und kein Grund zu der Annahme besteht, daß durch die Offenbarung schutzwürdige Belange des Verstorbenen oder der Hinterbliebenen beeinträchtigt werden.

(6) Die Standesämter übermitteln den zuständigen Stellen bei Sterbefällen folgende Daten:

1. Standesamt
2. Personenstandsregisternummer
3. Nachname
4. ggf. Geburtsname
5. Vorname
6. Anschrift (Straße, Hausnummer, Postleitzahl, Wohnort, Kreis)
7. Geburtsdatum
8. Geburtsort
9. Geschlecht

10. soweit bestimmbar Todeszeitpunkt (Tag, Monat, Jahr, Stunde, Minute), sonst Zeitpunkt des Auffindens des Verstorbenen (Tag, Monat, Jahr, Stunde, Minute).

Die Übermittlungen erfolgen elektronisch, soweit die technischen Voraussetzungen hierfür geschaffen sind.

Erläuterungen

Die Novelle 2009 hat u. a. die Absätze 1 und 2, in Absatz 3 den Satz 1 und in Absatz 4 den Satz 4 neu gefasst. Im Zuge der Novelle 2014 wurde die Vorschrift um einen neuen Absatz 6 ergänzt.

Zu Absatz 1

Die Ärztin oder der **Arzt hat die Leichenschau** nicht sofort, sondern nur **„unverzüglich" vorzunehmen.** Nach § 121 BGB bedeutet unverzüglich „ohne schuldhaftes Verzögern". So braucht die Ärztin oder der Arzt wohl nicht seinen Besuchsrundgang bei den Patienten oder die Sprechstunde zu unterbrechen. Auch ist es in der Regel nicht erforderlich, dass er zur Nachtzeit die Leichenschau vornimmt. Ein Zeitraum, innerhalb dessen die Leichenschau vorzunehmen ist, ist im Gegensatz zum alten Recht, nicht mehr vorgeschrieben. Auch ist die Leichenschau nicht durch wiederholte Augenscheinnahme des Toten vorzunehmen, wie dies nach früherem Recht für den Laienleichenschauer vorgeschrieben war. Zum möglichen Fall der Verhinderung der Ärztin oder des Arztes wird auf die entsprechenden Erläuterungen zu § 20 Abs. 2 BestattG verwiesen.

Wird dem Arzt der Zutritt verwehrt und ist es ihm deshalb nicht möglich, die Leichenschau durchzuführen, **so kann und soll er polizeiliche Hilfe in Anspruch nehmen.** In Frage kommt hierbei der Polizeizwang nach dem Polizeigesetz, wobei in der Regel auch unmittelbarer Zwang angewendet werden kann. Zuständig zur Anordnung des unmittelbaren Zwangs ist grundsätzlich die Ortspolizeibehörde (Einzelheiten über den Polizeizwang vgl. PRAXIS-Beitrag *K 30 BW*).

Die schwerwiegendsten und gleichzeitig am leichtesten zu vermeidenden Fehler bei der ärztlichen Leichenschau ergeben sich daraus, dass Ärzte auf die Untersuchung der Leiche ganz verzichten oder diese an der bekleideten Leiche durchführen. Auf die **Entkleidung der Leiche** zu Untersuchungsbeginn wird durch die Neufassung des Absatzes 1 durch die Novelle 2009 zum Bestattungsgesetz ausdrücklich hingewiesen. Die Entkleidung der Leiche ist aber ausdrücklich zu unterlassen, wenn sich für den leichenschauenden Arzt bereits ohne Untersuchung der entkleideten Leiche durch bloße Augenscheinnahme oder andere hinreichende Auffälligkeiten der Verdacht auf Anhaltspunkte für einen nicht natürlichen Tod ergibt. Darüber hinaus sollte eine Leichenschau aus Gründen der Pietät und des nachwirkenden Persönlichkeitsrechts Verstorbener grundsätzlich nicht im Freien erfolgen. Im Einzelfall können sich aber Umstände ergeben, die eine Leichenschau auch im Freien notwendig machen.

Zu Absatz 2

Durch die mit der Änderung der Bestattungsverordnung zum 1.11.2000 eingeführten neuen Todesbescheinigungen fällt die Begrifflichkeit „Leichenschauschein" weg. Die Todesbescheinigung besteht seither aus einem nicht vertraulichen und einem vertraulichen Teil. Der Arzt darf aber die Todesbescheinigung erst ausfüllen, wenn er sichere Zeichen des Todes festgestellt hat. Ohne diese sicheren Zeichen des Todes muss der Arzt davon ausgehen, dass das Leben der betroffenen Person durch Reanimationsmaßnahmen gerettet werden kann.

Sichere Zeichen des Todes sind nach der gesetzlichen Definition in Absatz 2 Satz 2: Totenstarre, Totenflecken, Fäulniserscheinungen, mit dem Leben unvereinbare Verletzungen, Hirntod sowie die Erfolglosigkeit der Reanimation nach hinreichend langer Dauer.

Die **Todesbescheinigung** ist nach den Mustern in den Anlagen zur BestattVO auszustellen. In der Todesbescheinigung wird insbesondere der Eintritt des Todes ärztlich bescheinigt. Sie ist Voraussetzung für die Überführung der Leiche in die Leichenhalle (§ 27 Abs. 1 BestattG), die Konservierung der Leiche (§ 29 Abs. 2 BestattG), die Erdbestattung (§ 34 Abs. 1 und § 38 BestattG), die Erlaubnis zur Feuerbestattung (§ 35 Abs. 1 BestattG), die Überführung in anatomische Institute (§ 42 Abs. 1 BestattG), die Ausstellung eines Leichenpasses (§ 44 Abs. 4 BestattG) und die Leichenbeförderung (§ 46 Abs. 1 BestattG).

Der nicht vertrauliche Teil der Todesbescheinigung ist der Person auszuhändigen, die für die Bestattung zu sorgen hat; ist dies nicht möglich, verbleibt er bei der verstorbenen Person (§ 10 Abs. 3 BestattVO).

Einzelheiten zum vertraulichen Teil der Todesbescheinigung vgl. § 11 BestattVO. Der Arzt stellt den vertraulichen Teil der Todesbescheinigung gemäß den Anlagen 3 bis 6 (hier nicht abgedruckt) zur BestattVO aus.

Der **vertrauliche Teil der Todesbescheinigung** dient der Todesursachenstatistik und wird vom Statistischen Landesamt ausgewertet. Er enthält Angaben, die vertraulich behandelt werden müssen. Der vertrauliche Teil der Todesbescheinigung ist so gestaltet, dass der Arzt ihn schließen kann. Damit wird auf die vertrauliche Natur der Angaben und die ärztliche Verschwiegenheitspflicht Rücksicht genommen. Der Arzt kann sich allerdings nicht auf die ärztliche Schweigepflicht berufen und die Angaben verweigern. Vielmehr ist die ärztliche Schweigepflicht durch § 2 Abs. 5 des Gesetzes über die Statistik der Bevölkerungsbewegung und die Fortschreibung des Bevölkerungsstandes i. d. F. vom 20.4.2013, zuletzt geändert durch Art. 13 des Gesetzes vom 20.11.2015 (BGBl. I Seite 2010 (BGBl. I S. 3158), aufgehoben. Der **vertrauliche Teil der Todesbescheinigung ist vom Arzt einem Angehörigen des Verstorbenen oder der Polizei zu übergeben**; er kann auch bei der Leiche verbleiben. Der Angehörige, die Polizei oder das beauftragte Bestattungsunternehmen hat den Umschlag 1 zusammen mit dem nicht vertraulichen Teil der Todesbescheinigung unverzüglich dem Standesamt vorzulegen. Einzelheiten vgl. § 11 BestattVO.

Zu Absatz 3

Zunächst wird auf die Erl. zu § 20 BestattG verwiesen. Ein **nicht natürlicher Tod** liegt vor, wenn ein Dritter die Todesursache gesetzt hat oder Selbsttötung gegeben ist. **Bei Verkehrsunfällen** muss stets eine **Benachrichtigung einer Polizeidienststelle** erfolgen, es sei denn, die Polizei hat den Unfall am Unfallort aufgenommen. Auch wenn **Vergiftungsspuren** an der Leiche festgestellt werden sowie bei sog. **Wasserleichen** muss die Benachrichtigung der Polizei erfolgen. Der Arzt braucht nicht zu prüfen, welche Polizeidienststelle für die Entgegennahme der Benachrichtigung zuständig ist. Vielmehr genügt es, wenn er die für ihn am günstigsten erreichbare Polizeidienststelle benachrichtigt.

Durch die Änderung der Bestattungsverordnung 2000 wurde der Begriff der ungeklärten Todesart eingeführt. Da ihn das Bestattungsgesetz bisher nicht kennt, wurde er durch die Novelle in das Gesetz eingefügt.

Im Übrigen erfolgt durch die Novelle eine Anpassung an die geschlechtsspezifische Schreibweise.

Nach § 22 Abs. 3 Satz 3 BestattG darf die Todesbescheinigung für den Fall, dass es Anhaltspunkte für einen nicht natürlichen Tod gibt, die Todesart ungeklärt ist oder wenn es sich bei dem Verstorbenen um eine unbekannte Person handelt, nur ausgehändigt werden, wenn die Staatsanwaltschaft oder der Amtsrichter die Bestattung schriftlich oder *„elektronisch"* genehmigt hat. Die Möglichkeit einer auch *„elektronischen"* Genehmigungserteilung hat der Landesgesetzgeber durch Art. 7 Nr. 1 Gesetz zum Abbau verzichtbarer Formerfordernisse vom 11.2.2020 (GBl. S. 37) ergänzt. Siehe zu den gesetzlichen Anforderungen an eine solche *„elektronische"* Genehmigungserteilung die entsprechende ausführliche Kommentierung zu § 5 Abs. 2 Satz 1 BestattG in diesem Kommentar.

Zu Absatz 4 und 5

Diese Regelungen wurden durch die Änderung des Bestattungsgesetzes vom 7.2.1994 (GBl. S. 86) eingeführt – im Zusammenhang mit dem Landeskrebsregistergesetz –. Sie führen zu einer Lockerung des Datenschutzes im Interesse wissenschaftlich-medizinischer Forschung.

Seit der Änderung der Bestattungsverordnung am 1.11.2000 kennt das baden-württembergische Bestattungsrecht bei den von den leichenschauenden Ärzten auszufüllenden Formularen nur noch den Begriff „Todesbescheinigung", der hier nun an die Stelle des Leichenschauscheins trat.

Die Möglichkeit einer auch *„elektronischen"* Verpflichtungserklärung gemäß § 22 Abs. 4 Satz 4 BestattG hat der Landesgesetzgeber durch Art. 7 Nr. 1 Gesetz zum Abbau verzichtbarer Formerfordernisse vom 11.2.2020 (GBl. S. 37) ergänzt. Siehe zu den gesetzlichen Anforderungen an eine solche *„elektronische"* Verpflichtungserklärung die entsprechende ausführliche Kommentierung zu § 5 Abs. 2 Satz 1 BestattG in diesem Kommentar. Durch Art. 7 Nr. 4 Gesetz zum Abbau verzichtbarer Formerfordernisse erfolgte zudem eine Aktualisierung der bisherigen Verweisung auf zwischenzeitlich neu gefasste Normen des Landesdatenschutzgesetzes.

Es besteht kein Informationsfreiheitsanspruch nach § 1 Abs. 2 LIFG auf Erteilung einer anonymisierten Auskunft zu Gesundheitsangaben und Todesursachen, die sich aus den bei Landratsamt eingegangenen Todesbescheinigungen ergeben, die Verstorbene betreffen, bei denen ein Zusammenhang mit einer Covid-19-Infektion angenommen wird (1. nichtamtlicher Leitsatz zu VGH BW, Beschl. vom 6.8.2020, – 10 S 1856/20 –, zit. nach juris). § 22 Abs. 4 und 5 BestattG ist im Sinne des § 1 Abs. 3 LIFG eine Rechtsvorschrift, die den Zugang zu amtlichen Informationen vorrangig und abschließend regelt (2. nichtamtlicher Leitsatz zu VGH BW, a. a. O.).

In Absatz 5 wurde durch die Novelle 2009 die Zulassungsvoraussetzung für die Einsichtnahme in den bzw. die Auskunftserteilung aus dem vertraulichen Teil der Todesbescheinigung bei der unteren bzw. durch die untere Gesundheitsbehörde dergestalt verändert, dass nicht mehr wie bisher ein **öffentliches**, sondern nur **noch ein berechtigtes Interesse** hierfür bestehen muss. Diese Änderung trägt dem Anliegen privater Unternehmen Rechnung, die die Daten aus dem vertraulichen Teil der Todesbescheinigung für die Durchführung epidemiologischer Untersuchungen der Todesursache verstorbener Mitarbeiter mit dem Ziel einer Verbesserung des Arbeitsschutzes benötigen. Aus datenschutzrechtlicher Sicht reicht die bisherige Regelung hierfür nicht aus. Es fehlen tragfähige Anhaltspunkte dafür, dass der Gesetzgeber mit der eher punktuellen Änderung von nur einer Tatbestandsvoraussetzung, nämlich von „öffentliches" in „berechtigtes" in § 22 Abs. 4 Satz 2 BestattG BW die von ihm vorgenommene Einstufung der Daten aus den Todesbescheinigungen als „besonders sensible Daten" aufgeben und Auskünfte auch außerhalb der in § 22 Abs. 4 und 5 BestattG BW vorgesehenen Fälle ermöglichen wollte (VGH BW, Beschl. vom 15.9.2020, zit. nach juris, 1. nichtamtlicher Leitsatz).

Zu Absatz 6

In dem durch Gesetz zur Änderung des Bestattungsgesetzes vom 26.3.2014 neu angefügten Absatz 6 ist eine hinreichend detaillierte gesetzliche Ermächtigungsgrundlage für die möglichst elektronische Übermittlung der Daten des nicht vertraulichen Teils der Sterbemitteilung von den Standesämtern an die Gesundheitsämter zu erblicken. Seine Fassung geht zurück auf eine entsprechende Beschlussempfehlung des Ausschusses für Arbeit und Sozialordnung, Familie, Frauen und Senioren (LT-Drs. 15/4927 vom 21.3.2014 S. 1 und 7 f.). Die weiteren technischen Voraussetzungen für diese Datenübermittlung sind in der Bestattungsverordnung geregelt. Die elektronische Übermittlung der Daten nach § 22 Abs. 6 BestattG hat durch strukturierte Datensätze zu erfolgen (§ 10 Abs. 1 Satz 1 BestattVO). Hierfür sind das Datenaustauschformat XPersonenstand und das Übertragungsprotokoll OSCI-Transport in der vom Bundesministerium des Innern im elektronischen Bundesanzeiger bekannt gemachten jeweils geltenden Fassung zugrunde zu legen (§ 10 Abs. 1 Satz 2 BestattVO). Für den Fall der elektronischen Übermittlung der Daten nach § 22 Abs. 6 BestattG innerhalb von Rechenzentren und in besonders gesicherten verwaltungseigenen Netzen kann auf die Verwendung von OSCI-Transport verzichtet werden, wenn durch technische und organisatorische Maßnahmen sichergestellt wird, dass die durch die Verwendung von OSCI-Transport erzielten Sicherheitseigenschaften anderweitig in gleicher Qualität gewährleistet werden (§ 10 Abs. 1 Satz 3 BestattVO).

§ 23
Auskunftspflicht

Ärztinnen und Ärzte sowie Heilpraktikerinnen und Heilpraktiker, die die Verstorbenen wegen einer dem Tode vorausgegangenen Erkrankung behandelt haben, und die Angehörigen der Verstorbenen sind verpflichtet, der Person, die die Leichenschau vornimmt, über diese Erkrankung und die Todesumstände Auskunft zu geben.

Erläuterungen

Die Bestimmung soll den Arzt in die Lage versetzen, Todesart und Todesursache ausreichend festzustellen. Die **Auskunftspflicht** ist auf Ärzte, Heilpraktiker und die Angehörigen des Verstorbenen beschränkt. Von anderen Personen, so z. B. von Freunden, können Auskünfte der genannten Art nicht verlangt werden. Auf die ärztliche Schweigepflicht kann sich der auskunftspflichtige Arzt nicht berufen. Sofern für die Auskunftspflicht von Seiten des Arztes oder eines Heilpraktikers eine Gebühr gefordert werden kann, ist diese von demjenigen zu tragen, der auch die Kosten der Leichenschau zu tragen hat.

§ 24
Kosten der Leichenschau

Die Kosten der Leichenschau fallen demjenigen zur Last, der die Bestattungskosten zu tragen hat, soweit nicht andere hierzu verpflichtet sind. Zu diesen Kosten gehört auch das Entgelt, das einem nach § 23 Auskunftspflichtigen für die Auskunft zusteht.

Erläuterungen

An **Kosten für die Leichenschau**fallen vor allem die **ärztlichen Gebühren** an. Nach der früheren Rechtslage wurden die Leichenschauer von der Gemeinde bestellt und auch bezahlt. Die Gemeinde konnte im Rahmen der Bestattungsgebühren für die Leichenschau eine Gebühr in der Gebührensatzung festsetzen. Die Regelung im Bestattungsgesetz entspricht der Handhabung in anderen Bundesländern. Sie dient der Verwaltungsvereinfachung, denn es ist nicht einzusehen, weshalb die Gemeinden hier zwischengeschaltet sein sollen. Das Schuldverhältnis kommt unmittelbar zwischen demjenigen, der die Bestattungskosten zu tragen hat, und dem Arzt zustande.

Zur **Tragung der Bestattungskosten** sind in erster Linie die Erben (§ 1968 BGB) verpflichtet, nach ihnen der Unterhaltsverpflichtete (§ 1615 Abs. 2 BGB). Kostenpflichtig ist also nicht derjenige, der die Leichenschau veranlasst hat. Die Bestattungskosten müssen auch bei zerrütteten Familienverhältnissen von den nächsten Angehörigen übernommen werden (VG Karlsruhe, Urt. vom 10.7.2001 – 11 K 2827/00 –).

Zweiter Abschnitt

Umgang mit Verstorbenen

§ 25
Allgemeines

Mit Verstorbenen ist würdig und in gesundheitlich unbedenklicher Weise umzugehen.

Erläuterungen

Die Bestimmung enthält unbestimmte Rechtsbegriffe, die von jedermann zu beachten sind. Sie ist sowohl für die Bediensteten der Gemeinde als auch für Privatpersonen, insbesondere für private Bestattungsinstitute, bindend. Eine Konkretisierung dieser Bestimmung enthält die BestattVO (§§ 12 und 13). Verstorbene dürfen nicht öffentlich ausgestellt werden (§ 13 Abs. 1 Satz 1 BestattVO). Särge dürfen bei Bestattungsfeierlichkeiten nur innerhalb geschlossener Feierhallen und kirchlicher Räume geöffnet werden (§ 13 Abs. 1 Satz 2 BestattVO). Das Öffnen des Sarges an der Grabstätte im Rahmen von Tuchbestattungen ist zulässig (§ 13 Abs. 1 Satz 3 BestattVO). Allerdings kann hiervon die Ortspolizeibehörde Ausnahmen zulassen oder Einschränkungen erlassen, soweit die Würde der verstorbenen Person gewahrt bleibt und keine gesundheitlichen Gefahren entstehen (§ 13 Abs. 2 Satz 1 BestattVO). § 12 Abs. 2 BestattVO ist zu beachten (§ 13 Abs. 2 Satz 2 BestattVO); hiernach gilt: Der Sarg darf nur mit Erlaubnis der Ortspolizeibehörde geöffnet werden; sie hört zuvor das Gesundheitsamt. In den Fällen des § 12 Abs. 1 Satz 2 und 3 BestattVO ist eine Öffnung des Sarges nicht zulässig. Wenn also eine Leiche ausgestellt wird und die Allgemeinheit Zutritt haben soll, ist hierfür eine Ausnahme der Ortspolizeibehörde erforderlich. Wegen Schutzmaßnahmen bei Ansteckungsgefahr vgl. § 12 BestattVO.

§ 26
Leichenbesorger

Personen, die gewerbsmäßig oder berufsmäßig Verstorbene reinigen, ankleiden oder einsargen, dürfen beim Herstellen, Behandeln oder Inverkehrbringen von Lebensmitteln und Trinkwasser nicht tätig sein oder beschäftigt werden. Satz 1 gilt nicht für den privaten hauswirtschaftlichen Bereich.

Erläuterungen

Das **Tätigkeitsverbot** ist **aus gesundheitlichen Gründen geboten,** insbesondere um die Übertragung von ansteckenden Krankheiten zu verhindern.

Die bisherige Vorschrift in § 15 („*Leichenbesorger*") der Bestattungsverordnung vom 15.9.2000 zu im Rahmen der Berufsausübung des Leichenbesorgers einzuhaltenden konkreten Hygienemaßnahmen ist in der neuen Bestattungsverordnung vom 13.5.2015 so nicht mehr enthalten. Lediglich unter § 12 Abs. 3 Satz 2 BestattVO ist allgemein geregelt, dass unabhängig von bekannten Ansteckungsgefahren insbesondere von Beschäftigten in Bestattungsunternehmen und Krematorien die Vorschriften des Arbeitsschutzgesetzes und die Unfallverhütungsvorschriften nach § 15 SGB VII einzuhalten sind.

§ 27
Überführung in Leichenhallen

(1) Ist eine öffentliche Leichenhalle vorhanden, so müssen Verstorbene binnen 36 Stunden nach Eintritt des Todes, jedoch nicht vor Ausstellung der Todesbescheinigung, dorthin überführt werden, wenn sie nicht innerhalb dieser Frist in einer anderen Leichenhalle oder einem Leichenraum aufgebahrt werden. Unberührt bleiben besondere Schutzvorschriften.

(2) Die zuständige Behörde kann von Absatz 1 Satz 1 Ausnahmen bewilligen, wenn die beabsichtigte Aufbahrung gesundheitlich unbedenklich ist.

(3) Für die Verpflichtung, Verstorbene in eine öffentliche Leichenhalle zu überführen, gilt § 31 entsprechend.

Erläuterungen

Zu Absatz 1

Eine Leichenhalle ist eine öffentliche Einrichtung der Gemeinde (§ 10 GemO). Auch ohne diese Bestimmung könnten die Gemeinden auf Grund des Benutzungszwanges nach § 11 GemO die Benutzungspflicht der Leichenhalle durch Satzung einführen. Nunmehr ist für die Einführung der Benutzungspflicht keine Satzung mehr erforderlich; vielmehr besteht diese kraft Gesetzes.

Eine öffentliche **Leichenhalle im Sinne dieser Vorschrift ist dann gegeben, wenn sie von einem öffentlichen Aufgabenträger betrieben wird.** So sind z. B. Leichenhallen von Bestattungsunternehmen keine öffentlichen Leichenhallen i. S. dieser Vorschrift. Wenn aber eine Kirche anstelle der Gemeinde die Aufgabe des Bestattungswesens wahrnimmt und im Rahmen dieser Aufgabenwahrnehmung eine Leichenhalle bereitstellt, wird man diese als eine öffentliche Leichenhalle ansehen müssen. Der Leichenraum von Krankenhäusern oder Altersheimen ist ebenfalls keine öffentliche Leichenhalle im Sinne dieser Vorschrift. Es kann aber zwischen der Gemeinde und dem Krankenhausträger bzw. dem Träger des Altersheims vereinbart werden, dass deren Leichenhalle der Allgemeinheit zur Verfügung gestellt wird.

Eine „andere Leichenhalleim Sinne dieser Vorschrift ist wohl auch die Leichenhalle eines privaten Bestattungsunternehmens (vgl. hierzu HessVGH, Urt. vom 28.10.1987, NVwZ 1988 S. 847). Nach Auffassung des ThürOVG (Beschl. vom 12.8.1997 – 2 N 67/ 96 –, NVwZ 1998 S. 871) ist der Benutzungszwang für eine gemeindliche Leichenhalle unzulässig, wenn ein privates Bestattungsunternehmen eine Leichenhalle zur Verfügung stellt. Nach Auffassung des Gerichts greift der Benutzungszwang in unzulässiger Weise in die durch Art. 12 GG garantierte Berufsausübungsfreiheit des privaten Bestattungsunternehmens ein. Dieser Eingriff sei weder durch Gesichtspunkte des Gesundheitsschutzes noch durch Gesichtspunkte der Funktionsfähigkeit kommunaler Bestattungsunternehmen gerechtfertigt. Auch sei der Benutzungszwang nicht durch Gründe des Gemeinwohls gerechtfertigt, ebenso wenig durch Aspekte der Wirtschaftlichkeit. Im Land Thüringen – das Urteil betrifft eine Gemeinde dieses Bundeslandes – besteht, ähnlich wie in Baden-Württemberg, keine allgemeine Rechtspflicht der Gemeinden zur Errichtung und Unterhaltung von Leichenhallen, so dass es letztlich auch genügen würde, wenn der Betrieb der erforderlichen Leichenhalle allein durch Private sichergestellt würde.

Die **Überführungsfrist** von **36 Stunden** entspricht der in anderen Bundesländern üblichen Frist. Voraussetzung ist, dass der Leichenschauer vorher sichere Zeichen des Todes feststellen konnte und dass er die Todesbescheinigung ausgestellt hat. Als besondere **Schutzmaßnahme bei Ansteckungsgefahr** ist in § 12 Abs. 1 Satz 3 BestattVO vorgesehen, dass solche Leichen sofort eingesargt werden und der Sarg gekennzeichnet wird. Der Arzt hat, soweit die Meldepflicht dies verlangt, das für den Sterbeort zuständige Gesundheitsamt zu benachrichtigen. Als **besondere Schutzvorschriften sind** vor allem die bundesrechtlichen **Strahlenschutzvorschriften und** die **Schutzmaßnahmen nach dem Bundesseuchengesetz** zu nennen. Zur Bestattung von Verstorbenen, die vor ihrem Tod mit radioaktiven Stoffen in Berührung kommen, vgl. BWGZ 1988 S. 87.

Für die Benutzung einer Leichenhalle kann grundsätzlich bei einer entsprechenden Satzungsregelung eine Benutzungsgebühr erhoben werden (§ 13 KAG, PRAXIS-Beitrag *E 4a BW*). Allein auf Grund des Benutzungszwangs ist allerdings die Erhebung einer Gebühr unzulässig; vielmehr muss eine tatsächliche Benutzung stattfinden. So kann z. B. keine

Gebühr verlangt werden, wenn der Verstorbene ohne Benutzung des Leichenhauses unmittelbar nach auswärts überführt wird (VG Regensburg, Urt. vom 19.11.1997 – RN 3 K 96.1386 –).

Zu Absatz 2

Für Ausnahmenist nach § 36 Abs. 3 BestattVO die Ortspolizeibehörde zuständig. Ein **Rechtsanspruch auf eine Ausnahme besteht** auch dann **nicht,** wenn die beabsichtigte Aufbahrung gesundheitlich unbedenklich ist. Vielmehr handelt es sich hierbei um eine **Ermessensentscheidung der Gemeinde.** Die Überführung in die Leichenhalle soll auch eine geordnete Bestattung ermöglichen und der Pietät Rechnung tragen. In Verdichtungsräumen spielt auch die Verkehrsfrage eine Rolle.

Zu Absatz 3

Verpflichtet sind die Angehörigen. Für die Reihenfolge der Verpflichtung gilt § 21 Abs. 3 BestattG entsprechend. **Wird für die Überführung** in die Leichenhalle**nicht oder nicht rechtzeitig gesorgt, so hat die Ortspolizeibehörde die Überführung anzuordnen** oder auf Kosten des Bestattungspflichtigen selbst zu veranlassen, es sei denn, die Leiche wird einem anatomischen Institut zugeführt.

§ 28

Außergerichtliche Leichenöffnung

(1) Ergeben sich Anhaltspunkte für einen nicht natürlichen Tod, ist die Todesart ungeklärt oder handelt es sich um unbekannte Verstorbene, so darf eine außergerichtliche Leichenöffnung nur vorgenommen werden, wenn die Staatsanwaltschaft oder das Amtsgericht der Leichenöffnung zugestimmt oder die Bestattung schriftlich genehmigt hat.

(2) Eine öffentliche Leichenöffnung ist unzulässig.

Erläuterungen

Eine ähnliche Vorschrift enthält § 159 StPO. Die Bestimmung soll verhindern, dass durch eine Leichenöffnung z. B. in einem pathologischen Institut die polizeilichen Ermittlungen erschwert oder unmöglich gemacht werden.

Zum Umfang des Rechts der Angehörigen auf Totenfürsorge im Zusammenhang mit der Durchführung einer Obduktion zum Zwecke der Aufdeckung einer möglichen Straftat BVerfG, Beschl. vom 27.7.1993 – 2 BvR 1553/93 –, NJW 1994 S. 783.

Durch die Novelle 2009 wurde der Begriff der „ungeklärten Todesart" in das Bestattungsgesetz eingefügt. Im Übrigen erfolgt eine Anpassung an die geschlechterspezifische Schreibweise (Amtsgericht statt Amtsrichter).

In dem durch die Novelle 2009 eingefügten Absatz 2 wird festgelegt, dass eine öffentliche Leichenöffnung unzulässig ist, weil diese mit Pietät und der Würde der Verstorbenen nicht zu vereinbaren ist.

§ 29

Konservierung und Einbalsamierung von Verstorbenen

(1) Verstorbene, die erdbestattet werden sollen, dürfen nur konserviert oder einbalsamiert werden, wenn für den vorgesehenen Bestattungsort (§ 33 Absatz 1) die Bestattung konservierter oder einbalsamierter Verstorbener zugelassen ist und wenn nicht zu besorgen ist, dass diese innerhalb der Ruhezeit unzureichend verwesen. Dies gilt nicht, wenn Verstorbene in das Ausland befördert werden sollen.

(2) Solange keine Todesbescheinigung (§ 22 Abs. 2) vorliegt, dürfen Verstorbene nicht konserviert oder einbalsamiert werden.

Erläuterungen

Durch die Änderungen in beiden Absätzen durch die Novelle 2009 wurde berücksichtigt, dass es sich bei einer Konservierung bzw. einer Einbalsamierung um unterschiedliche Begrifflichkeiten handelt. Eine Konservierung dient lediglich der kurzfristigen Unterbrechung des Verwesungsprozesses, eine Einbalsamierung dagegen der längeren Haltbarkeit einer Leiche.

In der Regel werden die Gemeinden aus Platzgründen nicht in der Lage sein, auf ihren Friedhöfen die Bestattung von konservierten bzw. einbalsamierten Leichen zuzulassen.

Ein **Rechtsanspruch** des Einzelnen gegenüber dem Friedhofsträger, allgemein oder im Einzelfall die **Bestattung konservierter Leichen zuzulassen, besteht nicht.** Da das **Konservierungs- bzw. Einbalsamierungsverbot** durch Landesrecht eingeführt wurde, **gilt** es **nur in Baden-Württemberg. Leichen, die außerhalb Baden-Württembergs konserviert wurden, müssen also, wenn sie nach Baden-Württemberg überführt werden, bestattet werden.** Das Gleiche gilt für **Leichen, die verbotswidrig konserviert wurden.** Eine einmal erfolgte Konservierung lässt sich nicht mehr entfernen. Wenn allerdings eine Gemeinde keinen Bestattungsplatz für einbalsamierte oder konservierte Leichen bereitstellen kann, wird es möglich sein, dass sie (die Ortspolizeibehörde) die Feuerbestattung vorschreibt.

Dritter Abschnitt

Bestattung und Ausgrabung von Verstorbenen, Beisetzung von Aschen Verstorbener

1.

Bestattung und Beisetzung

§ 30

Bestattungspflicht

(1) Verstorbene müssen bestattet werden. Hierzu zählen auch alle tot geborenen Kinder und in der Geburt verstorbenen Leibesfrüchte mit einem Gewicht von mindestens 500 Gramm (Totgeburt).

(2) Fehlgeburten sind tot geborene Kinder und während der Geburt verstorbene Leibesfrüchte mit einem Gewicht unter 500 Gramm. Fehlgeburten sind auf Verlangen eines Elternteils auf Kosten der Eltern zu bestatten; § 46 Absatz 4 und § 47 gelten entsprechend. Ist die Geburt in einer Einrichtung erfolgt, hat deren Träger sicherzustellen, dass mindestens ein Elternteil auf diese Bestattungsmöglichkeit hingewiesen wird.

(3) Jede aus einem Schwangerschaftsabbruch stammende Leibesfrucht (Ungeborenes) gilt als Fehlgeburt und ist als solche nach Absatz 2 Satz 2 und 3 zu behandeln. Liegt keine Erklärung mindestens eines Elternteils nach Absatz 2 Satz 2 vor, sind Fehlgeburten und Ungeborene von den Einrichtungen unter würdigen Bedingungen zu sammeln und zu bestatten. Die Kosten hierfür trägt der Träger der Einrichtung.

(4) Fehlgeburten und Ungeborene, die nicht bestattet werden, dürfen allein wissenschaftlichen Zwecken dienen. Für die Verwendung zu wissenschaftlichen Zwecken muss vorher die Zustimmung beider Elternteile vorliegen. Die wissenschaftliche Einrichtung muss für die Bestattung der Fehlgeburten und Ungeborenen sorgen, sobald sie nicht mehr wissenschaftlichen Zwecken dienen.

(5) Abgetrennte Körperteile sind, soweit sie nicht bestattet werden, hygienisch einwandfrei und dem sittlichen Empfinden entsprechend zu beseitigen, soweit und solange sie nicht wissenschaftlichen Zwecken dienen.

Erläuterungen

Allgemeines

Die Vorschrift wurde durch die Novelle 2014 erneut neu gefasst und dabei von vier auf fünf Absätze erweitert. Die Neuformulierung lässt den bisherigen Absatz 2 nach Satz 2 zur besseren Verständlichkeit enden. Zuvor waren im Zuge der Novelle 2009 Definitionen und Klarstellungen eingefügt worden, die die Pietät des Umgangs mit Tot- und Fehlgeburten sowie mit abgetrennten Körperteilen in den Vordergrund stellen. Geregelt wird die Bestattung von

- Verstorbenen
- Totgeburten
- Fehlgeburten
- Ungeborenen
- abgetrennten Körperteilen.

Für Verstorbene und den dazu zu zählenden Totgeburten besteht eine Bestattungspflicht.

Für Fehlgeburten und die als Fehlgeburt geltenden Ungeborenen besteht ein Bestattungsrecht.

Für abgetrennte Körperteile besteht eine das sittliche Empfinden berücksichtigende Pflicht zu einer hygienisch einwandfreien Beseitigung.

Gesetzlich definiert werden Totgeburt (Absatz 1 Satz 2), Fehlgeburt (Absatz 2 Satz 1) und Ungeborenes (Absatz 3 Satz 1).

Zu Absatz 1

Die Vorschrift enthält die Bestattungspflicht für Verstorbene, zu denen seit der Novelle 2009 auch Totgeburten zählen. Der im Bestattungsgesetz enthaltene Begriff der Totgeburt erfasst alle totgeborenen Kinder und in der Geburt verstorbenen Leibesfrüchte mit einem Gewicht von mindestens 500 Gramm.

Die **Bestattungspflicht** umfasst die Fürsorge für den menschlichen Leichnam vom Augenblick des Todes an bis zur Beendigung der Bestattung. Während über die Rechtsstellung des Körpers des lebenden Menschen Einhelligkeit besteht, ist die Rechtslage des menschlichen Leichnams strittig. **Der menschliche Leichnam ist nach der herrschenden Meinung eine Sache** in dem Sinn, dass jeder der menschlichen Herrschaft unterworfene körperliche Gegenstand „Sache" ist, gleich ob die Rechtsform dieser Herrschaft Eigentum ist oder nicht. Der Leichnam kann jedoch nicht Objekt dinglicher Rechte, insbesondere des Eigentums sein und ist aus ethischen Erwägungen **dem Rechtsverkehr entzogen.** Ein Verfügungsrecht der Angehörigen ist nur insoweit gegeben, als sie bestimmen können, wo die Bestattung stattfinden und welche Bestattungsart (Erdbestattung oder Feuerbestattung) angewendet werden soll. Es müssen nur Verstorbene im Sinne des § 20 BestattG bestattet werden, also Verstorbene und Totgeborene, nicht jedoch Fehlgeburten.

Auch der tote menschliche Körper, der durch künstliche Präparierung (Mumifizierung) auf Dauer dem Zerfall entzogen ist, ist eine der Bestattungspflicht unterliegende Leiche (OVG RhPf, Beschl. vom 26.3.1987, DÖV 1987 S. 826).

Zu Absatz 2

Die Vorschrift enthält die Definition der Fehlgeburt.

Fehlgeburten sind totgeborene Kinder und während der Geburt verstorbene Leibesfrüchte mit einem Gewicht unter 500 Gramm (Absatz 2 Satz 1).

Für Fehlgeburten besteht insoweit ein Bestattungsrecht, dass die Totenfürsorge hierfür zunächst den Eltern obliegt. Dieses Bestattungsrecht wurde durch die Novelle 2009 eingeführt. Dieses Bestattungsrecht ist mit der Totenfürsorge verknüpft, die nicht dem Sachenrecht, sondern dem Personen- bzw. Familienrecht zuzuordnen ist. Dies bedeutet für die Eltern, dass ein Rechtsanspruch auf die Bestattung der Fehlgeburt besteht. Es ist in diesem Zusammenhang auch ausdrücklich geregelt, dass für die Fälle, in denen die Eltern ihr Bestattungsrecht nach § 30 Abs. 2 Satz 2 BestattG wahrnehmen, sie auch die Kosten für die Bestattung übernehmen müssen.

Der Verweis auf § 46 Abs. 4 und 47 BestattG soll verdeutlichen, dass wenn Eltern sich gegen eine anonyme Sammelbestattung durch die Einrichtung und für eine individuelle Bestattung auf eigene Kosten entscheiden, auch für die Beförderung von Fehlgeburten die Regelungen des Bestattungsgesetzes gelten (LT-Drs. 15/4543 S. 15).

In Einrichtungen besteht für den Träger die Pflicht, die Eltern über diesen Rechtsanspruch zu informieren. Gleichzeitig wird durch die Formulierung deutlich gemacht, dass die Eltern nicht dazu verpflichtet sind, ihre Fehlgeburten zu bestatten. Für diesen Fall werden die Träger der Einrichtungen – wenn dort die Geburt erfolgt ist – verpflichtet, Fehlgeburten und Ungeborene zu sammeln und zu bestatten. Die Kosten hierfür trägt der Träger der Einrichtung.

Zu Absatz 3

Die Vorschrift enthält die Definition des Ungeborenen. Ungeborenes ist jede aus einem Schwangerschaftsabbruch stammende Leibesfrucht (Absatz 3 Satz 1). Ungeborene gelten als Fehlgeburten und sind als solche nach den Maßgaben von Absatz 2 Satz 2 und 3 zu behandeln. Auch für Ungeborene besteht somit ein elterliches Bestattungsrecht.

Zu Absatz 4

Eine Verwendung von Fehlgeburten und Ungeborenen ist auch und damit nur zu wissenschaftlichen Zwecken zulässig, soweit und solange diese nicht bestattet werden. Die Verwendung zu wissenschaftlichen Zwecken bedarf der vorherigen Zustimmung der Eltern. Eine schriftliche Zustimmung wird zwar nicht verlangt, ist aber zweckdienlich.

Die wissenschaftliche Einrichtung, in der die Forschung an den Fehlgeburten und Ungeborenen durchgeführt wird, hat letztendlich auch für deren Bestattung zu sorgen, sobald sie nicht mehr wissenschaftlichen Zwecken dienen.

Zu Absatz 5

Die Vorschrift sieht für abgetrennte Körperteile vor:

- Bestattung
- hygienisch einwandfreie und dem sittlichen Empfinden entsprechende Beseitigung
- Nutzung für wissenschaftliche Zwecke.

§ 31
Bestattungspflichtige

(1) Für die Bestattung müssen die Angehörigen (§ 21 Abs. 1 Nr. 1) sorgen. Für die Reihenfolge der Verpflichteten gilt § 21 Abs. 3 entsprechend.

(2) Wird nicht oder nicht rechtzeitig für die Bestattung gesorgt, so hat die zuständige Behörde diese anzuordnen oder auf Kosten der Bestattungspflichtigen selbst zu veranlassen, wenn die Verstorbenen nicht einem anatomischen Institut zugeführt werden.

Erläuterungen

Zu Absatz 1

Die Vorschrift regelt die Bestattungssorgepflicht der Angehörigen im Sinne des § 21 Abs. 1 Satz 1 Nr. 1 BestattG, insoweit also der nächsten Angehörigen.

Die Vorschrift lässt die bürgerlich-rechtliche Verpflichtung der nächsten Angehörigen, für die Bestattung zu sorgen und die Verpflichtung, die Bestattungskosten zu tragen, unberührt. Die öffentlich-rechtliche Pflicht, für die Bestattung zu sorgen, wird nur begründet, um zu verhüten, dass durch die mangelnde Behandlung eines Leichnams die sittlichen Gefühle größerer Kreise, die öffentliche Gesundheit oder Ordnung oder die Pietät gefährdet werden. Die **Reihenfolge der Verpflichteten ergibt sich aus § 21 BestattG**, diese Verpflichtung besteht für die betreffende Person nur, wenn eine in der Reihenfolge zuvor genannte Person nicht vorhanden oder verhindert ist (siehe § 21 Abs. 3 BestattG). Damit ist **in der Regel dieselbe Person, die zur Veranlassung der Leichenschau verpflichtet ist, auch zur Veranlassung der Bestattung verpflichtet.** Bei der Anwendung des § 31 BestattG ist der um die Lebenspartnerin und den Lebenspartner i. S. des Lebenspartnerschaftsgesetzes vom 16.2.2001 (BGBl. I S. 266) erweiterte Begriff des Angehörigen nach § 21 Abs. 1 Nr. 1 BestattG zu beachten (geändert durch die Novelle 2009, siehe Erl. zu § 21 BestattG). Die Festlegung der Reihenfolge der öffentlich-rechtlich Verpflichteten hat den Vorteil, dass der Verpflichtete im Einzelfall bestimmbar ist. Ein Ehegatte kann auf Grund des Rechts der Totenfürsorge den Bestattungsort gemäß dem ausdrücklichen oder mutmaßlichen Willen des verstorbenen Gatten bestimmen, zumindest steht ihm gegenüber den Verwandten des Verstorbenen ein bevorrechtigtes Bestimmungsrecht zu (OLG Schleswig, Urt. vom 14.5.1986, NJW-RR 1987 S. 72). Wenn der Bestattungspflichtige entgegen § 37 Abs. 1 BestattG die Bestattung der Leiche verzögert, handelt er nach § 49 Abs. 1 Nr. 16 BestattG ordnungswidrig. Die Festlegung der Reihenfolge der Verpflichteten bedeutet nicht, dass kraft Gesetzes stets der vorrangig Genannte für die Bestattung sorgen muss und deshalb die später Genannten nicht für die Bestattung sorgen können. Die Vorschrift will nur erreichen, dass eine Leiche ordnungsgemäß bestattet wird. Wenn sich die Angehörigen einigen und bestimmen, dass jemand außerhalb der Reihenfolge (z. B. der Testamentsvollstrecker oder Pfleger) für die Bestattung sorgt, ist dagegen nichts einzuwenden, weil hier keine öffentlichen Belange berührt werden.

Das bürgerlich-rechtliche Bestattungsrecht bleibt unberührt. Auch private Vereinbarungen, die bereits zu Lebzeiten des Verstorbenen abgeschlossen worden sind, bleiben bestehen. Wenn allerdings eine solche Vereinbarung aus irgendeinem Grund von dem in der Vereinbarung zur Bestattung Verpflichteten nicht anerkannt wird, greift die gesetzliche Bestimmung über die Reihenfolge der Verpflichteten Platz. In diesem Falle kann auch der nach dem Gesetz Verpflichtete die Bestattungsart und den Bestattungsort bestimmen. **Erheben die Angehörigen gegen** eine von dem gesetzlich Verpflichteten **beabsichtigte Feuerbestattung** jedoch **Einwendungen,** so **ist vorbehaltlich einer anders lautenden Gerichtsentscheidung zunächst nur** die **Erdbestattung zulässig,** weil eine Feuerbestattung nicht mehr rückgängig gemacht werden könnte.

Die Leiterin eines Alten- und Pflegeheims gehört nicht zu den bestattungspflichtigen Angehörigen i. S. des § 31 Abs. 1 i. V. m. § 21 Abs. 1 Nr. 1 BestattG und somit auch nicht zu den Bestattungsberechtigten (VG Karlsruhe, Beschl. vom 22.2.1983, VBlBW 1983 S. 280).

Die Erhebung eines Zuschlags zu den Friedhofsgebühren anlässlich der Bestattung eines Verstorbenen, der nicht Mitglied einer der Arbeitsgemeinschaft christlicher Kirchen in der Bundesrepublik Deutschland angehörenden Religionsgemeinschaft war, auf einem kirchlichen Friedhof **ohne Monopolstellung** ist grundsätzlich mit dem aus Art. 3 Abs. 1 GG abzuleitenden Prinzip der leistungsgerechten Gebührenbemessung vereinbar und unter Berücksichtigung des Anstaltszwecks zulässig. Bei der Gebührenermittlung für den Zuschlag hat der Träger des kirchlichen Friedhofs die allgemeinen Grundsätze des Abgabenrechts zu beachten, zu denen eine nachvollziehbare Kalkulation gehört. Bei der Bestimmung des Erstreckungsgebietes für einen Friedhof mit Monopolcharakter ist auf das Gebiet der politischen Gemeinde abzustellen (NdsOVG, Urt. vom 30.11.1994 – 8 L 166/92 –, KStZ 1996 S. 132). Hat ein kirchlicher Friedhof einen Monopolcharakter, dürfte ein solcher Zuschlag nicht zulässig sein (NdsOVG, Urt. vom 27.10.1992 – 8 L 4451/91 –, NVwZ-RR 1994 S. 49). Ein kirchlicher Friedhof hat dann einen Monopolcharakter, wenn die Einwohner einer Gemeinde keine Möglichkeit haben, innerhalb des Gemeindegebietes einen anderen Friedhof zu benutzen.

Zu Absatz 2

Auf die polizeiliche Generalklausel kommt es hier nicht an, weil § 31 Abs. 2 BestattG in seinem Anwendungsbereich eine lex specialis zur polizeilichen Generalklausel darstellt und so lange anzuwenden ist, bis tatsächlich rechtzeitig und ausreichend für die Bestattung des Verstorbenen gesorgt ist. Denn erst dann ist die Gefahr, für die § 31 BestattG eine aufeinander abgestimmte Regelung bereithält, gebannt (VGH BWBeschl. vom 5.9.2022, – 1 S 1890/22 –, zit. nach juris, Rn. 17 unter Verweis auf *Seeger*, Bestattungsrecht Baden-Württemberg, 2. Auflage 1984, § 31, S. 98).

Zuständige Behörde ist die Ortspolizeibehörde (§ 31 Abs. 2 BestattG, § 36 Abs. 3 BestattVO und § 113 Abs. 1 PolG).

Örtlich zuständig ist die Ortspolizeibehörde, in deren Bereich der Todesfall eingetreten ist. Es ist unstreitig, dass die Sterbeortgemeinde örtlich dafür zuständig ist, die Bestattung anzuordnen; die Kosten der Bestattung sind grundsätzlich von der Sterbeortgemeinde zu übernehmen, wenn kein Bestattungspflichtiger vorhanden ist (Schreiben des Sozialministeriums vom 22.12.2006 – 52–5494.2 – in Gt-INFO 71/2007 vom 5.2.2007).

Befolgt der Bestattungspflichtige die Anordnung der Behörde nicht, so begeht er eine Ordnungswidrigkeit (§ 49 Abs. 1 Nr. 21 BestattG). Sind keine Angehörigen vorhanden, ist die Ortspolizeibehörde verpflichtet für die Bestattung zu sorgen.

Das Gesetz trifft keine grundsätzliche Regelung über die Bestattungskosten. Vielmehr bestimmt sich die **Kostentragung nach dem bürgerlichen Recht** (vgl. Erl. zu § 24 BestattG). In dem Sonderfall, dass die Ortspolizeibehörde für die Bestattung sorgt, ist jedoch bestimmt, dass sich diese Behörde wegen der Kostentragung an den öffentlich-rechtlich Verpflichteten halten kann.

Der zuständigen Ortspolizeibehörde kommt in den Fällen, in denen sie die Bestattung anordnet oder auf Kosten des Bestattungspflichtigen selbst veranlasst, grundsätzlich ein Auswahlermessen zu, ob sie eine Erd- oder Feuerbestattung vornimmt. Der Grundsatz der Verhältnismäßigkeit gebietet es nicht, bei der zu treffenden Auswahlentscheidung allein auf die kostengünstigste Bestattungsform abzustellen. Die Folgekosten, d. h. die Kosten der späteren Unterhaltung und Pflege der Grabstätte, sind keine zulässigen Auswahlkriterien, da sie nicht zu den Bestattungskosten zählen (VGH BW, Urt. vom 25.9.2001 – 1 S 974/01 –, BWGZ 2002 S. 90). Bei der Frage, ob eine Erd- oder eine Feuerbestattung zu veranlassen ist, kommt es auf den mutmaßlichen Willen des Verstorbenen an, falls ein solcher für die Ortspolizeibehörde erkennbar ist. Die Ortspolizeibehörde hat eine einfache, aber würdige und ortsübliche Bestattungsform zu wählen (VGH BW, Urt. vom 5.12.1996 – 1 S 1366/96 –, BWGZ 2001 S. 297).

Die Befugnis der Ortspolizeibehörde beschränkt sich auf die Anordnung des Notwendigsten, wozu auch Ort und Art der Bestattung gehören (VG Stuttgart, Gerichtsbescheid vom 16.7.1992 – 6 K 467/91 –, BWGZ 1994 S. 649).

Eine Gemeinde nimmt keine geschäftliche Handlung im Sinne von § 2 Abs. 1 Nr. 1 UWG vor, wenn sie mit Bestattungen, die gemäß § 31 Abs. 2 Fall 2 BestattG behördlich zu veranlassen sind, weil die bestattungspflichtigen Angehörigen nicht oder nicht rechtzeitig für die Bestattung sorgen, **ausschließlich ihren Eigenbetrieb Friedhöfe betraut** (BGH, Urt. vom 27.7.2017 – I ZR 162/15 –, juris, Leitsatz und nachfolgend Rn. 35 f.):

„Aus dem Umstand, dass in § 31 Abs. 2 Fall 2 BestattG-BW nicht ausdrücklich bestimmt ist, dass die vorliegend in Rede stehende Durchführung der Bestattung durch eine Behörde oder einen Eigenbetrieb der Beklagten selbst zu erfolgen hat, sondern eine Beauftragung privater Bestattungsunternehmen mit der Durchführung dieser Bestattungen gesetzlich erlaubt ist und in der Vergangenheit auch praktiziert wurde, folgt nicht, dass die Beklagte bei ihrer Auswahlentscheidung auf der zweiten Stufe nicht ebenfalls aufgrund gesetzlicher Ermächtigung hoheitlich tätig wird. Auch die Durchführung einer behördlich anzuordnenden Maßnahme durch Private ist jedenfalls ein der wettbewerbsrechtlichen Überprüfung entzogenes hoheitliches Handeln, wenn ein Unternehmen durch privatrechtlichen Vertrag ohne eigene Entscheidungsmacht als verlängerter Arm der Verwaltungsbehörde im Rahmen der Gefahrenabwehr tätig wird (vgl. BGH, GRUR 2006, 428 Rn. 15 f. – Abschleppkosten-Inkasso). Lässt die öffentliche Hand solche Maßnahmen nicht (mehr) durch Private, sondern durch einen Eigenbetrieb durchführen, liegt erst recht ein rein hoheitliches Handeln vor. So liegt es auch hier. Der Grund für die Bestattungspflicht gemäß §§ 30 ff. BestattG-BW besteht neben sittlichen Erwägungen in der Abwehr von Gesundheitsgefahren für die Bevölkerung (vgl. §§ 25, 30 Abs. 5, § 36 Abs. 2, § 37 Abs. 2, § 39 Abs. 1 Satz 3 BestattG-BW). Das Berufungsgericht hat – von der Revision unbeanstandet – angenommen, dass die Beklagte ihren Eigenbetrieb im Rahmen der Durchführung der behördlich veranlassten Bestattungen gemäß § 31 Abs. 2 Fall 2 BestattGBW wie einen verlängerten Arm ohne eigene Entscheidungsmacht tätig werden lässt. Nichts anderes gilt, wenn die Beklagte statt ihres Eigenbetriebs den Kläger oder ein anderes privates Bestattungsunternehmen einschalten würde. Die Revision macht nicht geltend, dass die Beauftragung von privaten Bestattungsunternehmen in Bezug auf die Art und Weise der Durchführung der behördlich veranlassten Bestattung im Sinne von § 31 Abs. 2 Fall 2 BestattG-BW davon abweichen und dem privaten Bestattungsunternehmen ein weitergehender Entscheidungsspielraum zustehen würde. Dafür ist auch nichts ersichtlich.

Da die Beklagte bei Durchführung der gemäß § 31 Abs. 2 BestattG-BW veranlassten Bestattungen in einem ausdrücklich öffentlich-rechtlich geregelten Bereich tätig wird, ist ihre mit dem Unterlassungshauptantrag beanstandete Praxis, insoweit ausschließlich ihren Eigenbetrieb einzusetzen, keine geschäftliche Handlung und damit einer Überprüfung anhand des Wettbewerbsrechts entzogen. Auf eine umfassende Würdigung der Umstände des Einzelfalls und damit auf die von der Beklagten für ihre Praxis angeführten Motive kommt es nach alledem nicht an."

Die Ausschlagung der Erbschaft lässt die öffentlich-rechtliche Bestattungssorgepflicht unberührt. Die öffentlich-rechtliche Pflicht der Angehörigen zur Übernahme der Bestattungskosten knüpft an die Pflicht, den Verstorbenen zu bestatten, ohne dass es auf eine Erbenstellung ankommt (LG Dortmund, Urt. vom 20.12.1995 – 21 S 171/95 –, NJW-RR 1996 S. 775). Haben die Erben die Erbschaft ausgeschlagen, ist eine Bezahlung der Beerdigungskosten für eine Sozialbestattung von den Abkömmlingen des Verstorbenen als Erben gemäß § 1968 BGB nicht zu erlangen, wohl aber nach den Grundsätzen der Geschäftsführung ohne Auftrag (AG Schorndorf, Urt. vom 21.4.2016 – 1 C 513/15 –, juris, Orientierungssatz). Nur der nach Bestattungsrecht vorrangig Bestattungspflichtige ist zur Tragung der Bestattungskosten im Sinne des § 74 SGB XII verpflichtet, nicht jedoch der lediglich nachrangig Verpflichtete (LSG BW, Urt. vom 25.4.2013 – L 7 SO 5656/11 –, juris, Leitsatz). Verpflichteter im Sinne von § 74 SGB XII kann nur sein, wer der Kostenlast (Kosten der Bestattung) nicht ausweichen kann, weil sie ihn rechtlich notwendig trifft. Eine Übernahme der Bestattungskosten aus sittlicher Verpflichtung begründet keinen Kostenerstattungsanspruch gegen den Sozialhilfeträger (LSG BW, Urt. vom 25.2.2016 – L 7 SO 3057/12 –, juris, Leitsatz). Bei der Frage, ob dem Bestattungspflichtigen zugemutet werden kann, die erforderlichen Kosten der Bestattung zu tragen (§ 74 SGB XII), sind die Einkommens- und Vermögensverhältnisse des Bestattungspflichtigen und seines nicht getrenntlebenden Ehegatten maßgeblich (§ 19 Abs. 3 SGB XII; LSG BW, Urt. vom 25.2.2016 – L 7 SO 262/15 –, juris, 2. Leitsatz). Die Zuführung einer Leiche an ein anatomisches Institut ist dann nicht geboten, wenn ein entsprechender Wille des Verstorbenen für die Ortspolizeibehörde nicht erkennbar ist und wenn die anatomischen Institute der Universität ohnehin schon so viele Leichen vorrätig haben, dass teilweise Aufnahmestopp verhängt wurde (VG Stuttgart, Urt. vom 31.1.2000 – 6 K 696/99 –, BWGZ 2001 S. 298). Das Gleiche gilt, wenn die Anatomie nur noch tote Körper von Personen übernimmt, die zu Lebzeiten eine Vereinbarung mit dem Institut abgeschlossen haben (VGH BW, Urt. vom 5.12.1996 – 1 S 1366/96 –, BWGZ 2001 S. 297).

Hat die Ortspolizeibehörde im Wege der Ersatzvornahme eine Bestattung vorgenommen, kann sie unbeschadet der zivilrechtlichen Vorschriften über die Tragung der Beerdigungskosten von dem nach öffentlich-rechtlichen Vorschriften des Landesrechts Bestattungspflichtigen Ersatz ihrer Auslagen in Anwendung des Landesverwaltungsvollstreckungsgesetzes verlangen (BVerwG, Beschl. vom 19.8.1994 – 1 B 149/94 –, BWGZ 2001 S. 296 und VGH BW, Urt. vom 5.12.1996 – 1 S 1366/96 –, BWGZ 2001 S. 297). Ein Leistungsbescheid, mit dem der Bestattungspflichtige zu den Kosten für eine Beerdigung herangezogen wird, die die zuständige Behörde an seiner Stelle veranlasste, ist nicht Kraft Gesetzes sofort vollziehbar (VGH BW, Beschl. vom 9.9.1999 – 1 S 1306/99 –, ZKF 2000 S. 38). Im Zeitpunkt der eilbedürftigen Ersatzvornahme (Bestattung) bedarf es einer Auswahl oder Festlegung des Kostenschuldners unter mehreren Pflichtigen nicht. Für eine spätere Kostenheranziehung ist nur erforderlich, dass ein Verwaltungsakt auch gegenüber dem in Anspruch genommenen Angehörigen hätte erlassen werden dürfen, wenn dazu Zeit und Gelegenheit gewesen wäre (OVG NRW, Beschl. vom 26.4.1993 – 19 A 761/92 –, ZKF 1994 S. 87).

Es ist verfassungsrechtlich nicht zu beanstanden, dass der Landesgesetzgeber eine Bestattungspflicht für volljährige Kinder des Verstorbenen und dementsprechend eine Pflicht zur Kostenerstattung in den Fällen, in denen die zuständige Behörde die Bestattung in rechtlich zulässiger Weise selbst veranlasst hat, ohne Einschränkung normiert hat. Eine Pflicht, im Bestattungsgesetz eine Ausnahme hiervon, etwa bei gestörten Familienverhältnissen, vorzusehen, besteht unter Berücksichtigung der Kostenübernahmeregelung des § 15 BSHG von Verfassungs wegen nicht (VGH BW, Urt. vom 19.10.2004 – 1 S 681/04 – (Vorinstanz: VG Karlsruhe, Urt. vom 12.12.2003 – 3 K 1991/03 –, nrkr.)

Die Bestattungskosten müssen auch bei zerrütteten Familienverhältnissen von den nächsten Angehörigen übernommen werden (VG Karlsruhe, Urt. vom 10.7.2001 – 11 K 2827/00 –). In dem entschiedenen Fall hatte die zur Kostentragung verpflichtete Tochter ihre Mutter erst mit 21 Jahren auf eigene Initiative hin kennen gelernt, nachdem sie schon als Zweijährige in ein Heim eingewiesen worden war. In der Urteilsbegründung wird ausgeführt, volljährige leibliche Kinder seien für die Bestattung der Eltern verantwortlich. Die „Totenfürsorge" sei gewohnheitsrechtlich Sache der nächsten Angehörigen. Ihre finanzielle Situation entbinde die Klägerin nicht von ihrer Verpflichtung; sie müsse notfalls auf Sozialhilfe zurückgreifen.

Ein auf die Kostentragungspflicht aus § 31 Abs. 2 i. V. m. Abs. 1 und § 21 Abs. 1 BestattG gestützter Leistungsbescheid kann im Einzelfall unverhältnismäßig sein (hier: Sexualdelikt des Bestatteten zu Lasten der bestattungspflichtigen Tochter im Alter von vier Jahren) (VG Karlsruhe, Urt. vom 16.1.2007 – 11 K 1326/06 –, BWGZ 2007 S. 471). Im Falle einer schwerwiegenden Störung im persönlichen Verhältnis zwischen Verstorbenen und Kostentragungspflichtigen besteht die Möglichkeit, die erforderlichen Kosten einer Bestattung nach § 74 SGB XII vom Sozialhilfeträger des Bestattungsortes zu verlangen (VG Stuttgart, Urt. vom 21.9.2023, – 6 K 1805/22 –, 2. nichtamtlicher Leitsatz).

Hat ein Heimbewohner im Heimvertrag vereinbart, dass im Falle seines Todes der Heimträger für die Beisetzung sorgen soll, wenn Angehörige nicht rechtzeitig erreicht werden können, hat der Heimträger, der in einem solchen Fall die Beisetzung veranlasst, Anspruch gegen den Sozialhilfeträger auf Übernahme der erforderlichen, durch Leistungen anderer nicht gedeckter Kosten der Bestattung (NdsOVG, Beschl. vom 27.7.2000 – 4 L 2110/00 –,

NJW 2000 S. 3513). Zu „Bestattungskosten von Heimbewohnern" vgl. *Sievers*, KommunalPraxis 1998 S. 300.

Wer in Erfüllung einer öffentlich-rechtlichen Bestattungspflicht eine Bestattung veranlasst und deshalb Bestattungskosten zu tragen hat, kann Verpflichteter i. S. d. § 15 BSHG sein (BVerwG, Urt. vom 22.2.2001 – 5 C 8.00 –, DÖV 2001 S. 786). Das Gericht führte insbesondere aus, die Bestattungspflicht der Tochter bedeute nicht zugleich Kostentragungspflicht. Vielmehr soll sie nur eine ordnungsgemäße Durchführung der Bestattung gewährleisten. Der Kostenübernahmeanspruch aus § 15 BSHG sei ein eigenständiger sozialhilferechtlicher Anspruch, dem eine besondere Bedarfsstruktur zugrunde liege. Diese Vorschrift setze nur voraus, dass es sich um „erforderliche" Kosten handle und dem Verpflichteten die Kostentragung nicht „zugemutet" werden könne. Die vorherige Unterrichtung sei auch unter Sparsamkeitsgesichtspunkten nicht notwendig (BVerwG, Urt. vom 5.6.1997 – 5 C 13.96 –, DVBl. 1997 1997 S. 1443).

Für die Bestimmung des Schuldners der als Benutzungsgebühr erhobenen Friedhofsgebühr im gemeindlichen Satzungsrecht stellt die bürgerlich-rechtliche Verpflichtung zur Tragung der Bestattungskosten keinen tauglichen Anknüpfungspunkt dar (HessVGH, Beschl. vom 6.12.2000 – 5 UE 3224/99 –, NVwZ-RR 2001 S. 535).

Zu den erforderlichen Kosten im Sinne des § 15 BSHG gehört auch ein einfaches Grabmal; dies gebietet die Menschenwürde (VG Hannover, Urt. vom 16.9.1997 – 3 A 2204/96 –, Fundstelle BW Rdnr. 534/1998). Die Kosten für die Benutzung einer Kühlzelle im Leichenraum eines Krankenhauses zur Aufbewahrung eines Verstorbenen sind als Bestattungskosten im Sinne des § 31 Abs. 2 BestattG erforderlich (VGH BW, Urt. vom 17.1.2023, – 1 S 3770/21 –, zit. nach juris, Rn. 25 und 27).

Durch den Grundsatz der Verhältnismäßigkeit wird das Ermessen der zuständigen Behörde dahingehend beschränkt, dass der zeitliche Umfang der Ermittlung bestattungspflichtiger Angehöriger einschließlich einer Kontaktaufnahme mit diesen im Regelfall höchstens 14 Tage ab dem Tag des Todes des Verstorbenen betragen darf. Am ersten Tag nach Ablauf der 14 Tage, an dem Bestattungen stattfinden, ist die Bestattung des Verstorbenen zu veranlassen (VGH BW, Urt. vom 17.1.2023, – 1 S 3770/21 –, zit. nach juris, Rn. 41 und 46). Eine Ausnahme vom Regelfall kommt nur in einem außergewöhnlichen Fall in Betracht und liegt nicht etwa schon dann vor, wenn sich im Ermittlungszeitraum Feiertage, Wochenenden oder sonstige Schließtage von Behörden befinden oder wenn die Ermittlung der Angehörigen von Bestattungspflichtigen die Kontaktaufnahme mit mehreren Behörden erfordert (VGH BW, a. a. O., Rn. 47).

Sind mehrere Angehörige gleichrangig bestattungspflichtig, ist die Bestattungsbehörde nicht verpflichtet, alle Bestattungspflichtigen anteilig zur Kostenerstattung nach § 31 Abs. 2 BestattG heranzuziehen. Sie kann im Rahmen ihres Ermessens die Kosten nur von einem Bestattungspflichtigen fordern und diesen darauf verweisen, einen Ausgleichsanspruch gegen die übrigen Pflichtigen geltend zu machen. Kosten für eine Trauerfeier sind nicht nach § 31 Abs. 2 BestattG erstattungsfähig (VGH BW, Urt. vom 15.11.2007 – 1 S 1471/07).

Zum räumlichen Geltungsbereich ist darauf hinzuweisen, dass es nicht darauf ankommt, ob der Adressat der polizeilichen Verfügung, der für die Bestattung zu sorgen hat, seinen Wohnsitz oder Aufenthalt in Baden-Württemberg hat. Auch im Ausland lebende Angehörige sind verpflichtet, die Kosten der Bestattung eines in Baden-Württemberg Verstorbenen zu tragen.

Die Bestattungssorgepflicht gilt auch für außerhalb Baden-Württembergs lebende Angehörige; maßgebend für die Bestattungspflicht und für die hieran anknüpfende Heranziehung zu den Kosten der Bestattung ist allein, ob der Todesfall im Land Baden-Württemberg eingetreten ist und deshalb hier die Bestattung durch ordnungsbehördliches Einschreiten veranlasst wurde (VGH BW, Urt. vom 19.10.2004 – 1 S 681/04 – (Vorinstanz: VG Karlsruhe, Urt. vom 12.12.2003 – 3 K 1991/03 – nrkr.).

Der BGH hat mit Urt. vom 17.11.2011 – III ZR 53/11 – den Anspruch des Bestattungsunternehmers auf Ersatz seiner Aufwendungen nach den Grundsätzen der Geschäftsführung ohne Auftrag gegenüber dem öffentlich-rechtlichen Bestattungssorgepflichtigen mit folgenden Leitsätzen bestätigt:

- Nimmt ein Bestattungsunternehmer die Beerdigung eines Verstorbenen ohne Auftrag vor, weil sich niemand der nächsten Angehörigen des Hinterbliebenen bereitgefunden hat, für die Bestattung zu sorgen, so kommt ein Aufwendungsersatzanspruch des Unternehmers nach §§ 670, 677, 679, 683 BGB gegen die Person in Betracht, die nach Maßgabe des jeweils anwendbaren (Landes-)Bestattungsgesetzes (vorrangig) bestattungspflichtig ist (hier: die Ehefrau des Verstorbenen gemäß § 2 Nr. 12, § 13 Abs. 2 Satz 1 BestattG Schl.-H.).
- Der entgegenstehende Wille des bestattungspflichtigen Ehegatten steht seiner Inanspruchnahme im Hinblick auf die Möglichkeit, vom zuständigen Sozialhilfeträger gemäß § 74 SGB XII Übernahme der Beerdigungskosten zu erlangen, grundsätzlich auch dann nicht entgegen, wenn der Ehegatte nicht leistungsfähig ist und die familiären Beziehungen zerrüttet sind.
- Der Aufwendungsersatzanspruch ist in einem solchen Fall der Höhe nach begrenzt auf den nach § 74 SGB XII übernahmefähigen Betrag (Kosten einer einfachen Beerdigung).

§ 32
Bestattungsart

(1) Die Bestattung kann als Erd-, Feuer- oder Seebestattung vorgenommen werden. Die Art der Bestattung richtet sich nach dem Willen der verstorbenen Person. Ist ein Wille der verstorbenen Person nicht bekannt, bestimmen die Angehörigen (§ 21 Abs. 1 Nr. 1) die Bestattungsart. Werden von den Angehörigen Einwendungen gegen die Feuerbestattung erhoben, so ist nur die Erdbestattung zulässig, sofern ein Gericht nichts anderes entscheidet.

(2) Erdbestattung ist die Bestattung Verstorbener in einem Sarg in einer Grabstätte; § 39 Abs. 1 Satz 3 bleibt hiervon unberührt. Feuerbestattung ist die Einäscherung Verstorbener in einem Sarg und die Beisetzung der Asche. Seebestattung ist die Beisetzung einer Urne auf Hoher See. Eine Seebestattung in oberirdischen Gewässern (§ 3 Nummer 1 des Wasserhaushaltsgesetzes) ist unzulässig.

Erläuterungen

Allgemeines

Die Vorschrift wurde durch die Novelle 2009 neu gefasst, enthält eine Definition der drei geregelten Bestattungsarten (Erd-, Feuer- und Seebestattung) und regelt erstmals die Seebestattung neben den beiden anderen Bestattungsarten.

Zu Absatz 1

Das Gesetz lässt neben der **Erdbestattung** und der **Feuerbestattung** ausdrücklich die als Seebestattung gleichwertige Bestattungsart zu. **Andere Bestattungsarten,** wie z. B. die Übergabe in ein Gewässer, sind in Baden-Württemberg **unzulässig** (siehe Absatz 2).

Die Vorschrift regelt nicht im Einzelnen, wer berechtigt ist, die Bestattungsart zu bestimmen. Dazu müssten umfassende Vorschriften über den Kreis der Berechtigten, ihre Rangfolge nacheinander und untereinander sowie darüber erlassen werden, wie zu verfahren ist, wenn ein bevorrechtigter oder gleichberechtigter Angehöriger nicht vorhanden, verhindert, unauffindbar oder nicht bereit ist, für die Bestattung zu sorgen. Bei Meinungsverschiedenheiten unter Gleichberechtigten müssten die Verwaltungsbehörden selbst entscheiden. Eine solche Regelung liegt nicht im öffentlichen Interesse; sie wäre auch sachlich nicht vertretbar gewesen. Vor allem aber würde sie mit Bundesrecht kollidieren, da sich das Recht, die Bestattungsart zu bestimmen, nach bürgerlichem Recht richtet.

Das Gesetz regelt ausdrücklich und damit in öffentlich-rechtlicher Hinsicht, dass der zu Lebzeiten geäußerte Wille der oder des Verstorbenen zur Bestattungsart dem Willen der Angehörigen vorgeht. Liegt also keine Erklärung oder Äußerung des Verstorbenen vor, entscheiden die Angehörigen im Sinne des § 21 Abs. 1 Nr. 1 BestattG über die Bestattungsart. Auch wenn in § 32 BestattG nicht geregelt, ergibt sich die Reihenfolge der entscheidungsberechtigten Angehörigen aus der entsprechenden Anwendung des § 21 Abs. 3 BestattG (Reihenfolge der Verpflichteten). Andere dritte Personen können diese Entscheidung nicht treffen.

Die Entscheidung zu Lebzeiten kann in Form einer **letztwilligen Verfügung** erfolgen; es genügen aber auch Umstände und Tatsachen, aus denen ein bestimmter Wille des Verstorbenen hinsichtlich der Art seiner Bestattung gefolgert werden kann. Liegt ein formgerechter letzter Wille (Testament) vor, so kann der Erblasser darin Anordnungen über seine Bestattung in Form einer Auflage (§§ 1940 und 2192 ff. BGB) treffen oder auch einen **Testamentsvollstrecker** (§§ 2197 f. BGB) beauftragen, seinen Leichnam in bestimmter Art und Weise zu bestatten. **Verfügungen** im Wege der Auflage oder **durch Einsetzung eines Testamentsvollstreckers sind für die Angehörigen bindend.** Hat der Verstorbene Wünsche über die Art seiner Bestattung geäußert, so vertraut er auf das Pietätsgefühl der Angehörigen, dass sie seinen Willen auch ohne letztwillige Anordnung erfüllen werden. Eine Verpflichtung der Angehörigen zur Ausführung solcher Anordnungen besteht regelmäßig nur in sittlicher Hinsicht. Eine rechtliche Sicherung ist insbesondere dann nicht gegeben, wenn alle Angehörigen die Nichtbefolgung einer Anordnung tolerieren. Die **Ausführung einer erbrechtlichen Auflage kann** dagegen nicht nur durch die Angehörigen, sondern auch durch solche Miterben, die nicht zu den Angehörigen gehören, **im ordentlichen Rechtsweg durchgesetzt werden** (§ 2194 BGB).

Die Vorschrift des § 32 Abs. 1 Satz 4 BestattG, wonach bei Einwendungen der Angehörigen gegen die Feuerbestattung nur die Erdbestattung zulässig ist, ist nicht eindeutig. Diese Einschränkung der Entscheidungsbefugnis scheint sich sowohl auf den Willen der verstorbenen Person als auch auf die Entscheidung eines vorrangig verpflichteten Angehörigen zu erstrecken.

Der Angehörige eines Verstorbenen, der ohne das Wissen dieses Angehörigen auf Veranlassung eines anderen Angehörigen bereits eingeäschert wurde, kann den Träger des Gemeindefriedhofs nicht mit Erfolg im Wege der einstweiligen Anordnung auf Unterlassung der Beisetzung der Urne in Anspruch nehmen. Der Streit der Angehörigen über das privatrechtliche Recht der Totenfürsorge ist zunächst auf dem Zivilrechtsweg auszutragen. Danach kann unter Umständen die Umsetzung der Urne beantragt werden (VGH BW, Beschl. vom 10.11.2016 – 1 S 1663/16 –, juris, Leitsatz).

Bei mehreren Angehörigen gleichen Grades ist für eine Feuerbestattung die Einwilligung aller erforderlich. Wird keine Einigung erzielt, können die Zivilgerichte angerufen werden (vgl. hierzu Urt. des BGH vom 26.10.1977 und Erl. zu § 33 BestattG). Die Leiterin eines Alten- und Pflegeheims wird die Art der Bestattung nicht bestimmen können (VG Karlsruhe, Beschl. vom 22.2.1983, VBlBW 1983 S. 280).

Zu Absatz 2

Die Vorschrift enthält eine Definition der drei Bestattungsarten:

- Erdbestattung,
- Feuerbestattung,
- Seebestattung.

Erdbestattung ist die Bestattung einer Leiche in einem Sarg in einer Grabstätte. Durch die Novelle 2009 wurde ausdrücklich klargestellt, dass für die Erdbestattung Särge zu verwenden sind. In der Folge wird zudem auf die in § 39 Abs. 1 Satz 3 BestattG neu geregelte und damit direkt auf Grund des Gesetzes bestehende Ausnahmemöglichkeit verwiesen, nach der in den Fällen, in denen die Religionszugehörigkeit eine Bestattung ohne Sarg vorsieht, die Verstorbenen in Tüchern erdbestattet werden können.

Feuerbestattung ist die Einäscherung einer Leiche und die Beisetzung der Asche. Die Feuerbestattung endet erst mit der Beisetzung der Urne. Die durch die Novelle 2009 eingefügte Formulierung macht deutlich, dass die Feuerbestattung erst mit der Beisetzung der Urne beendet ist. Diese Begrifflichkeit war bisher so selbstverständlich, dass sie gesetzlich nicht ausdrücklich geregelt war. Der Gesetzgeber hielt eine diesbezügliche Klarstellung für sachgerecht. Im Zuge der Novelle 2014 erfolgte eine Klarstellung dahingehend, dass die Einäscherung von Verstorbenen nur im Sarg erfolgen darf.

Die **Seebestattung** wird neben der Erd- und der Feuerbestattung zukünftig als gleichwertige Bestattungsart anerkannt. Seebestattung ist die Beisetzung einer Urne auf Hoher See. Eine Seebestattung in oberirdischen Gewässern (§ 3 Nr. 1 WHG) ist unzulässig. Der Hinweis im Gesetzestext „§ 3 Nr. 1 WHG" definiert, was unter einem oberirdischen Gewässer im Sinne des BestattG zu verstehen ist. Hiernach ist ein oberirdisches Gewässer das ständig oder zeitweilig in Betten fließende oder stehende oder aus Quellen wild abfließende Wasser (in Baden-Württemberg), also Flüsse und Seen. Der Bodensee ist keine „Hohe See"[1].

Bei Meinungsverschiedenheiten unter den Angehörigen ist zunächst nur die Erdbestattung möglich. Durch die Feuerbestattung wird ein irreparabler Zustand geschaffen, während eine erdbestattete Leiche nachträglich noch feuerbestattet werden kann. Eine zivilgerichtliche Entscheidung kann also in diesem Falle noch durchgesetzt werden.

Wird die Bestattung von der Ortspolizeibehörde veranlasst, kommt ihr grundsätzlich ein Auswahlermessen zu, ob sie eine Erd- oder Feuerbestattung vornimmt (vgl. Erl. zu § 31 BestattG).

§ 33
Bestattungs- und Beisetzungsort

(1) Verstorbene dürfen nur auf Bestattungsplätzen erdbestattet werden. Die zuständige Behörde kann Erdbestattungen an anderen Orten zulassen, die §§ 2, 4 und 6, § 9 Abs. 2 sowie § 11 gelten entsprechend.

(2) Verstorbenedürfen nur in Feuerbestattungsanlagen eingeäschert werden (Feuerbestattung), deren Betrieb behördlich genehmigt ist.

(3) Für die Beisetzung von Aschen Verstorbener gilt Absatz 1 entsprechend. § 4 ist jedoch nicht anzuwenden.

Erläuterungen

Zu Absatz 1

Bestattungsplätzesind Friedhöfe (Gemeindefriedhöfe § 1 Abs. 1 BestattG, und **kirchliche Friedhöfe,** § 1 Abs. 2 BestattG) und **private Bestattungsplätze** (§ 9 BestattG). Hierbei wird vorausgesetzt, dass der Friedhof nach § 5 Abs. 1 BestattG oder der Bestattungsplatz nach § 9 Abs. 1 BestattG genehmigt ist bzw. bereits bei Inkrafttreten des Gesetzes vorhanden war und deshalb keiner besonderen Genehmigung bedarf.

---

1) Siehe auch Stichwort „hohe See" auf Wikipedia. Der Bodensee ist im Übrigen quasi „internationales Gewässer" und zählt nicht zur Staatsfläche von Deutschland bzw. Baden-Württemberg, der Schweiz oder von Österreich. Näheres dazu siehe Statistisches Monatsheft Baden-Württemberg 8/2008 S. 49. Für die anderen an den Bodensee grenzenden Länder Österreich und Schweiz gelten deren Bestattungsvorschriften, die jedoch die Beisetzung von Urnen auf dem Bodensee nicht zulassen.

Die **Möglichkeit, außerhalb von Bestattungsplätzen zu bestatten,** wurde zugelassen, weil hierfür in besonderen Fällen ein Bedürfnis bestehen kann (z. B. Bestattung eines hohen kirchlichen Würdenträgers in einer Kirche). Eine **Ausnahmegenehmigung** ist auch **erforderlich,** wenn in Grüften und Grabgebäuden außerhalb von Bestattungsplätzen bestattet werden soll. Zuständige Behörde ist die Ortspolizeibehörde (§ 36 Abs. 3 BestattVO).

Die legitimen öffentlichen Interessen, die den Friedhofszwang rechtfertigen, sind die Bedürfnisse der heutigen Massengesellschaft, der Gedanke der ordnungsgemäßen Bestattung und schließlich strafrechtliche Belange.

Zu Absatz 2

Feuerbestattungen müssen **in genehmigten Feuerbestattungsanlagen** vorgenommen werden. Hiervon gibt es keine Ausnahmen. Eine Verbrennung von Leichen auf einem offenen Feuer ist also auf keinen Fall möglich und entspricht auch nicht den gegenwärtigen gesellschaftlichen Pietätsgefühlen.

Zu Absatz 3

Aschen Verstorbener sind ebenfalls **auf Bestattungsplätzen beizusetzen.** Eine Ausnahme hiervon kann jedoch eher zugelassen werden als bei Erdbestattungen, da hierdurch die Belange der Allgemeinheit im geringeren Maße berührt werden.

Ein berechtigtes Bedürfnis für eine Ausnahme vom Friedhofsbenutzungszwang zur Beisetzung einer Urne liegt nicht vor, wenn zuvor mehrere nicht erlaubt Urnenbeisetzungen in einem privaten Gewölbekeller vorgenommen wurden (VG Karlsruhe, Urt. vom 16.7.1997 – 4 K 1698/96 –, BWGZ 2001 S. 299).

Das VG Stuttgart nahm mit Urt. vom 20.9.1972 – II 100/72 – (BWVPr. 1974 S. 39) zur Ausnahme vom Friedhofszwang Stellung. Der Kläger erstrebte die Verpflichtung der beklagten Stadt, nach seinem Tod die **Beisetzung einer Urne** mit seiner Asche **auf** seinem **Grundstück** zu gestatten, da er **aus weltanschaulichen und religiösen Gründen** sehr stark naturverbunden sei. Der Antrag hatte sowohl im Vorverfahren als auch im Klageverfahren keinen Erfolg. Das VG vertrat die Auffassung, dass ein berechtigtes Bedürfnis für eine Ausnahme vom Friedhofszwang nur für ganz besonders gelagerte Fälle anzuerkennen ist. Enge Beziehungen zum eigenen Grundstück und große Naturverbundenheit genügen hierfür nicht. Weiter stellte das Gericht fest, die in § 33 BestattG getroffene Regelung des grundsätzlichen Friedhofszwanges sei rechtmäßig. Sie verstoße nicht gegen höheres Recht, insbesondere verletze sie nicht das Grundrecht der Gewissens- und Bekenntnisfreiheit (Art. 4 GG) und das Recht der freien Entfaltung der Persönlichkeit (Art. 2 GG).

Das BVerwG hat mit Urt. vom 26.6.1974 – VII C 36.72 – (BWGZ 1974 S. 419) zur Verfassungsmäßigkeit des Friedhofszwangs für Bestattungen und dem Ausnahmecharakter von Bestattungen außerhalb von Friedhöfen festgestellt (Leitsatz):

„Der gesetzlich festgelegte grundsätzliche Friedhofszwang auch für Feuerbestattungen ist als Teil der verfassungsmäßigen Ordnung im Sinne des Art. 2 Abs. 1 GG mit dem Grundgesetz vereinbar. Die Zulassung von Ausnahmen kann aus Glaubens-, Gewissens- oder Bekenntnisgründen nach Art. 4 GG geboten sein."

Der Kläger machte eine enge Verbundenheit zu dem von ihm bewohnten Grundstück geltend. Er hatte in seinem Testament seine Einäscherung angeordnet und die Hinterbliebenen gebeten, die Asche auf dem Grundstück zu verstreuen. Sein Antrag auf eine Ausnahmegenehmigung vom Friedhofszwang auch für Urnen wurde abgelehnt und seine Klage letztlich vom Bundesverwaltungsgericht abgewiesen.

Auch der VGH BW (Urt. vom 22.1.1979, BWVPr. 1979 S. 135) hat ähnlich entschieden. Nach Auffassung des Gerichts handelt es sich bei der in § 33 Abs. 1 Satz 1 BestattG getroffenen Regelung über den Zwang zur Benutzung der dafür eingerichteten Bestattungsplätze und der im Satz 2 dieser Vorschrift den Behörden erteilten Ermächtigung, Bestattungen auch außerhalb der eingerichteten Bestattungsplätze zuzulassen, nicht um ein präventives Verbot mit Erlaubnisvorbehalt, sondern um ein repressives Verbot mit der Möglichkeit zu Ausnahmeregelungen. Dabei verstößt der in § 33 Abs. 1 BestattG geregelte Bestattungsplatzbenutzungszwang weder gegen Art. 4 Abs. 1 GG noch gegen Art. 2 Abs. 1 GG. Die Rücksicht auf die rational vielleicht nicht erfassbare, aber jedenfalls vorhandene allgemeine Scheu vor dem Tod, durch welche die psychischen Ausstrahlungswirkungen von Urnenbegräbnisstätten auf Grundstücken in bewohnten Gebieten bedingt sind, gehöre zu den legitimen Interessen der Allgemeinheit und zu den vernünftigen Erwägungen des Gemeinwohls, die den Gesetzgeber im Rahmen der verfassungsmäßigen Ordnung zu einer Regelung veranlassen dürfe, wie sie hier durch den § 33 BestattG getroffen worden sei.

Das BVerfG hat mit Beschl. vom 28.2.1979 (JuS 1979 S. 660) festgestellt, der Friedhofszwang für Urnen, von den in besonderen Fällen eine Ausnahmegenehmigung zu erteilen ist, verletze keine Grundrechte.

Zur Aufbewahrung menschlicher Aschenreste in der Wohnung und zum Schutz der Totenruhe hat das OVG NRW in einem Beschl. vom 21.1.1985 (NVwZ 1986 S. 401) Stellung genommen. Das Gericht hat in dem konkreten Fall entschieden, dass der Kläger keinen Anspruch auf eine Ausnahme vom Beisetzungszwang habe. In den Gründen ist u. a. ausgeführt:

„Der Kl. teilt das Schicksal einer schweren körperlichen Behinderung mit zahlreichen anderen Menschen, die gleichfalls die letzte Ruhestätte ihrer Angehörigen auf einem Friedhof nicht oder nur unter besonderen Schwierigkeiten besuchen können. Auch für diese Fälle gilt die gesetzliche Anordnung des Friedhofszwanges, ohne daß allgemein wegen der schweren Behinderung ein besonderer Fall vorläge. Der Kl. verkennt den Vorrang des Friedhofzwanges, indem er die dafür maßgeblich gehaltenen Gründe seinem eigenen Anliegen gegenüberstellt und auf diese Weise die Entscheidung, ob ein besonderer Fall vorliegt, relativiert. Demgegenüber gilt, daß der Gesetzgeber bei der Regelung der mit der Bestattung Verstorbener zusammenhängenden Fragen über einen weiten Gestaltungsspielraum verfügt (vgl. BVerfGE 50, 256 = NJW 1979, 1493). Daher schränkt das grundsätzliche Verbot der Beisetzung außerhalb von Friedhöfen das Grundrecht auf freie Entfaltung der Persönlichkeit nach Art. 21 GG i. S. des dort ausgesprochenen Vorbehaltes zugunsten der verfassungsmäßigen Ordnung zulässigerweise ein, wenn mit dem Verbot nur eine Ausnahmemöglichkeit für besondere Fälle einhergeht (vgl. BVerfGE 50, 256 = NJW 1979, 1493; BVerwGE 45, 224 [227] = NJW 1974, 2018 = DVBl 1974, 681.“

Die **Beisetzung der Asche** Verstorbener **auf dem Meer** wird **grundsätzlich für zulässig gehalten.** Vgl. hierzu BWGZ 1975 S. 242 und BWGZ 1981 S. 217.

Das Bundesministerium für Umwelt, Naturschutz und Reaktorsicherheit hat mit Schreiben vom 29.9.1999 den Erlass über Seebestattungen förmlich aufgehoben und dabei Folgendes mitgeteilt:

„Auf Bitten des Bundesamtes für Seeschifffahrt und Hydrographie habe ich den nach meiner Auffassung obsoleten Erlass des Bundesministeriums für Verkehr vom 6. Mai 1980 – See 18/14.82.30 – 3/80 aus Gründen der Klarstellung förmlich aufgehoben.

Seit Jahren finden im Bereich der Hohen See von Deutschland aus keine Seebestattungen mehr statt. Nur für diesen Bereich und die hierfür nach dem Hohe-See-Einbringungsgesetz vom 25. August 1998 (BGBl. I S. 2455 ff.) erforderlichen Erlaubnisse ist der Bund zuständig. In der Bund/Länder-Besprechung am 15. Januar 1998 hatte ich seitens des Bundes ausgeführt, dass ich eine Regelung für den Bereich der Bundeszuständigkeit nur dann für sinnvoll halte, wenn die Küstenländer für die nach wie vor in großer Zahl stattfindenden Seebestattungen in den deutschen Territorialgewässern Regelungen treffen, an die sich der Bund anlehnen könnte.

Das Ministerium für Bau, Landesentwicklung und Umwelt Mecklenburg-Vorpommern hat mir mit Schreiben vom 11.3.1998 (Aktenzeichen VIII-621 A-5280.9) mitgeteilt, dass es mei-

nem Vorschlag zustimmt. Außerdem hat es auf seinen Erlass vom 24.6.1997 in dieser Sache verwiesen. Alle anderen Küstenländer haben die Angelegenheit meines Wissens nicht weiter aufgegriffen."

Im Wochenspiegel des Städtetags (Nr. 370/1997) ist hierzu weiter ausgeführt:

Nach § 33 Absatz 3 in Verbindung mit Absatz 1 Satz 2 Bestattungsgesetz bedarf die Seebestattung der Ausnahmegenehmigung durch die Ortspolizeibehörde. Zusätzliche Erlaubnisverfahren, nach dem Hohe-See-Einbringungsgesetz eigentlich notwendig, konnten bislang durch die Ausnahmegenehmigung der Ortspolizeibehörde ersetzt werden. Voraussetzung: die für die Beisetzung auf hoher See vorgesehene Urne ist aus schnell auflöslichen Materialien hergestellt. Für andere Urnen waren feste Beisetzungsgebiete vorgeschrieben (vgl. Hinweise zuletzt im Wochenspiegel Nr. 116/1981).

Falls Seebestattungen im Einzugsbereich von anderen Bundesländern vorgenommen werden sollten, war schon bislang eine Ausnahmegenehmigung durch die Ortspolizeibehörde nur dann möglich, wenn nach dem jeweiligen Landesrecht eine solche Beisetzung zulässig ist. Durch die Erweiterung des Küstenmeers ab 1.1.1995 auf 12 Seemeilen kommt der Beachtung von landesrechtlichen Bestimmungen erhöhte Bedeutung zu. Das Sozialministerium Baden-Württemberg hat uns in diesem Zusammenhang ein Schreiben des Ministeriums für Umwelt, Naturschutz und Reaktorsicherheit vom 11.6.1997 zukommen lassen, aus dem wir ausschnittsweise veröffentlichen:

„Das Bundesamt für Seeschifffahrt und Hydrographie, das die Nachfolge des Deutschen Hydrographischen Instituts angetreten hat, hat darauf hingewiesen, dass durch Proklamation der Bundesregierung vom 11. November 1994 das Küstenmeer ab 1. Januar 1995 auf 12 Seemeilen erweitert worden ist. Soweit Urnenbeisetzungen auf See in der 12-Meilen-Zone vorgenommen werden, ist seit diesem Zeitpunkt eine Bundeszuständigkeit nicht mehr gegeben. Für diesen Bereich gilt das von den Ländern durchzuführende Wasserhaushaltsgesetz. Das zusätzlich einschlägige internationale Recht ist dabei zu beachten" (die weiteren Ausführungen dieses Schreibens sind durch die Aufhebung des Erlasses vom 6.5.1980 gegenstandslos)."

Über den **Ort der letzten Ruhestätte** entscheidet in erster Linie der Wille des Verstorbenen. Wenn und soweit ein erkennbarer Wille nicht vorliegt, sind nach einem ungeschriebenen gewohnheitsrechtlichen Rechtsgrundsatz die nächsten Angehörigen des Verstorbenen berechtigt und verpflichtet, über die Art der Bestattung zu entscheiden und den Ort der letzten Ruhestätte auszuwählen.

Der BGH hat mit Urt. vom 26.10.1977, Fundstelle BW 1978, RdNr. 346, u. a. Folgendes ausgeführt:

„Obliegt die Auswahl des Ortes der Bestattung den Angehörigen und besteht unter ihnen Streit darüber, ob eine Umbettung erfolgen soll, weil der Bestattungsort nicht richtig oder nicht von der zur Entscheidung berechtigten Person ausgewählt ist, dann können Pietät und Achtung vor der Totenruhe einem Verlangen noch Umbettung entgegenstehen. Diese Einschränkung kann jedoch grundsätzlich nicht gelten, wenn der Verstorbene selbst den Ort seiner letzten Ruhe bestimmt hat. Über den Willen des Verstorbenen dürfen sich die Angehörigen nicht hinwegsetzen. Er ist auch dann maßgeblich und von den Angehörigen zu achten, wenn dies eine Umbettung erforderlich macht. Anderenfalls könnte ein Mißverständnis über den Willen des Verstorbenen oder eine Eigenmächtigkeit des Angehörigen, der nach den gegebenen Verhältnissen am ehesten in der Lage oder befugt war, die Bestattungsmodalitäten in die Hand zu nehmen, entscheidend werden.

Die Ansicht des Berufungsgerichts, dem könnte mit Hilfe einer gerichtlich erwirkten einstweiligen Verfügung vorgebeugt werden, geht an den tatsächlichen Gepflogenheiten vorbei. Sie verkennt, daß Pietät und die Trauer der Angehörigen es nicht zulassen, von ihnen zu verlangen, in der Zeit zwischen Todesfall und Bestattung ein gerichtliches Verfahren wegen des Bestattungsortes zu betreiben. Allerdings bleibt es den Angehörigen unbenom-

men, es bei dem Ort, an dem die Beerdigung vorgenommen worden ist, zu belassen. Besteht jedoch einer der nächsten Angehörigen darauf, daß dem Wunsch des Verstorbenen, an einem anderen Ort beerdigt zu werden, Rechnung getragen wird, dann muß diesem Begehren stattgegeben werden.

Etwas anderes könnte nur gelten, wenn sich das Verfahren als rechtsmißbräuchlich darstellt. Die bloße Duldung der Beerdigung an dem von dem Verstorbenen nicht gewünschten Ort reicht hierfür im allgemeinen nicht aus."

Das Bestimmungsrecht eines Ehegatten ist gegenüber anderen Verwandten vorrangig (OLG Schleswig, Urt. vom 14.5.1986, NJW-RR 1987 S. 72).

§ 34
Zulässigkeit der Erdbestattung

(1) Verstorbene dürfen erst dann erdbestattet werden, wenn die Ärztin oder der Arzt den nicht vertraulichen Teil der Todesbescheinigung ausgestellt und das Standesamt auf diesem die vollzogene Eintragung des Sterbefalles in das Sterberegister vermerkt hat.

(2) Solange der nicht vertrauliche Teil der Todesbescheinigung nicht den Vermerk des Standesamts trägt, dürfen die Verstorbenen nur mit Genehmigung der für den Sterbeort zuständigen Behörde bestattet werden.

(3) Verstorbene, die aus einem Gebiet außerhalb Baden-Württembergs überführt worden sind, dürfen erst erdbestattet werden, wenn ein Leichenpaß vorliegt. Für die Erdbestattung von Verstorbenen aus einem anderen Land der Bundesrepublik Deutschland genügt eine nach den Vorschriften dieses Landes ausgestellte Bescheinigung, aus der sich die Zulässigkeit der Bestattung ergibt. Liegen diese Unterlagen nicht vor, so dürfen Verstorbene nur mit Erlaubnis der für den Bestattungsort zuständigen Behörde bestattet werden.

(4) Sind Anhaltspunkte für einen nicht natürlichen Tod vorhanden, ist die Todesart ungeklärt oder handelt es sich um unbekannte Verstorbene, so ist zur Bestattung außerdem die schriftliche Genehmigung der Staatsanwaltschaft oder des Amtsgerichts erforderlich.

Erläuterungen

Zu Absatz 1

Der Tod eines Menschen muss dem Standesamt, in dessen Zuständigkeitsbereich er gestorben ist, spätestens am dritten, auf den Tod folgenden Werktag angezeigt werden (§ 28 PStG). Für das Personenstandswesen zuständige Behörde sind die Gemeinden (§ 1 Satz 1 AGPStG). Im Grundsatz bildet jede Gemeinde einen Standesamtsbezirk (§ 2 Abs. 1 Satz 1 AGPStG). Zur mündlichen Anzeige sind die in § 29 PStG genannten Personen (siehe auch die Ausnahmevorschrift nach § 29 Abs. 2 PStG), zur schriftlichen Anzeige sind die Einrichtungen und Behörden nach § 30 PStG verpflichtet. In der Folge sind die Standesämter verpflichtet, den Tod eines Menschen in das von ihnen geführte Sterberegister einzutragen (§ 31 PStG). Darin werden Angaben gemäß § 31 Abs. 1 Nr. 1 bis 4 PStG beurkundet. Hiernach sind zu beurkunden:

- die Vornamen und der Familienname des Verstorbenen, Ort und Tag seiner Geburt, das Geschlecht sowie auf Wunsch des Anzeigenden die rechtliche Zugehörigkeit des Verstorbenen zu einer Religionsgemeinschaft, die Körperschaft des öffentlichen Rechts ist (Nr. 1),
- der letzte Wohnsitz und der Familienstand des Verstorbenen (Nr. 2),
- die Vornamen und der Familienname des Ehegatten oder Lebenspartners, wenn der Verstorbene im Zeitpunkt seines Todes verheiratet war oder eine Lebenspartnerschaft führte; war die Ehe oder Lebenspartnerschaft durch Tod aufgelöst, sind die Vornamen und der Familienname des letzten Ehegatten oder Lebenspartners anzugeben (Nr. 3),

– Ort sowie Tag, Stunde und Minute des Todes (Nr. 4).

Die Verpflichtung des Leichenschauarztes, unverzüglich nach Feststellung des Todes eine Todesbescheinigung auszustellen, ergibt sich aus § 22 Abs. 2 Satz 1 BestattG.

Durch die Novelle 2009 wurde klargestellt, dass der nicht vertrauliche Teil der Todesbescheinigung gemeint ist. Außerdem erfolgt eine Anpassung an eine geschlechtsneutrale Schreibweise.

Zu Absatz 2

Ob die **Ausnahmegenehmigung** erteilt wird, **liegt im pflichtgemäßen Ermessen der zuständigen Behörde.** Zuständige Behörde ist die Ortspolizeibehörde (§ 36 Abs. 3 BestattVO). Durch die Novelle 2009 wurde klargestellt, dass der nicht vertrauliche Teil der Todesbescheinigung gemeint ist.

Zu Absatz 3

Grundsätzlich ist für die Bestattung von **Leichen, die aus einem Gebiet außerhalb Baden-Württembergs überführt werden,** ein **Leichenpass erforderlich.** Da nicht in allen Bundesländern Leichenpässe ausgestellt werden, genügt auch eine nach den Vorschriften dieses Landes ausgestellte Bescheinigung. Aus dem Inhalt der Bescheinigung muss sich ergeben, dass die Bestattung zulässig ist. Die Erdbestattung darf auf jeden Fall mit Erlaubnis der zuständigen Behörde (Ortspolizeibehörde) stattfinden.

Zu Absatz 4

Zur Bestattung ist die schriftliche Genehmigung der Staatsanwaltschaft erforderlich (vgl. hierzu § 159 StPO).

§ 35
Zulässigkeit der Feuerbestattung

(1) Verstorbene dürfen nur mit Erlaubnis der zuständigen Behörde feuerbestattet werden.

(2) Sind Anhaltspunkte für einen nicht natürlichen Tod vorhanden, ist die Todesart ungeklärt oder handelt es sich um unbekannte Verstorbene, so darf die Erlaubnis erst dann erteilt werden, wenn die Staatsanwaltschaft oder das Amtsgericht die Feuerbestattung schriftlich oder elektronisch genehmigt hat.

Erläuterungen

Zu Absatz 1

Ein Blick in die Geschichte zeigt, dass die Leichenverbrennung in vielen älteren Kulturen eine durch die Religion gebotene Form der Bestattung der Toten war. Sie sollte der Seele den Weg ins Totenreich freimachen, zugleich aber auch eine Wiederkehr der Toten verhindern. Belege für die Verbrennung menschlicher Leichen finden sich bereits in der Jungsteinzeit; in der jüngeren Bronzezeit war sie die vorherrschende Bestattungsart in Europa. In der Antike war die Leichenverbrennung weit verbreitet. Aus dem Bild, wie es uns von Homer überliefert wurde, ist die feierliche Verbrennung von Hektor, Achill und insbesondere Patroklos nicht wegzudenken. **Mit der Ausbreitung des Christentums ist dann die Leichenverbrennung nach und nach verschwunden.** Nachdem Karl der Große die Leichenverbrennung unter Todesstrafe verbot, erlosch dieser Brauch im Laufe des 9. Jahrhunderts völlig. Erst mit der Französischen Revolution trat ein grundlegender Wandel ein. In der Folgezeit wurden in Europa zahlreiche Vereine zur Förderung der Feuerbestattung gegründet. Im Jahre **1934** erging ein **Reichsgesetz, das die Feuerbestattung einheitlich regelte.** Dabei ging es, ähnlich wie bei der jetzigen Regelung, vor allem um Bestimmungen, die verhindern sollten, dass durch die Feuerbestattung Spuren von Verbrechen beseitigt werden. Durch das Bestattungsgesetz wurde das Feuerbestattungsgesetz vom 15.5.1934 aufgehoben (§ 55 Abs. 1 Nr. 17 BestattG).

Feuerbestattungen liegen im Trend. Diese haben zwischenzeitlich bundesweit einen Anteil von ca. 80 % an der Gesamtzahl der Bestattungen erreicht. Dieser Trend macht auch vor den ländlichen Räumen keinen Halt. Auch die katholische Kirche verbietet ihren Angehörigen eine Feuerbestattung nicht und bezieht mit einer aktuellen Instruktion eine ausgewogene Stellung. Es gilt gemäß Ziffer 4 der „Instruktion Ad resurgendum cum Christo [= „Um mit Christus aufzuerstehen"] über die Beerdigung der Verstorbenen und die Aufbewahrung der Asche im Fall der Feuerbestattung" der Kongregation für die Glaubenslehre vom 2.3.2016 (von Papst Franziskus approbiert): *„Wo Gründe hygienischer, ökonomischer oder sozialer Natur dazu führen, sich für die Feuerbestattung zu entscheiden, sieht die Kirche keine lehrmäßigen Gründe, um diese Praxis zu verbieten. Denn die Einäscherung des Leichnams berührt nicht die Seele und hindert die Allmacht Gottes nicht daran, den Leib aufzuerwecken. Sie beinhaltet deshalb an sich nicht die Leugnung der christlichen Lehre über die Unsterblichkeit der Seele und die Auferstehung des Leibes."* Die Evangelische Kirche akzeptierte Feuerbestattungen bereits seit den 1920er Jahren.

Die **Erlaubnis wird von der Ortspolizeibehörde des Einäscherungsortes erteilt.** Die Erlaubnis darf nur erteilt werden bei Vorliegen des nicht vertraulichen Teils der Todesbescheinigung oder, bei Sterbefällen außerhalb des Landes, der Sterbeurkunde und der ärztlichen Bescheinigung nach § 17 BestattVO, dass bei einer Untersuchung der verstorbenen Person keine Anhaltspunkte für einen nicht natürlichen Tod festgestellt wurden (zu den Einzelheiten vgl. §§ 16 ff. BestattVO). Für die Ausstellung einer Unbedenklichkeitsbescheinigung ist eine Verwaltungsgebühr entsprechend dem Gebührenverzeichnis zur Verwaltungsgebührensatzung festzusetzen.

Zu Absatz 2

Die Vorschrift richtet sich an die für die Erlaubniserteilung zuständige Behörde. Für den für die Feuerbestattungsanlage Verantwortlichen (vgl. § 38 BestattG) genügt daher die Erlaubnis der Ortspolizeibehörde des Einäscherungsortes. Die Genehmigung des Staatsanwalts braucht ihm nicht vorgelegt zu werden. Nur kann eben die Ortspolizeibehörde des Einäscherungsortes die Erlaubnis nur erteilen, wenn zuvor die Staatsanwaltschaft oder der Amtsrichter die Feuerbestattung schriftlich oder *„elektronisch"* genehmigt hat (vgl. auch § 38 BestattG, der insoweit nur auf § 35 Abs. 1 BestattG Bezug nimmt). Die Möglichkeit einer auch *„elektronischen"* Genehmigungserteilung hat der Landesgesetzgeber durch Art. 7 Nr. 1 Gesetz zum Abbau verzichtbarer Formerfordernisse vom 11.2.2020 (GBl. S. 37) ergänzt. Siehe zu den gesetzlichen Anforderungen an eine solche *„elektronische"* Genehmigungserteilung die entsprechende ausführliche Kommentierung zu § 5 Abs. 2 Satz 1 BestattG in diesem Kommentar.

Einzelheiten über die Durchführung der Feuerbestattung vgl. §§ 16 bis 23 BestattVO.

§ 36
Frühester Bestattungszeitpunkt

(1) Verstorbene dürfen bestattet werden, wenn durch ärztliche Leichenschau jede Möglichkeit eines Scheintods ausgeschlossen ist.

(2) Die zuständige Behörde kann aus gesundheitlichen Gründen den Zeitpunkt der Bestattung anordnen.

Erläuterungen

Zu Absatz 1

Im Zuge der Bestattungsgesetznovelle 2014 ist das Erfordernis der Einhaltung einer **Mindestzeitdauer** für die Bestattung von **48 Stunden nach Eintritt des Todes** aufgehoben worden. Die alte Regelung zu einer Mindestzeitdauer war historisch durch Unsicherheiten bei der nichtärztlichen Leichenschau und der Furcht bedingt, Scheintote zu bestatten. Dies ist aus heutiger Sicht nicht mehr geboten, weil durch die heute verbindliche ärztliche Leichenschau ein Scheintod zweifelsfrei ausgeschlossen werden kann. Nach der aktuellen Regelung entfällt das Abwarten einer Mindestzeit und die Erdbestattung ist ab der erfolgten Leichenschau zulässig. Dies dient insbesondere der Integration von Mitbürgerinnen und Mitbürgern, die Religionen angehören, die eine Bestattung möglichst noch am Todestag vorsehen. Ob die Bestattung in solchen Fällen innerhalb von 24 Stunden erfolgen kann, wie es beispielsweise die jüdische und die muslimische Religion vorschreibt, ist meist auch eine organisatorische Frage. An Wochenenden und Feiertagen haben Standesämter in der Regel nicht geöffnet; die Bestattung und Überführung verzögert sich entsprechend. Ferner liegen notwendige Unterlagen (z. B. eine Geburtsurkunde) nicht immer in deutscher Sprache vor uns müssen erst übersetzt werden. Inwieweit Standesämter bereit sind, eine (evtl. kreisbezogene) Bereitschaftsregelung einzuführen, innerhalb derer auf der Grundlage von § 7 PStV eine Bescheinigung darüber ausgestellt wird, dass der Personenstandsfall angezeigt wurde, aber noch nicht beurkundet werden konnte, und dann bestattet werden kann, muss außerhalb des Bestattungsgesetzes geklärt werden (LT-Drs. 15/4543 vom 7.1.2014 S. 16). Durch diese neuen Möglichkeiten sollen die Kommunen aber nicht überfordert werden. Insofern besteht künftig keine gesetzliche Verpflichtung für die Kommunen, Wochenend- und Feiertagsdienste anzubieten (in diesem Sinne ausdrücklich der Abgeordnete Thaddäus Kunzmann CDU, Plenarprotokoll 15/89 vom 29.1.2014, S. 5329).

Nach dem Arbeitsgesetz und dem Feiertagsgesetz ist eine Bestattung am Sonntag grundsätzlich zulässig, sofern dafür religiöse Gründe geltend gemacht werden können. Für die Feuerbestattung bleibt die gesetzliche Vorgabe einer zweiten Leichenschau erhalten, weil eine Kremation juristisch eine Beweismittelvernichtung darstellt und deshalb aus Gründen der Rechtssicherheit das Vier-Augen-Prinzip bei der Feststellung der Todesart erforderlich bleibt (LT-Drs. 15/4543 vom 7.1.2014, S. 16 f.).

Von organisatorischer Relevanz in dem o. g. Sinne sind auch die Regelungen in der Bestattungsverordnung zu den formellen Voraussetzungen einer Beförderung von Verstorbenen im öffentlichen Raum. Nach § 29 Abs. 1 Satz 1 BestattVO dürfen Verstorbene grundsätzlich erst dann in andere Gemeinden befördert werden, wenn das Standesamt entweder den Sterbefall beurkundet oder nach § 7 Absatz 2 der Personenstandsverordnung bescheinigt hat, dass der Sterbefall angezeigt, aber noch nicht beurkundet wurde. Außerhalb der Öffnungszeiten des Standesamtes dürfen Verstorbene auch ohne Tätigwerden des Standesamtes (nur) in andere Gemeinden in Baden-Württemberg befördert werden; die Beförderung ist in diesen Fällen dem Standesamt unverzüglich anzuzeigen (§ 29 Abs. 1 Satz 2 BestattVO). Innerhalb des Landes Baden-Württemberg dürfen Verstorbene somit auch ohne aktives Tätigwerden des Standesamts befördert werden, damit insbesondere bei Tuchbestattungen die rituelle Waschung – die nicht in jeder Gemeinde möglich ist – ohne unnötigen Zeitverzug vorgenommen werden kann. Durch die jetzt ebenfalls mögliche unmittelbare Beförderung Verstorbener an den vorgesehenen Bestattungsort – innerhalb Baden-Württembergs – entfällt die bis zum 31.3.2014 im Bestattungsgesetz vorgeschriebene Beförderung in die örtliche Leichenhalle als Zwischenstation außerhalb der Öffnungszeiten des Standesamts. Dies kommt vor allem den Hinterbliebenen zu Gute, weil dann keine Kosten für die Benutzung der örtlichen Leichenhalle anfallen (nicht veröffentlichte Begründung des Sozialministeriums zu § 29 Abs. 1 BestattVO). Im Falle von strafprozessualen Ermittlungen jeglicher Art gelten hingegen gemäß § 29 Abs. 1 Satz 3 BestattVO besondere Maßgaben für die Beförderung von Verstorbenen.

Zu Absatz 2

Die zuständige Behörde – die Ortspolizeibehörde gemäß § 36 Abs. 3 BestattVO – kann aus gesundheitlichen Gründen den Zeitpunkt der Bestattung anordnen. Gesundheitliche Gründe liegen vor allem bei einer rasch fortschreitenden starken Verwesung oder bei Bestehen oder Verdacht von übertragbaren Krankheiten vor. Auch im Falle der Anordnung eines bestimmten – dann wohl i. d. R. frühen – Zeitpunktes der Bestattung müssen die Voraussetzungen nach § 36 Abs. 1 BestattG – Durchführung einer ärztlichen Leichenschau – gegeben sein.

§ 37

Bestattungs- und Beförderungsfrist

(1) Verstorbene, die nicht in Leichenhallen oder Leichenräumen aufgebahrt sind, müssen spätestens 96 Stunden nach Eintritt des Todes bestattet sein oder bei einer Beförderung in das Gebiet einer anderen Gemeinde auf den Weg gebracht werden. Treffen Verstorbene nach Ablauf dieser Frist am Bestattungsort ein, so sind sie dort unverzüglich zu bestatten. Tage, an denen nicht bestattet wird, bleiben bei der Berechnung der Bestattungsfrist unberücksichtigt. Können die zur Bestattung oder Beförderung nach §§ 34, 35 und 44 erforderlichen Unterlagen nicht rechtzeitig beschafft werden, so ist die Bestattung oder Beförderung unverzüglich vorzunehmen, sobald die Unterlagen vorliegen.

(2) Die zuständige Behörde kann hiervon Ausnahmen zulassen, wenn keine gesundheitlichen Gefahren zu befürchten sind. Sie kann aus gesundheitlichen Gründen anordnen, daß Verstorbene früher zu bestatten oder auf den Weg zu bringen sind.

Erläuterungen

Zu Absatz 1

Gesundheitliche Belange erfordern es, dass verwesende Leichen rasch bestattet werden. Gefahren sind jedoch nicht zu befürchten, wenn die Leiche in einer Leichenhalle oder in einem besonderen Leichenraum, z. B. im Leichenraum eines Krankenhauses, aufbewahrt wird. In diesen Fällen gilt deshalb die Höchstfrist nicht. Diese Räume sind in der Regel gekühlt, so dass eine rasche Verwesung nicht zu befürchten ist. In die Frist werden Tage, in denen am vorgesehenen Bestattungsort keine Bestattungen stattfinden, nicht eingerechnet.

Können die **zur Bestattung erforderlichen Unterlagen** (bei Erdbestattung Todesbescheinigung des Arztes und Eintrag in das Sterbebuch durch den Standesbeamten, bei Feuerbestattung Erlaubnis der Ortspolizeibehörde) nicht innerhalb der Bestattungsfrist beigebracht werden, so muss die Bestattung unverzüglich (ohne schuldhaftes Verzögern) vorgenommen werden, sobald die Unterlagen vorliegen. Entsprechendes gilt für den Beginn der Leichenüberführung in eine andere Gemeinde. Jedoch können für die Beförderungsfrist die am Bestattungsort bestattungsfreien Tage nicht berücksichtigt werden. Auch hier ist es notwendig, dass die Leichenbeförderung zulässig ist.

Die Gemeinde kann in der Friedhofsatzung oder in anderer Form bestimmen, dass an bestimmten Tagen keine Bestattung und Beisetzung vorgenommen werden, z. B. an Sonn- und Feiertagen oder Samstagen oder dass die Beisetzungen nur zu bestimmten Tageszeiten durchgeführt werden, z. B. nur nachmittags. Im Hinblick auf die Bestattungsfristen sind notfalls Ausnahmen zuzulassen, wenn mehrere Tage, an denen keine Bestattungen durchgeführt werden, aufeinander folgen.

Zu Absatz 2

Auf Antrag kann die Höchstfrist von der Ortspolizeibehörde (vgl. § 36 Abs. 3 BestattVO) **verlängert werden.** Voraussetzung ist, dass gesundheitliche Gefahren nicht zu befürchten sind (z. B. in der kalten Jahreszeit). Ebenfalls aus gesundheitlichen Gründen kann die zuständige Ortspolizeibehörde anordnen, dass Verstorbene früher zu bestatten oder auf den Weg zu bringen sind.

§ 38
Bestattungsunterlagen

Die für Bestattungen auf Bestattungsplätzen und in Feuerbestattungsanlagen Verantwortlichen dürfen Bestattungen nur zulassen, wenn Ihnen die nach § 34 und § 35 Abs. 1 vorgeschriebenen Bestattungsunterlagen ausgehändigt worden sind oder wenn eine Anordnung nach § 36 Absatz 2 oder § 37 Abs. 2 Satz 2 vorliegt.

Erläuterungen

Wer der Verantwortliche für einen Bestattungsplatz oder eine Feuerbestattungsanlage ist, ist im Gesetz nicht gesagt. Der Träger des Bestattungsplatzes bzw. der Feuerbestattungsanlage hat die verantwortliche Person zu bestimmen. In der Regel ist dies der Friedhofsverwalter oder eine sonstige Person, die von der Gemeinde mit der Aufgabe der Friedhofsverwaltung beauftragt ist (z. B. Bestattungsunternehmen). Sie müssen sich die notwendigen Bestattungsunterlagen vorlegen lassen und ggf. die Bestattung bis zu deren Vorlage ablehnen. Verstöße werden nach § 49 Abs. 1 Nr. 20 BestattG als Ordnungswidrigkeit geahndet.

Bei der Erdbestattung sind die **Bestattungsunterlagen vom Träger des Bestattungsplatzes für die Dauer der Ruhefrist aufzubewahren** (§ 34 Abs. 1 BestattVO). Bei der Feuerbestattung beträgt die **Aufbewahrungsfrist für die Erlaubnis zur Feuerbestattung 15 Jahre** (§ 34 Abs. 2 BestattVO); hier ist ebenfalls der Träger der Feuerbestattungsanlage zuständig (nicht der Träger des Friedhofs, auf dem die Aschenreste beigesetzt werden).

§ 39
Särge und Urnen, konservierte und einbalsamierte Verstorbene

(1) Verstorbene dürfen nur in Särgen erdbestattet werden. Für die Erdbestattung dürfen nur Holzsärge verwendet werden, es sei denn, dass die Verstorbenen in einem Metallsarg zum Bestattungsort überführt werden müssen. In den Fällen, in denen die Religionszugehörigkeit eine Bestattung ohne Sarg vorsieht, können die Verstorbenen in Tüchern erdbestattet werden, sofern keine gesundheitlichen Gefahren zu befürchten sind. Für den Transport Verstorbener bis zur Grabstätte sind geschlossene Särge zu verwenden. § 13 der Bestattungsverordnung bleibt unberührt.

(2) Ist zu befürchten, daß Verstorbene in Särgen aus Hartholz oder Metall innerhalb der Ruhezeit oder der Nutzungszeit nicht ausreichend verwesen, so kann in der Friedhofsordnung insbesondere vorgeschrieben werden,

1. **daß Särge aus leicht verweslichem Holz zu verwenden sind,**
2. **daß Verstorbene, die in Särgen aus Hartholz oder Metall überführt worden sind, in besonderen Teilen des Friedhofs bestattet werden. Für diese Friedhofsteile ist eine längere Ruhezeit festzulegen.**

(3) Die Aschen Verstorbener sind in festen und verschlossenen Urnen beizusetzen.

(4) Das Sozialministerium kann durch Rechtsverordnung zulassen, daß für Särge andere, dem Holze gleichwertige Materialien verwendet werden.

(5) Absatz 2 Nr. 2 gilt für konservierte und einbalsamierte Verstorbene entsprechend.

Erläuterungen

Die Vorschrift gilt für konservierte und einbalsamierte Verstorbene. Die durch die Novelle 2009 geänderte Überschrift berücksichtigt, dass es sich bei der Konservierung bzw. der

Einbalsamierung eines Verstorbenen um unterschiedliche Begrifflichkeiten handelt. Während eine Konservierung lediglich der kurzfristigen Unterbrechung des Verwesungsprozesses dient, führt eine Einbalsamierung dagegen zu einer längeren Haltbarkeit einer Leiche.

Zu Absatz 1

Nach § 39 Abs. 1 Satz 1 BestattG gilt für Erdbestattungen im Grundsatz eine Sargpflicht; eine gesetzliche Ausnahme hiervon stellen Tuchbestattungen nach § 39 Abs. 1 Satz 3 BestattG dar (siehe dazu nachfolgend). Verstorbene die in Metallsärgen zum Bestattungsort überführt werden, brauchen nicht in einen Holzsarg umgebettet zu werden. Für den Normalfall gilt, dass für Erdbestattungen nur Holzsärge verwendet werden dürfen (§ 39 Abs 1 Satz 2 HS. 1 BestattG). Die zuständige Behörde kann für Särge zum Zweck der Erdbestattung auch andere dem Holze gleichwertige Materialien zulassen, wenn eine würdige und pietätvolle Gestaltung der Särge gewährleistet ist und diese so beschaffen sind, dass die Funktionen eines Holzsargs gleichwertig erfüllt werden (§ 14 BestattVO). Die **Verwesungsdauer soll** möglichst **nicht verzögert werden.** Am besten geeignet sind Särge aus Weichholz. Metallsärge verzögern die Verwesung erheblich; auch bilden sich darin oft Fettwachsleichen mit längerer Verwesungsdauer. In der Musterfriedhofsatzung (§ 6) sind Höchstmaße für Särge vorgeschrieben. Diese Vorschrift dient der Belegung des Friedhofs mit gleich großen Grabstellen.

Für die Beförderung von Verstorbenen im Öffentlichen Raum gelten die folgenden Maßgaben: Verstorbene dürfen im Öffentlichen Raum nur in verschlossenen abgedichteten Särgen mit ausreichend hoher saugfähiger Bodenlage befördert werden (§ 29 Abs. 2 Satz 1 BestattVO). Särge, die nur zum Transport und nicht der Bestattung Verstorbenen dienen, müssen aus reinigungs- und desinfektionsfähigem Material bestehen (§ 29 Abs. 2 Satz 2 BestattVO). Bei Wiederverwendung ist nach jedem Gebrauch eine gründliche Reinigung und bei Ansteckungsgefahr eine Desinfektion vorzunehmen (§ 29 Abs. 2 Satz 3 BestattVO). § 12 BestattVO („*Schutzmaßnahmen bei Ansteckungsgefahr*") bleibt unberührt (§ 29 Abs. 2 Satz 4 BestattVO). Werden Verstorbene in das Ausland befördert, muss der Holzsarg einen Innensarg aus Zink enthalten oder mit Zinkblech ausgekleidet sein (§ 29 Abs. 3 Satz 1 BestattVO). Wird ein Innensarg verwendet, so ist dessen Boden mit einer ausreichend hohen Schicht aufsaugender Stoffe zu bedecken (§ 29 Abs. 3 Satz 2 BestattVO). Statt eines Innensarges kann auch eine flüssigkeits- und gasdichte Umhüllung der verstorbenen Person Verwendung finden, die den Vorgaben der Fluggesellschaften sowie den Vorgaben des Empfängerlandes entspricht (§ 29 Abs. 3 Satz 3 BestattVO).

Nachdem der Gesetzgeber bereits mit der Novelle 2009 eine Lockerung der Sargpflicht dahingehend vorgesehen hatte, dass in den Fällen, in denen die Religionszugehörigkeit eine Bestattung ohne Sarg vorsieht, der Deckel des Sarges bei der Bestattung abgenommen und neben den Sarg in das Grab gelegt werden darf, wurde im Zuge der Novelle 2014 nun für diese Fälle erstmals die Möglichkeit einer echten Tuchbestattung eingeführt. Diese Regelung, mit der eine Bestattung in Tüchern aus religiösen Gründen ermöglicht wird, kann als Kern der Bestattungsgesetz-Novelle 2014 bezeichnet werden. Mit dieser Regelung hat der Gesetzgeber nur für den Fall von der generellen Sargpflicht bei Erdbestattungen eine Ausnahme vorgesehen, dass eben eine Religionszugehörigkeit eine Bestattung ohne Sarg vorsieht. Die amtliche Gesetzesbegründung (LT-Drs. 15/4543 vom 7.1.2014, S. 17) zum interfraktionellen Gesetzesentwurf von CDU, Grünen, SPD und FDP/DVP ist hierzu insgesamt sehr aufschlussreich. Hiernach dient die Einführung der Möglichkeit einer Tuchbestattung insbesondere der Integration von Mitbürgerinnen und Mitbürgern mit islamischer Religionszugehörigkeit. In der Gesetzesbegründung wird auch darauf hingewiesen, dass konsequenterweise vom Friedhofsträger auch entsprechende Einrichtungen zur Durchführung islamischer Bestattungsriten (z. B. Waschung) vorgehalten werden sollten. Hierzu besteht aber zweifelsfrei keine gesetzliche Verpflichtung. Es steht auch künftig im Organisationsermessen der Gemeinde oder des Friedhofsträgers, solche Einrichtungen zu schaffen (in diesem Sinne auch Beschlussempfehlung, LT-Drs. 15/4927,

S. 9). Für die Zulässigkeit einer Erdbestattung in Tüchern ohne Sarg ist alleine der ausdrücklich verfügte Wille der Verstorbenen oder der durch die Bestattungspflichtigen geäußerte mutmaßliche Wille Verstorbener, ohne Sarg bestattet zu werden, entscheidend (a. a. O., S. 17). Mit der neuen gesetzlichen Bestimmung wurden keine Pflichten der Gemeinden bzw. der Friedhofsträger begründet, den Willen der Verstorbenen oder den durch die Bestattungspflichtigen übermittelten mutmaßlichen Willen der Verstorbenen, aus religiösen Gründen nur in Tüchern erdbestattet zu werden, zu hinterfragen (Beschlussempfehlung und Bericht des Ausschusses für Arbeit und Sozialordnung, Familie, Frauen und Senioren zum interfraktionellen Gesetzesentwurf, LT-Drs. 15/4927, ausgegeben am 21.3.2014 S. 9). Aus seuchenhygienischen Aspekten bestehen gegen die Aufhebung der Sargpflicht keine Bedenken; die zuständige Gesundheitsbehörde kann aber im Einzelfall aus Gründen des Infektionsschutzes die Verwendung eines Sargs anordnen. Die Durchführung von Tuchbestattungen hat keine Auswirkungen auf die Mindestruhezeit, da der Verwesungsprozess in viel größerem Ausmaß von der Luftdurchlässigkeit des Erdbodens als von der im Sarg enthaltenen Luftmenge beeinflusst wird. Für den Transport der Verstorbenen zur Grabstätte wird aus hygienischen Gründen die Sargpflicht beibehalten (LT-Drs. 15/4543 S. 17). Die gesetzliche Regelung zur Zulässigkeit einer Tuchbestattung nach § 39 Abs. 1 Satz 3 BestattG ist insofern allgemein formuliert, als darin lediglich auf Gründe der *„Religionszugehörigkeit"* abgestellt wird; die vorliegende Begründung des Sozialministeriums zu § 4 Abs. 1 BestattVO hält insofern fest, dass aus anderen Gründen, z. B. aus weltanschaulichen Gründen, eine Tuchbestattung nicht möglich ist. Der Anwendungsbereich der Regelung ist somit nicht auf eine bestimmte Religion beschränkt; insbesondere nicht auf Angehörige des Islam (VG Karlsruhe, Urt. vom 19.9.2019, – 12 K 7491/18 –, zit. nach juris, Rn. 30). Besteht in der Religionsgemeinschaft, der ein Verstorbener angehört, eine Glaubensvorschrift, die eine sarglose Bestattung gebietet, sieht seine Religionszugehörigkeit dieselbe auch nach einer gebotenen engen Auslegung von § 39 Abs. 1 Satz 3 BestattG vor (VG Karlsruhe, a. a. O., Rn. 29 und 33 ff.).

Das Verwaltungsgericht Karlsruhe hat in der voranstehend zitierten Entscheidung den Klägern, die auf die Feststellung eines Anspruches auf Durchführung einer Tuchbestattung geklagt hatten, dieses Begehr versagt (siehe hierzu auch *Uhl*, die gemeinde, Ausgabe November 2020, S. 43 ff. (Urteilsanmerkung)). Die Kläger sind ein Ehepaar christlichen Glaubens. Die Klägerin ist Mitglied der evangelischen Landeskirche. Der Kläger ist Mitglied des Zentralrats orientalischer Christen in Deutschland e. V. und gehört im Übrigen seit seinem im Jahr 2003 erfolgten Austritt aus der Evangelischen Landeskirche keiner Religionsgemeinschaft mehr an (VG Karlsruhe, a. a. O., Rn. 2). Das Verwaltungsgericht Karlsruhe hat hierzu geurteilt, dass für diese Kläger die Religionszugehörigkeit eine sarglose Bestattung nicht vorsieht (VG Karlsruhe, a. a. O., Rn. 33 bis 35): *„Die Religionszugehörigkeit der Kläger sieht eine sarglose Bestattung nicht vor. Denn sie haben nicht substantiiert und nachvollziehbar dargelegt, dass eine Glaubensregel, die diese Bestattungsart gebietet, existiert. Darüber hinaus ergibt sich aus ihrem Vortrag auch nicht, dass sie die sarglose Bestattung subjektiv als verpflichtendes religiöses Gebot empfinden. Die Kläger haben in der mündlichen Verhandlung vor dem erkennenden Gericht am 19. September 2019 erklärt, ihr Wunsch nach einer sarglosen Bestattung beruhe nicht auf einem Glaubenssatz; er sei nicht formal, sondern emotional begründet. Ihr Glaube unterliege keiner formaljuristischen Festlegung. Sie verfügten auch nicht über ein Netzwerk von Gleichgesinnten; gleichwohl würden sie im persönlichen Gespräch immer wieder Zustimmung erfahren. Es würde sie auch nicht in Gewissensnot bringen, sich im Sarg bestatten zu lassen; es handele sich nicht um einen inneren Konflikt. Es gebe schlimmere Schicksale. Zentral sei nicht die Form der Bestattung, sondern der Auferstehungsglaube. Auch bei den Kopten sei die sarglose Bestattung zwar in ihrer Herkunftsregion üblich, aber nicht zwingend. In Deutschland würden diese mit Sarg bestatten. Ein Gebot der Tuchbestattung bestehe im Christentum nicht, weil die Bestattungsart zweitrangig sei. Das Christentum verbiete eine sarglose Bestattung aber auch nicht. Die Leintuchbestattung sei auch Teil des Christentums gewesen. Neben den christlichen Gründen hätten sie noch weitere für ihren*

Bestattungswunsch. Sie hätten einfach ein besseres Gefühl dabei, sich sarglos bestatten zu lassen. Sie hätten das bewusst als Ehepaar alleine durchgezogen. Ob es sich um eine kleine Einheit handele oder eine große, sei nach ihrem Gerechtigkeitsempfinden unerheblich. Mit diesem Vortrag ist es den Klägern weder gelungen, substantiiert und nachvollziehbar darzulegen, dass es zumindest in ihrer Religionsgemeinschaft eine Glaubensregel gibt, die eine sarglose Bestattung im Leintuch gebietet, noch, dass sie diese Bestattungsart aus religiösen Gründen als für sich verpflichtend empfinden. Der von den Klägern geltend gemachte, u.a. durch ihren Glauben motivierte Wunsch genügt insofern ebenso wenig wie ihre Zugehörigkeit zu einer Religion, die die sarglose Bestattung nicht verbietet. Die Kläger haben auch eingeräumt, dass sie mit ihrem Wunsch, sich sarglos bestatten zu lassen, nicht Teil einer Gruppe von Gleichgesinnten („Netzwerk") sind, sondern diesen bewusst einzeln verfolgen."

Bei Vorliegen der gesetzlichen Voraussetzungen ergibt sich ein Anspruch auf Durchführung einer Tuchbestattung unmittelbar aus der Regelung gemäß § 39 Abs. 1 Satz 3 BestattG; das gilt insbesondere unabhängig von der Existenz konkretisierender satzungsrechtlicher Bestimmungen in kommunalen Friedhofsordnungen. Eine sarglose Erdbestattung in Tüchern auf der Grundlage von § 39 Abs. 1 Satz 3 BestattG setzt keinen vorherigen genehmigenden Verwaltungsakt voraus (VG Karlsruhe, a. a. O., Rn. 20). Sofern hier ein gesetzlicher Anspruch auf Durchführung einer Tuchbestattung festgehalten wird, resultiert hieraus kein flankierender Anspruch, ausschließlich in jungfräulicher Erde tuchbestattet zu werden. Der Friedhofsträger ist nicht zur Vorhaltung entsprechender Flächen verpflichtet. Der in § 39 Abs. 1 Satz 3 BestattG normierte Rechtsanspruch zielt ausschließlich auf den Vorgang der Tuchbestattung, der sich eben wesentlich durch den Wegfall der Sargpflicht auszeichnet.

Regelungen zu Tuchbestattungen haben zwischenzeitlich auch in die aktuelle Bestattungsverordnung Eingang gefunden: Voraussetzung für die Durchführung einer Tuchbestattung ist der erklärte oder mutmaßliche Wille der Verstorbenen (§ 4 Abs. 1 Satz 2 i. V. m. Satz 1 BestattVO). Das Nähere zur Tuchbestattung regelt die Friedhofssatzung (§ 4 Abs. 1 Satz 3 BestattVO). Sind Gesundheitsgefahren zu befürchten, kann das zuständige Gesundheitsamt eine Bestattung im Sarg anordnen (§ 4 Abs. 2 BestattVO). Friedhofsträger können – nicht müssen – Gräberfelder für Tuchbestattungen anlegen (§ 4 Abs. 3 Satz 1 BestattVO). Hierfür sind folgerichtig ausschließlich solche Flächen geeignet, die vorher noch nicht belegt waren (jungfräuliche Erde). Die für rituelle Waschungen erforderlichen Einrichtungen können auch außerhalb der Verantwortlichkeit der Friedhofsträger vorgehalten werden (§ 4 Abs. 3 Satz 2 BestattVO). Im Rahmen von Tuchbestattungen ist das Öffnen des Sarges an der Grabstätte zulässig (§ 13 Abs. 1 Satz 3 BestattVO). Bei einer Tuchbestattung erfolgt der Transport von Verstorbenen in einem geschlossenen Sarg bis unmittelbar zur Grabstätte. Erst dort werden Verstorbene aus dem Sarg gehoben (§ 15 Satz 1 und 2 BestattVO). Dabei sind die Vorschriften des Arbeitsschutzgesetzes und die Unfallverhütungsvorschriften nach § 15 SGB VII insbesondere beim Abstützen der Grabstätte einzuhalten. § 29 BestattVO ist zu beachten (§ 15 Satz 3 und 4 BestattVO).

Die Aufnahme konkretisierender Regelungen zur Durchführung von Tuchbestattungen in den kommunalen Friedhofssatzungen kann in vielen Fällen durchaus geboten sein. Das dürfte insbesondere für größere Kommunen gelten, dürften wohl dort Tuchbestattungen künftig in einer tendenziell sicher steigenden Zahl durchgeführt werden. Sofern in § 4 Abs. 1 Satz 3 BestattVO geregelt ist, dass das Nähere zur Tuchbestattung die Friedhofsatzung regelt, kommt dem eher bloß deklaratorische Bedeutung zu. Die entsprechende Satzungsbefugnis resultiert vielmehr aus der allgemeinen Vorschrift nach § 15 Abs. 1 Satz 1 und 2 BestattG; hiernach können in Friedhofsordnungen (nur) solche Bestimmungen enthalten sein, *„die notwendig sind"*, Tote geordnet und würdig zu bestatten, beizusetzen und zu ehren, sowie die Ordnung auf dem Friedhof aufrechtzuerhalten. Legitime konkretisierende Bestimmungen in Friedhofsordnungen zur Durchführung von Tuchbestattungen zielen insbesondere auf eine würdevolle Durchführung und die Vermeidung von Unfällen.

Im Zusammenhang mit der Ausweisung besonderer Grabfelder für Tuchbestattungen (§ 4 Abs. 3 Satz 1 BestattVO) wäre ein in der Friedhofssatzung einhergehendes Verbot, wonach Tuchbestattungen auf den anderen Grabfeldern in der Folge unzulässig sind, hiernach nur dann als zulässig zu erachten, wenn hierfür legitime Gründe im Sinne von § 15 Abs. 1 Satz 2 BestattG für eine sachliche Rechtfertigung des mit dieser Restriktion einhergehenden Grundrechtseingriff angeführt werden könnten. Legitime Gründe wären ggf. gesteigerte Platzbedürfnisse oder aus Arbeitsschutz- und Unfallverhütungsvorschriften resultierende Aspekte. Käme solchen Aspekten auf dem ausgewiesenen besonderen Grabfeld für Tuchbestattungen allerdings keine besondere Beachtung zu, wäre ein solches Verbot sehr wahrscheinlich unzulässig. Unproblematisch ist die Ausweisung eines speziellen Grabfeldes für Tuchbestattungen stets dann, wenn Tuchbestattungen auf Wunsch auch auf anderen Grabfeldern durchgeführt werden dürfen.

§ 13 BestattVO bleibt unberührt: Hiernach dürfen Verstorbene nicht öffentlich ausgestellt werden (§ 13 Abs. 1 BestattVO). Särge dürfen bei Bestattungsfeierlichkeiten nur innerhalb geschlossener Feierhallen und kirchlicher Räume geöffnet werden (§ 13 Abs. 1 Satz 2 BestattVO). Diese Vorschrift eröffnet Angehörigen bestimmter Glaubensrichtungen (z. B. orthodoxen Christen) die Möglichkeit der Aufbahrung und Abschiednahme am offenen Sarg bei Bestattungsfeierlichkeiten innerhalb geschlossener Feierhallen und kirchlicher Räume (nicht veröffentlichte Begründung des Sozialministeriums zu § 13 Abs. 1 BestattVO). Die zuständige Behörde kann hiervon Ausnahmen zulassen oder Einschränkungen erlassen, soweit die Würde der Verstorbenen Person gewahrt bleibt und keine gesundheitlichen Gefahren entstehen (§ 13 Abs. 2 Satz 1 BestattVO); auch § 12 Abs. 2 BestattG ist zu beachten (§ 13 Abs. 2 Satz 2 BestattVO).

Zu Absatz 2

Die Musterfriedhofsatzung enthält keine Vorschrift über das Material der Särge. Wird eine solche Bestimmung für notwendig gehalten, so kann § 6 folgender Absatz 2 angefügt werden: *„Särge aus Metall oder Hartholz oder ähnlichem schwer verweslichem Holz dürfen nicht verwendet werden. Werden Leichen in solchen Särgen überführt, so dürfen sie nur in den besonders dafür vorgesehenen Stellen im Friedhof beigesetzt werden."*

Es können auch weitere sonstige Regelungen aufgenommen werden, z. B. das Verbot synthetischer Stoffe für die Sterbewäsche und den Sargausschlag.

Zu Absatz 3

In einem Verbrennungsraum einer Feuerbestattungsanlage darf jeweils nur eine verstorbene Person eingeäschert werden (§ 22 Abs. 1 Satz 1 BestattVO). Mit Einwilligung der Angehörigen kann ein verstorbenes Kind bis zum vollendeten ersten Lebensjahr zusammen mit der verstorbenen Mutter oder dem verstorbenen Vater eingeäschert werden (§ 22 Abs. 1 Satz 2 BestattVO). Nach der Einäscherung ist die Asche der verstorbenen Person mit dem Kennzeichen nach § 22 Abs. 2 BestattVO in einer Urne zu sammeln (§ 22 Abs. 3 BestattVO). Die Urne muss aus festem Material sein und ist sofort zu verschließen (§ 24 Abs. 1 BestattVO). Die Urne muss gemäß den Maßgaben nach § 24 Abs. 2 BestattVO äußerlich an geeigneter Stelle dauerhaft gekennzeichnet sein. Urnen für Naturbestattungen müssen biologisch abbaubar sein (§ 24 Abs. 3 BestattVO). Urnen für Seebestattungen müssen aus wasserlöslichem Material bestehen, biologisch abbaubar sein und dürfen keine Metallteile enthalten (§ 24 Abs. 4 BestattVO). Die Urnenweitergabe hat dann nach den Maßgaben gemäß § 25 BestattVO zu erfolgen.

Zu Absatz 4

Die Ortspolizeibehörde (§ 36 Abs. 3 BestattVO) kann für Särge zum Zweck der Erdbestattung auch andere dem Holz gleichwertige Materialien zulassen, wenn eine würdige und pietätvolle Gestaltung der Särge gewährleistet ist und diese so beschaffen sind, dass die Funktionen eines Holzsargs gleichwertig erfüllt werden (§ 14 BestattVO).

§ 40
Bestattungsbuch

Für alle Grabstätten ist vom Träger des Bestattungsplatzes ein Bestattungsbuch zu führen. In das Bestattungsbuch sind Namen, Geschlecht, Geburtsdatum und Todestag der verstorbenen Person, der Tag der Bestattung oder der Beisetzung sowie die Nummer der Grabstätte einzutragen.

Erläuterungen

Die Vorschrift soll eine Überwachung der vorgenommenen Bestattungen und Beisetzungen sowie ein Wiederauffinden bestimmter Leichen und Aschen ermöglichen. Sofern früher, vor allem in kleineren Gemeinden, kein **Bestattungsbuch** geführt wurde, konnten Name, Geschlecht, Geburtsdatum und Todestag des Verstorbenen nur der Grabinschrift entnommen werden.

2.
Ausgrabung

§ 41

Verstorbene dürfen nur mit Erlaubnis der zuständigen Behörde ausgegraben werden. Diese hat die zum Schutze der Gesundheit notwendigen Maßnahmen anzuordnen.

Erläuterungen

Die **Ausgrabung von Verstorbenen** ist oft mit gesundheitlichen Gefahren verbunden. Deshalb wird eine **Erlaubnis vorgeschrieben.** Die Erlaubnis ist von der Ortspolizeibehörde im Benehmen mit dem Gesundheitsamt zu erteilen (§§ 35 Satz 1 und 36 Abs. 3 BestattVO). Ihre Erteilung kann davon abhängig gemacht werden, dass die antragstellende Person das Einverständnis des Trägers des Bestattungsplatzes mit der Ausgrabung nachweist (§ 35 Satz 2 BestattVO). Dieser Bestimmung kommt vor allem bei kirchlichen Friedhöfen eine praktische Bedeutung zu. Die Genehmigungspflicht bezieht sich nur auf die Ausgrabung, nicht dagegen auf die erneute Bestattung in demselben oder auch in einem anderen Ort. Die **Umbettung kann** auf Grund dieser Bestimmung **nur aus gesundheitspolizeilichen Gründen versagt werden.**

Um die Möglichkeit zu schaffen, die Umbettung auch unter dem Gesichtspunkt der Ordnung auf dem Friedhof beschränken und regeln zu können, enthält § 9 Musterfriedhofsatzung entsprechende Vorschriften. Die Friedhofsatzung sieht eine besonders strenge **Beschränkung der Umbettung von Verstorbenen in den ersten Jahren der Ruhezeit** vor. Sie erscheint deshalb geboten, weil Umbettungen von Leichen, die noch mitten im Verwesungsprozess stehen, dem Friedhofspersonal nur zuzumuten sind, wenn ganz besondere Gründe vorliegen. In der Musterfriedhofsatzung ist die Länge der Frist offengelassen. Es kommt hierbei auf die Verwesungsfähigkeit des Bodens an: vorgeschlagen werden für diese Frist fünf bis acht Jahre. Zur Umbettung von Kriegsgräbern vgl. § 6 Gräbergesetz. Unberührt bleibt die Umbettung von Amts wegen, insbesondere bei Schließung des Friedhofs nach § 10 BestattG, bei Vernachlässigung der Grabpflege nach § 21 Musterfriedhofsatzung, nach § 87 Abs. 3 StPO und bei polizeilichen Anordnungen.

Die Bestimmung in einer gemeindlichen Friedhofsatzung, nach der einer Umbettung innerhalb der ersten fünf Jahre nach der Beisetzung nur bei dringendem öffentlichem Interesse zugestimmt wird, stellt eine grundsätzliche zulässige Benutzungsregelung dar (VG Dessau, Urt. vom 15.1.1998 – A K 297/97 –, DÖV 1998 S. 1024).

Zur Ausgrabung und Umbettung von Leichen vgl. *Seeger*, BWGZ 1977 S. 610 und BWGZ 1987 S. 56 sowie *Uhl*, BWGZ 18/2019, S. 917 ff. (insb. zu neuen Bestrebungen und den hiermit verbundenen Anforderungen an eine kommunale Praxis).

Das Recht, die sogenannte Totenfürsorge wahrzunehmen, insbesondere den Ort der letzten Ruhestätte zu bestimmen oder für die Bestattung an dem vom Verstorbenen bestimmten Ort zu sorgen und den Leichnam erforderlichenfalls dorthin umzubetten, steht in erster Linie demjenigen zu, den der Verstorbene mit der Wahrnehmung dieser Belange betraut hat, auch wenn er nicht zum Kreis der sonst berufenen Angehörigen zählt.

Mit dem Fordern des Vorliegens eines „wichtigen Grundes" als Voraussetzung für die Erteilung einer Zustimmung zur Durchführung einer Umbettung von Verstorbenen und Urnen mit Aschen Verstorbener trägt der örtliche Satzungsgeber der verfassungsrechtlich nach Art. 1 Abs. 1 GG geforderten Totenruhe Rechnung. Ein „wichtiger Grund" in diesem Sinne liegt somit vor, wenn das Interesse an der Umbettung ausnahmsweise die durch Art. 1 Abs. 1 GG geschützte Totenruhe überwiegt. Im Konflikt mit dem Recht der Angehörigen des Verstorbenen auf Totenfürsorge kommt dem Schutz der Totenruhe regelmäßig Vorrang zu. Die mit der Umbettung verbundene Störung der Totenruhe kann ausnahmsweise gerechtfertigt sein, wenn der Verstorbene zu Lebzeiten sein ausdrückliches Einverständnis mit der Umbettung erklärt hat, oder wenn aus Tatsachen mit hinreichender Sicherheit auf seinen entsprechenden mutmaßlichen Willen zu schließen ist, oder wenn das Interesse des Totensorgeberechtigten an der Umbettung unter Berücksichtigung aller maßgeblichen Umstände des Einzelfalls nach allgemeiner Verkehrsauffassung schutzwürdig ist und seine Gründe so gewichtig sind, dass die Achtung der Totenruhe zurücktreten muss. Ein wichtiger Grund kann dann im Einzelfall auch vorliegen, wenn das Recht der Totenfürsorge in unzumutbarer Weise erschwert oder gar unmöglich gemacht wird (nach einer systematisch überzeugenden Darstellung des OVG NRW (Urt. vom 30.7.2009, – 19 A 957/09 –, zit. nach juris, Rn. 47). Im Zuge der Bewertung, ob einem Antrag auf Durchführung einer Ausgrabung und Umbettung stattgegeben werden darf, kommt es auf die individuelle Interessenlage an, insbesondere darauf, ob der geltend gemachte Anspruch, unter Berücksichtigung der gesamten Sachlage, der herrschenden sittlichen Auffassung entspricht, den Antragstellern Gründe der Pietät oder sonst erhebliche Umstände zur Seite stehen und der Wunsch auf andere Weise nicht erfüllt werden kann (*Barthel*, in: Handbuch des Friedhofs- und Bestattungsrechts, 13. Auflage 2022, Kap. 15 Rn. 24; in diesem Sinne seit jeher auch der VGH BW, etwa Urt. vom 22.1.1979, – I 370/78 –, zit. nach juris, Rn. 12).

Es entsprach bisher der nahezu einhelligen Einschätzung in der Rechtsprechung und im Schrifttum, wonach der geplante Umzug eines Nutzungsberechtigten aufgrund veränderter Lebensumstände für sich allein gesehen nicht das Vorliegen eines wichtigen Grundes für die Durchführung einer Umbettung zu begründen vermag. Es müssen hingegen grundsätzlich noch weitere Tatsachen hinzutreten, in deren Folge dem Nutzungsberechtigten ein Besuch der Grabstätte unter keinen Umständen mehr zugemutet werden kann (vgl. zum Ganzen *Barthel*, a. a. O., Kap. 15 Rn. 16 mit Nachw. aus der Rspr.). Gegenläufige „Überlegungen" des OVG Bln-Bbg im Rahmen einer Entscheidung vom 28.5.2019 (– OVG 12 N 26.19 –, zit. nach juris, Rn. 5) zum Nachweis eines ausdrücklichen Willens des Verstorbenen, wonach denkbar sei, *„eine – gegebenenfalls wechselseitige – schriftliche Erklärung von Eheleuten, im Falle des notwendigen Umzugs des überlebenden Ehegatten eine Umbettung zu dessen neuem Wohnort zu wünschen"*, sind abzulehnen und haben bisher auch keinen Eingang gefunden in die für Baden-Württemberg maßgebliche verwaltungsgerichtliche Rechtsprechung. Der Ansatz des OVG Bln-Bbg erscheint nicht zu Ende gedacht; dieses auch hinsichtlich Auswirkungen für eine Praxis der überwiegend kommunalen Friedhofsträger. Dieser Ansatz leidet insbesondere daran, dass ein überlebender Ehepartner im Laufe seines weiteren Lebens unter Umständen nicht bloß einmal umziehen wird. Moderne Erwerbsbiografien lassen dieses nicht unwahrscheinlich erscheinen. Es bestehen erhebliche Zweifel, ob in der Folge mehrfache Umbettungen vom Willen des Verstorbenen gedeckt sind. Angebliche Bedürfnisse einer stetig mobiler werdenden

Gesellschaft sollten insgesamt nicht zu einer vorschnellen Aufweichung bisher anerkannter Maßgaben zur Begründung eines wichtigen Grundes für die Durchführung einer Umbettung führen.

Zwei jüngere Gerichtsentscheidungen aus Bayern und Brandenburg geben Anlass, sich mit der Frage zu befassen, ob im Rahmen der Bewertung des Vorliegens eines wichtigen Grundes zwischen Erdbestattungen und Urnenbeisetzungen unterschieden werden muss (Verfassungsgericht des Landes Brandenburg, Beschl. vom 24.3.2017, – 68/15 –, zit. nach juris; BayVGH, Urt. vom 31.1.2018, – 4 N 17.1197 –, zit. nach juris). Im Rahmen dieser Gerichtsentscheidungen werden für den Fall der Umbettung einer Urne geringere Anforderungen an das Vorliegen eines wichtigen Grundes gestellt. Diese Gerichtsentscheidungen betreffen allerdings ausschließlich solche Bundesländer, deren Bestattungsgesetze keine gleich langen Mindestruhezeiten für Erd- und Urnenbeisetzung normieren. Es ist wohl davon auszugehen und scheint ebenso wünschenswert, dass diese Rechtsprechung von den Verwaltungsgerichten in Baden-Württemberg nicht übernommen werden dürfte. Die einschlägigen Bestimmungen des hiesigen Bestattungsgesetzes böten für eine Übernahme keine überzeugenden Anknüpfungspunkte. Das Bestattungsgesetz Baden-Württemberg stellt mit der Regelung des § 6 Abs. 1 S. 4 ausdrücklich klar, dass die gesetzlichen Mindestruhezeiten für Verstorbene gemäß § 6 Abs. 1 S. 3 BestattG *„auch für Aschen Verstorbener einzuhalten"* sind. Daraus folgt, dass eine Umbettung von Verstorbenen und Urnen zumindest innerhalb der identischen Mindestruhezeit nach gleichen Grundsätzen zu beurteilen ist (VG Karlsruhe, Urt. vom 15.11.2005, – 11 K 1007/05 –, zit. nach juris, Rn. 16). Es überzeugt damit insgesamt nicht, wenn in der Entscheidung für eine Feuerbestattung ein Anknüpfungspunkt für die Behauptung einer in der Abwägung weniger gewichtigen Totenruhe oder einen modifizierten mutmaßlichen Willen des Verstorbenen hinsichtlich der Zulässigkeit der Durchführung von Umbettungen erblickt werden soll. Wer das anders sieht, müsste sich unter Umständen auch die Frage gefallen lassen, ob vielleicht solche Urnen, die nicht in die Erde eingelassen, sondern (bloß) in einer Urnenwand eingestellt sind, nochmals unter erleichterten Anforderungen umgebettet werden dürfen sollen. Einem solchen Trend darf kein Vorschub geleistet werden.

Zur Beweislast für den letzten Willen des Verstorbenen, BGH, Urt. vom 26.2.1992 – XII ZR 58/91 –, BWGZ 1994 S. 649.

In § 9 der Musterfriedhofsatzung ist zwischen **Umbettungen auf Antrag** von Angehörigen und **Umbettung von Amts wegen** unterschieden. Antragsberechtigt ist der Verfügungsberechtigte. Als **Verfügungsberechtigter an einem Wahlgrab ist der Nutzungsberechtigte, an einem Reihengrab** derjenige anzusehen, **der tatsächlich die Pflege und Unterhaltung des Grabes übernommen hat.** Besteht unter mehreren Angehörigen Streit über eine Ausgrabung, kann die zuständige Behörde ihre Entscheidung zurückstellen, bis über diesen Streit durch ein ordentliches Gericht entschieden ist. Der VGH BW hat mit Urt. vom 8.10.1973 – I 496/73 – (BWGZ 1975 S. 63) entschieden, dass der Friedhofsträger eine Umbettung ablehnen kann, wenn im gleichen Verwandtschaftsverhältnis zum Toten stehende Angehörige sich über den Ort der Beisetzung nicht einig sind. Einen Antrag auf Ausgrabung einer Leiche wird aber stattzugeben sein, wenn ein Gericht bei einem Streit über den Bestattungsort nicht den Bestattungsort als vom Verstorbenen gewollt feststellt (vgl. Erl. zu § 33 BestattG). Nach Auffassung des OVG Lüneburg (Urt. vom 5.12.1984 – 2 A 799/84 –) kann ein wichtiger Grund für eine Umbettung nicht darin gesehen werden, dass ein gemeinsames Grab der Eheleute am Bestattungsort der verstorbenen Frau von der Erbin besser besucht und gepflegt werden könnte. Wörtlich führt das Gericht aus: *„Diese an sich anerkennenswerten Bedürfnisse lassen aber eine Störung der Totenruhe nicht zu. Würde man ihnen nämlich durch eine Umbettung genügen wollen, so wäre die Totenruhe wegen der Möglichkeit eines mehrmaligen Wohnsitzwechsels der Angehörigen sogar auf Dauer in Frage gestellt. Daher müssen die Wünsche der Angehörigen gegenüber dem Schutz der Totenruhe zurücktreten."* Eine Umbettung von Amts wegen kann z. B. bei einer Entziehung des Nutzungsrechts nach § 21 Abs. 1 BestattG notwendig werden.

Die **Ausgrabung kann nicht völlig** oder nach Ablauf einer bestimmten Frist **ausgeschlossen werden,** da dadurch das privatrechtliche Bestattungsrecht in unzulässiger Weise beschnitten werden würde (OVG Bln in DÖV 1964 S. 557).

Im Gebührenverzeichnis zum Muster einer Friedhofsatzung sind für den Ersatz der bei Umbettungen anfallenden Kosten Stundenlohnsätze vorgesehen.

Zur Besichtigung oder Öffnung einer schon beerdigten Leiche auf Grund einer richterlichen oder staatsanwaltlichen Anordnung ist eine Ausgrabung gestattet (§ 87 Abs. 3 StPO).

Vierter Abschnitt
Verstorbene in anatomischen Instituten

§ 42

(1) Verstorbene dürfen in einem anatomischen Institut wissenschaftlichen Zwecken erst dann zugeführt werden, wenn die für die Erdbestattung nach § 34 vorgeschriebenen Bestattungsunterlagen vorliegen.

(2) § 37 Abs. 1 gilt nicht für die Bestattung von Verstorbenen, die zu wissenschaftlichen Zwecken in anatomische Institute gebracht werden. § 29 Abs. 1 ist nicht anzuwenden.

(3) Das anatomische Institut hat dafür zu sorgen, daß durch die ihm zugeführten Verstorbenen übertragbare Krankheiten nicht weiterverbreitet werden.

(4) Das anatomische Institut muß für die Bestattung der Verstorbenen sorgen, sobald sie nicht mehr wissenschaftlichen Zwecken dienen.

Erläuterungen

Zu Absatz 1

Für die wissenschaftliche Ausbildung des ärztlichen Nachwuchses müssen Verstorbene zur Verfügung stehen. Sie dürfen einem **anatomischen Institut** jedoch erst zugeführt werden, wenn auch ihre Bestattung zulässig wäre. Es müssen nur die für die Erdbestattung vorgeschriebenen Bestattungsunterlagen vorliegen (Todesbescheinigung des Arztes und nach vollzogenem Eintrag des Sterbefalles in das Sterbebuch). Soll nachträglich noch eine Feuerbestattung stattfinden, müssen die für die Feuerbestattung vorgeschriebenen Unterlagen vorliegen (Erlaubnis nach § 35 BestattG). Dies ergibt sich zwar nicht ausdrücklich aus dem Gesetz, muss aber aus § 35 BestattG geschlossen werden, da sich die Feuerbestattung ausschließlich nach dieser Bestimmung richtet.

Die **Entscheidung** darüber, ob ein Verstorbener in ein anatomisches Institut abgegeben werden soll, kann der Verstorbene **zu Lebzeiten** selbst treffen, und zwar **in Form einer letztwilligen Verfügung oder** aber **einer formlosen Äußerung des Wunsches** (ähnlich wie bei der Erdbestattung oder Verbrennung, vgl. Erl. zu § 32 BestattG). Allgemein kann die Zuführung des Verstorbenen in ein anatomisches Institut als zulässig angesehen werden, wenn dadurch Pietätsgefühle nicht verletzt werden, z. B. wenn der Verstorbene keine Angehörigen hat oder keine Angehörigen ermittelt werden können und bekannt ist, dass er sich zu Lebzeiten nicht gegen eine Überführung seiner Leiche in ein anatomisches Institut ausgesprochen hat. Können später Angehörige festgestellt werden und sprechen sich diese gegen die Zuführung aus, so können sie keine Ansprüche geltend machen, sofern die Behörde, die die Überführung veranlasst hat, nicht schuldhaft versäumte, entsprechende Ermittlungen zur Feststellung von Angehörigen gemacht zu haben. Auch kann eine **Ablieferung** erfolgen, **wenn die Angehörigen zustimmen oder** nach Benachrichtigung von der beabsichtigten Ablieferung dieser **nicht** in angemessener Frist **widersprechen**. Sind sich die Angehörigen über die Ablieferung nicht einig, so hat die Maßnahme, d. h. die Ablieferung, zu unterbleiben. Gegen den Willen der Angehörigen kann eine Ablieferung einer Leiche an ein anatomisches Institut nicht erfolgen.

Wenn die Ortspolizeibehörde die Bestattung im Wege der Ersatzvornahme veranlasst, ist eine Zuführung eines Verstorbenen an ein anatomisches Institut dann nicht geboten, wenn ein entsprechender Wille des Verstorbenen für die Ortspolizeibehörde nicht erkennbar ist und wenn die anatomischen Institute ohne dies teilweise einen Aufnahmestopp verhängt haben (vgl. Erl. zu § 32 BestattG).

Zu Absatz 2

Die für die Bestattung vorgesehene Höchstfrist ist naturgemäß von einem anatomischen Institut nicht zu beachten. Auch die Vorschrift über die Konservierung der Leichen ist nicht anzuwenden, da aus wissenschaftlichen Gründen auch eine Verwendung von die Verwesung hemmenden Mitteln erforderlich sein kann.

Zu Absatz 3 und 4

Zu bestatten sind die nach den Präparierübungen noch vorhandenen Leichenreste. Es muss jedoch – über § 12 Abs. 1 BestattG hinaus – hier als zulässig angesehen werden, die Leichenreste in einem Sammelgrab beizusetzen, wenn nicht bestattungsberechtigte Angehörige verlangen, dass die Beisetzung in einem Einzelgrab vorgenommen wird.

Fünfter Abschnitt
Beförderung von Verstorbenen

§ 43
Allgemeines

(1) Verstorbene sind in würdiger und gesundheitlich unbedenklicher Weise zu befördern.

(2) Zur Beförderung vom Sterbeort an einen anderen Ort innerhalb von Baden-Württemberg kann auch eine blick- und flüssigkeitsdichte Umhüllung verwendet werden.

(3) Sollen Verstorbene zum Zweck der Feuerbestattungin ein anderes Bundesland oder in Orte außerhalb Deutschlands befördert werden, muss vor der Beförderung eine zweite Leichenschau durchgeführt werden. Satz 1 gilt in Fällen von Ausgrabungen nach § 41 Satz 1 nur insoweit, als eine zweite Leichenschau nach Prüfung durch das zuständige Gesundheitsamt noch möglich ist.

Erläuterungen

Durch die Novelle 2009 wurde die Regelung des aktuellen Absatz 3 eingefügt, wonach bei der Beförderung von Verstorbenen in ein anderes Land (Bundesland, außerhalb Deutschlands) eine zweite Leichenschau durchzuführen ist. Im Zuge der Novelle 2014 wurde der aktuelle Absatz 2 aus Arbeitsschutzgründen – z. B. enge Treppenhäuser – eingefügt (LT-Drs. 15/4543 S. 18), wonach zur Beförderung vom Sterbeort an einen anderen Ort innerhalb von Baden-Württemberg auch eine blick- und flüssigkeitsdichte Umhüllung verwendet werden kann. Ein Transport Verstorbener in andere (Bundes-) Länder ist mit dieser Methode nicht zulässig.

Die Vorschrift enthält Grundsätze, die von jedermann zu beachten sind. Die Gemeinden können nicht vorschreiben, dass nur ihre Leichenfahrzeuge verwendet werden. Der VGH BW hat in einem Normenkontrollverfahren durch Beschl. vom 5.6.1961 den in einer Friedhofssatzung ausgesprochenen Benutzungszwang für einen städtischen Leichenwagen als unzulässig erklärt (WGZ 1962 S. 247).

Die Bestattungsverordnung enthält Vorschriften über die Anforderungen an die Beschaffenheit von Särgen für die Beförderung von Verstorbenen im öffentlichen Raum: Verstorbene dürfen im Öffentlichen Raum nur in verschlossenen abgedichteten Särgen mit ausreichend hoher saugfähiger Bodenlage befördert werden (§ 29 Abs. 2 Satz 1 BestattVO). Särge, die nur zum Transport und nicht der Bestattung Verstorbener dienen, müssen aus reinigungs- und desinfektionsfähigem Material bestehen (§ 29 Abs. 2 Satz 2 BestattVO). Bei Wiederverwendung ist nach jedem Gebrauch eine gründliche Reinigung und bei Ansteckungsgefahr eine Desinfektion vorzunehmen (§ 29 Abs. 2 Satz 3 BestattVO). § 12 BestattVO bleibt unberührt (§ 29 Abs. 2 Satz 4 BestattVO). Werden Verstorbene in das Ausland befördert, muss der Holzsarg einen Innensarg aus Zink enthalten oder mit Zinkblech ausgekleidet sein (§ 29 Abs. 3 Satz 1 BestattVO). Wird ein Innensarg verwendet, so ist dessen Boden mit einer ausreichend hohen Schicht aufsaugender Stoffe zu bedecken (§ 29 Abs. 3 Satz 2 BestattVO). Statt eines Innensarges kann auch eine flüssigkeits- und gasdichte Umhüllung der Verstorbenen Person Verwendung finden, die den Vorgaben der Fluggesellschaften sowie den Vorgaben des Empfängerlandes entspricht (§ 29 Abs. 3 Satz 3 BestattVO).

Verstorbene müssen bei der Beförderung im Straßenverkehr in andere Gemeinden von einer zuverlässigen Person begleitet werden (§ 30 Satz 1 BestattVO). Die transportbegleitende Person hat für die Einhaltung der Maßgaben nach § 30 Satz 2 Nr. 1 bis 5 BestattVO zu sorgen.

Eine zweite Leichenschau ist wie folgt vorgeschrieben:

- vor der Feuerbestattung (in Baden-Württemberg)
- vor der Beförderung der Leiche zur Feuerbestattung in ein anderes Bundesland
- vor der Beförderung der Leiche zur Feuerbestattung in Orte außerhalb Deutschlands.

Bei der zweiten Leichenschau vor der Feuerbestattung wird die Leiche nochmals auf Anhaltspunkte für einen nicht natürlichen Tod untersucht, da durch die Verbrennung einer Leiche sämtliche Spuren, die auch nach längerer Zeit noch auf einen nicht natürlichen Tod hinweisen können, unwiederbringlich beseitigt werden.

Ähnliche Gründe haben zu der Einführung der zweiten Leichenschau bei einem Transport der Leichen außerhalb Baden-Württembergs geführt. Wird nämlich die Leiche zum Zweck der Feuerbestattung in ein anderes Bundesland oder in ein Land außerhalb Deutschlands befördert, in dem keine zweite Leichenschau vorgeschrieben ist, besteht die Gefahr, dass die Leiche dort verbrannt wird, ohne dass durch eine zweite Leichenschau eine nochmalige Untersuchung auf Anhaltspunkte für einen nicht natürlichen Tod vorgenommen wurde.

Diese zweite Leichenschau ist in den Fällen des § 41 BestattG (Ausgrabung von Leichen) nur dann erforderlich, als eine zweite Leichenschau nach Prüfung durch das zuständige Gesundheitsamt noch möglich ist. Erfolgt nach mehrjähriger Totenruhe eine Umbettung auf einen Friedhof außerhalb Baden-Württembergs oder außerhalb Deutschlands, würde auch hier der Grundsatz gelten, dass eine zweite Leichenschau Voraussetzung für die Beförderung der Leiche ist. Bei einer mehrjährigen Totenruhe ist eine zweite Leichenschau aber in der Regel nicht mehr möglich bzw. eine gerichtsmedizinische Untersuchung meist auch nicht mehr sinnvoll. Deshalb erfolgt eine Einzelfallprüfung durch das zuständige Gesundheitsamt, ob eine zweite Leichenschau noch möglich ist.

§ 44

Leichenpaß

(1) Verstorbene dürfen in Orte außerhalb Deutschlands nur mit einem Leichenpass befördert werden. § 43 Abs. 2 bleibt unberührt.

(2) Zur Beförderung in ein anderes Bundesland ist ein Leichenpaß auszustellen, wenn das Land die Beförderung oder die Bestattung Verstorbener von der Vorlage eines Leichen-

passes abhängig macht. Entsprechendes gilt für die Beförderung mit der Eisenbahn. § 43 Abs. 2 bleibt unberührt.

(3) Das Sozialministerium kann durch Rechtsverordnung bestimmen, daß Verstorbene auch in anderen Fällen nur mit einem Leichenpaß befördert werden dürfen, wenn dies zur Verhütung gesundheitlicher Gefahren notwendig ist.

(4) Der Leichenpaß darf erst ausgestellt werden, wenn die für eine Erdbestattung nach § 34 Abs. 1, 2 und 4 vorgeschriebenen Bestattungsunterlagen vorliegen.

Erläuterungen

Zu Absatz 1

Die bisherigen Vorschriften, die in fast allen Beförderungsfällen eine Beförderungserlaubnis (Leichenpass) vorgeschrieben haben, wurden wesentlich gelockert. Die Ausstellung eines Leichenpasses ist weitgehend zur Formsache geworden. Die seitherigen Vorschriften aus dem 19. Jahrhundert beruhen auf den damaligen Verkehrsverhältnissen und auf einer Überschätzung der gesundheitlichen Gefahren. Eine Erleichterung ist umso mehr gerechtfertigt, als jetzt die Verwendung besonderer Bestattungsfahrzeuge vorgeschrieben ist (§ 47 BestattG).

Wegen der längeren Beförderungszeiten wird **für Beförderungen ins Ausland** ein **Leichenpass** gefordert.

Durch die Novelle 2009 wurde bestimmt, dass die Vorschrift des § 43 Abs. 2 BestattG (zweite Leichenschau) unberührt bleibt.

Zu Absatz 2

Bei **Beförderung in ein anderes Land der Bundesrepublik** ist ein **Leichenpass nur noch in den Fällen notwendig, in denen das Land einen solchen fordert.** Die Sondervorschriften nach der Eisenbahnverkehrsordnung wurden mit Wirkung vom 1.7.1982 aufgehoben (BGBl. I S. 611). Für die **Beförderung von Leichen auf dem Luftwege** bestehen keine besonderen Vorschriften, so dass die allgemeinen Bestimmungen über die Beförderung von Leichen und die sonstigen gesundheitspolizeilichen Vorschriften maßgebend sind. Daneben sind vor allem die Beförderungsbestimmungen der Luftverkehrsgesellschaften zu beachten. Leichen, die auf dem **Seeweg** befördert werden sollen, sind in einem Holzsarg, der einen Innensarg aus Zink enthält oder mit Zinkblech ausgekleidet ist, zu transportieren. Die spezialgesetzlichen Bestimmungen wurden aufgehoben (vgl. § 55 Abs. 1 Nr. 10 und 11 BestattG). Es gilt daher § 45 BestattG.

Durch die Novelle 2009 wurde bestimmt, dass die Vorschrift des § 43 Abs. 2 BestattG (zweite Leichenschau) unberührt bleibt.

Zu Absatz 3

Ein Leichenpass muss die Angaben gemäß § 28 BestattVO enthalten. Von der Möglichkeit, auch in anderen Fällen einen Leichenpass zu fordern, hat das Sozialministerium bisher keinen Gebrauch gemacht.

Zu Absatz 4

Für die **Ausstellung des Leichenpasses** ist die **Ortspolizeibehörde zuständig, in deren Bereich die Beförderung beginnt.** Vor Ausstellung des Leichenpasses muss eine Totenbescheinigung des Arztes vorliegen, sowie die Eintragung des Sterbefalles durch den Standesbeamten in das Sterbebuch erfolgt sein. Entsprechendes gilt auch für Totgeburten. Sind Anhaltspunkte für einen nicht natürlichen Tod vorhanden, so darf der Leichenpass erst ausgestellt werden, wenn die schriftliche Genehmigung der Staatsanwaltschaft oder des Amtsrichters vorliegt.

Für die Ausstellung eines Leichenpasses ist eine Gebühr nach dem Gebührenverzeichnis zur Verwaltungsgebührensatzung der Gemeinde festzusetzen.

§ 45
Verstorbene aus dem Ausland

(1) Aus dem Ausland dürfen Verstorbene nur mit einem Leichenpaß der zuständigen Behörde überführt werden. § 35 Abs. 2 gilt entsprechend.

(2) Werden Verstorbene aus dem Ausland zuerst durch ein anderes Land der Bundesrepublik Deutschland befördert, so genügt ein von diesem Land ausgestellter Leichenpaß.

Erläuterungen

Dieser Bestimmung gehen internationale Abkommen über die Leichenbeförderung vor (vgl. Erl. zu § 54 BestattG). Wenn nach diesen Abkommen der vom Herkunftsland ausgestellte Leichenpass ausreicht, braucht nach dieser Vorschrift kein Leichenpass ausgestellt zu werden.

§ 46
Beförderungsunterlagen und Beförderungsverzeichnis

(1) Verstorbene dürfen erst dann befördert werden, wenn der nicht vertrauliche Teil der Todesbescheinigung den Vermerk über die Eintragung in das Sterberegister trägt. Der nicht vertrauliche Teil der Todesbescheinigung mit dem Vermerk des Standesamts über die Eintragung des Sterbefalls in das Sterberegister ist dabei mitzuführen.

(2) Außerhalb der Öffnungszeiten der Standesämter dürfen Verstorbene innerhalb des Landes Baden-Württemberg in andere Gemeinden befördert werden. In diesen Fällen ist den Standesämtern der Sterbefall schnellstmöglich anzuzeigen und eine Mehrfertigung des nicht vertraulichen Teils der Todesbescheinigung bei der Beförderung mitzuführen. Die Bestimmungen in Kapitel 6 Abschnitt 1 des Personenstandsgesetzes bleiben unberührt.

(3) Absätze 1 und 2 gelten nicht für Beförderungen im Rahmen strafprozessualer Ermittlungen und für Beförderungen zur nächsten Leichenhalle oder zum nächsten Bestattungsplatz.

(4) Sind Anhaltspunkte für einen nicht natürlichen Tod vorhanden, ist die Todesart ungeklärt oder handelt es sich bei den Verstorbenen um unbekannte Personen, so ist zur Beförderung in eine andere Gemeinde außerdem die schriftliche Genehmigung der Staatsanwaltschaft oder des Amtsgerichts erforderlich.

(5) Unternehmen, die Verstorbene gewerbsmäßig oder berufsmäßig befördern, sind verpflichtet, Beförderungen in andere Gemeinden unverzüglich in ein Verzeichnis einzutragen. Dabei sind Namen, Geburtsdatum und Todestag der verstorbenen Person sowie Beginn und Zielort der Beförderung anzugeben. Die zuständige Behörde kann aus dem Verzeichnis Auskunft über jede Beförderung verlangen; es ist ihr auf Verlangen vorzulegen. Das Verzeichnis ist so lange aufzubewahren, dass aus ihm über die Beförderungen innerhalb der letzten fünf Jahre Auskunft gegeben werden kann.

(6) Werden Verstorbene zum Zweck der Erdbestattung in ein anderes Bundesland oder in Orte außerhalb Deutschlands befördert, muss der zuständigen Behörde des Sterbeorts gegenüber gewährleistet sein, dass diese am vorgesehenen Ort erdbestattet wird.

Erläuterungen

Im Zuge der Novelle 2014 erfolgte eine Neufassung von § 46 BestattG. Die Neufassung von § 46 BestattG dient der Beseitigung von Unklarheiten bei der Beförderung von Verstorbenen (LT-Drs. 15/4927 vom 21.3.2014 S. 8).

Zu Absatz 1

Grundsätzlich ist nach § 46 Abs. 1 BestattG die Beförderung erst dann zulässig, wenn der nicht vertrauliche Teil der Todesbescheinigung den Vermerk über die Eintragung in das Sterberegister trägt.

Zu Absatz 2

Absatz 2 sichert den schnellen Transport vom Sterbe- zum Bestattungsort innerhalb Baden-Württembergs, auch wenn das zuständige Standesamt nicht geöffnet oder eine Dienstbereitschaft des Standesamtes nicht gegeben ist. Für die Beförderung innerhalb Baden-Württembergs reicht es aus, wenn der Sterbefall dem Standesamt schnellstmöglich angezeigt wird. Durch diese Neuregelung kann die Bestattung unmittelbar nach Öffnung des Standesamts und Beurkundung des Sterbefalls erfolgen. Außerdem entfallen für die Angehörigen erhebliche Mehrkosten, die durch die zusätzliche Benutzung von Leichenhallen und Räumlichkeiten von Bestattern in der Sterbegemeinde entstehen. Nicht zuletzt werden nicht in allen Gemeinden Einrichtungen für die rituelle Waschung von Verstorbenen mit islamischer Religionszugehörigkeit vorgehalten, sodass außerhalb der Dienstbereitschaft der Standesämter die Vorbereitung einer Bestattung nach muslimischen Vorgaben unnötig erschwert wäre (LT-Drs. 15/4927 vom 21.3.2014 S. 8).

Zu Absatz 4

Die Regelung in Absatz 4 stellt analog zu § 34 Abs. 4 BestattG sicher, dass auch bei der Beförderung von Verstorbenen in eine andere Gemeinde die schriftliche Genehmigung der Staatsanwaltschaft oder des Amtsgerichts erforderlich ist, wenn Anhaltspunkte für einen nicht natürlichen Tod vorhanden sind, die Todesart ungeklärt ist, oder es sich bei den Verstorbenen um unbekannte Personen handelt (Beschlussempfehlung und Bericht des Ausschusses für Arbeit und Sozialordnung, Familien, Frauen und Senioren, LT-Drs. 15/4927, ausgegeben am, 21.3.2014 S. 8).

Zu Absatz 5

Es besteht ein öffentliches Interesse daran, über den Verbleib der Leichen unterrichtet zu sein. Deshalb werden die **Bestattungsunternehmen verpflichtet,** hierüber ein **Verzeichnis zu führen.**

Zu Absatz 6

Die Vorschrift steht im Zusammenhang mit § 43 Abs. 3 BestattG (zweite Leichenschau beim Transport der Leiche nach außerhalb Baden-Württembergs).

Es wird der Nachweis über die Erdbestattung am Zielort der Beförderung in ein anderes Bundesland oder in einen Ort außerhalb Deutschlands verlangt. Damit soll verhindert werden, dass dort für eine Leiche ohne Durchführung einer zweiten Leichenschau eine Feuerbestattung stattfindet, obwohl die Beförderung der Leiche mit dem ursprünglichen Ziel der Erdbestattung erfolgte. Dieser Nachweis ist im Interesse der Strafrechtspflege gerechtfertigt, da sich die Art der Bestattung der Kontrolle der Behörden in Baden-Württemberg entzieht, sobald sich die Leiche nicht mehr in Baden-Württemberg befindet.

§ 47
Bestattungsfahrzeuge

(1) Verstorbene dürfen im Straßenverkehr nur mit Bestattungsfahrzeugen befördert werden.

(2) Die zuständige Behörde kann zulassen, daß andere Fahrzeuge benutzt werden, wenn eine würdige Beförderung gesichert ist und gesundheitliche Gefahren nicht zu befürchten sind. Die Benutzung von Fahrzeugen, die der gewerblichen Personenbeförderung, der Beförderung von Lebensmitteln oder von Tieren dienen darf nicht zugelassen werden.

(3) Bestattungsfahrzeuge sind Fahrzeuge, die zur Beförderung von Verstorbenen eingerichtet sind und ausschließlich hierfür verwendet werden.

Erläuterungen

Zu Absatz 1

Zur Beförderung von Leichen sind Bestattungsfahrzeugezu benutzen, d. h. solche **Fahrzeuge** oder auch Anhänger, **die zur Leichenbeförderung eingerichtet sind und ausschließlich zu diesem Zwecke Verwendung finden.** Im Zuge der Novelle 2014 wurde der Begriff *„Leichenwagen"* auf Empfehlung des Ausschusses für Arbeit und Sozialordnung, Familie, Frauen und Senioren durch den Begriff *„Bestattungsfahrzeug"* ersetzt; ursprünglich war beabsichtigt gewesen, den Begriff *„Leichenwagen"* durch den Begriff des *„Bestattungskraftwagen"* nach DIN 75081 zu ersetzen. Durch Verwendung des Begriffs *„Bestattungskraftwagen"* wären allerdings die zugelassenen Beförderungsmittel zu sehr eingeengt worden. Der nun verwendete Begriff *„Bestattungsfahrzeug"* umfasst sowohl die Bestattungskraftwagen nach DIN 75081 als auch andere zum Transport von Verstorbenen geeignete Fahrzeuge wie z. B. besondere Kfz-Anhänger (Ausschussempfehlung, LT-Drs. 15/4927, ausgegeben am 21.3.2014 S. 8). Im Bestattungsgesetz selbst ist keine Zulassung für die Bestattungsfahrzeuge vorgeschrieben; die Bestattungsfahrzeuge unterliegen aber den allgemeinen Zulassungsvorschriften nach der Straßenverkehrszulassungsordnung.

§ 31 BestattVO enthält Einzelheiten über die Anforderungen an Bestattungsfahrzeuge.

Die Bestattungsfahrzeuge sind kraftfahrzeugsteuerpflichtig. Sie sind im § 3 des Kraftfahrzeugsteuergesetzes nicht aufgeführt. Diese Bestimmung enthält einen erschöpfenden Katalog der Steuerbefreiungen.

Die Vorschrift gilt seit der Novelle 2014 auch für den Transport von Verstorbenen innerhalb der Gemeinde (LT-Drs. 15/4543 vom 7.1.2014 S. 19).

Zu Absatz 2

Ausnahmen werden auch in ländlichen Gebieten nicht mehr zugelassen werden müssen; auch hier wird der Leichentransport überwiegend von Bestattungsunternehmen getätigt. Das Verbot der Benutzung von Fahrzeugen, die der gewerblichen Personenbeförderung dienen, ergibt sich schon aus § 15 der Verordnung über den Betrieb von Kraftfahrzeugunternehmen im Personenverkehr.

§ 48
Bergung von Verstorbenen

Die §§ 44 bis 47 gelten nicht für die Bergung von Verstorbenen und die Beförderung tödlich Verunglückter von der Unfallstelle weg.

Erläuterungen

Wird ein Verstorbener gefunden, sind sowohl Maßnahmen zur Feststellung seiner Person als auch zur Bergung und sicheren Unterbringung des Verstorbenen bis zu seiner Bestattung notwendig. Unter Bergung ist der Wegtransport von Verstorbenen zu verstehen, die gefunden werden, unabhängig davon, ob die Bergung, wie z. B. bei im Gebirge Verunglückten, mit besonderen Schwierigkeiten verbunden ist. Die Bergung von Verstorbenen oder die Beförderung von tödlich Verunglückten von der Unfallstelle weg ist abgeschlossen, wenn der Verstorbene in einer Ortschaft aufgebahrt ist. Dabei muss es sich entfernungsmäßig nicht um die nächstgelegene Ortschaft handeln. Nach Abschluss der Bergung usw. gelten die §§ 44 bis 47 BestattG, so insbesondere für den weiteren Transport der Leiche.

Die durch die Bergung eines Toten verursachten **Kosten sind vorläufig von den zur Bergung Verpflichteten zu tragen.** Ist die Bergung aus Gründen der öffentlichen Sicherheit und Ordnung erfolgt, so ist vorläufig die Ortspolizeibehörde, die die Bergung veranlasst hat, kostenpflichtig. Sie kann allerdings **von den Erben Ersatz der Bergungskosten** verlangen. Da die Bergungskosten nicht als Bestattungskosten angesehen werden, wird bei einer Mittellosigkeit des Verstorbenen nicht der Sozialhilfeträger des Bestattungsortes die Kosten tragen. Vielmehr wird in einem solchen Falle die Ortspolizeibehörde die Kosten endgültig zu tragen haben.

DRITTER TEIL
ORDNUNGSWIDRIGKEITEN UND RECHTSVORSCHRIFTEN

§ 49
Ordnungswidrigkeiten

(1) Ordnungswidrig handelt, wer vorsätzlich oder fahrlässig

1. einen privaten Bestattungsplatz ohne Genehmigung der zuständigen Behörde anlegt oder erweitert (§ 9 Abs. 1),

2. einen privaten Bestattungsplatz entgegen § 11 vor Ablauf der Ruhezeit anderen Zwecken zuführt,

3. eine Gruft oder ein Grabgebäude ohne Genehmigung anlegt oder erweitert (§ 13 Abs. 2 Satz 2),

4. die Leichenschau entgegen § 20 Abs. 2 nicht oder nicht unverzüglich vornimmt (§ 22 Abs. 1),

5. entgegen § 20 Abs. 4 den Tod nicht feststellt und den Eintritt des Todes nicht auf der Todesbescheinigung ohne Ursachenfeststellung festhält,

6. der ihr oder ihm obliegenden Pflicht, die Leichenschau zu veranlassen, nicht oder nicht unverzüglich nachkommt (§ 21),

7. die Todesbescheinigung nicht oder nicht unverzüglich ausstellt (§ 22 Abs. 2),

8. entgegen § 22 Abs. 3 eine Polizeidienststelle nicht oder nicht sofort verständigt,

9. entgegen § 25 mit Verstorbenen unwürdig oder in gesundheitlich bedenklicher Weise umgeht,

10. entgegen § 26 beim Herstellen, Behandeln oder Inverkehrbringen von Lebensmitteln und Trinkwasser tätig oder beschäftigt ist, obwohl er gewerbsmäßig oder berufsmäßig Verstorbene reinigt, ankleidet oder einsargt,

11. entgegen § 28 eine außergerichtliche oder öffentliche Leichenöffnung vornimmt,

12. Verstorbene beiseite schafft oder der Bestattung entzieht,

13. entgegen § 30 Abs. 2 Satz 2 und 3 nicht mindestens einen Elternteil von Fehlgeburten oder Ungeborenen auf deren Bestattungsmöglichkeit hinweist oder die gewünschte Bestattung einer Fehlgeburt oder eines Ungeborenen versagt,
14. entgegen § 30 Absatz 4 Fehlgeburten oder Ungeborene ohne vorherige Zustimmung beider Elternteile zu wissenschaftlichen Zwecken verwendet,
15. entgegen § 30 Absatz 5 abgetrennte Körperteile nicht hygienisch einwandfrei und dem sittlichen Empfinden entsprechend beseitigt,
16. entgegen § 31 Abs. 1 als verpflichtete Person nicht für die Bestattung sorgt,
17. entgegen § 32 Abs. 1 Satz 4 anstatt der Erd- die Feuerbestattung in Auftrag gibt oder zulässt, obwohl von Angehörigen (§ 21 Abs. 1 Nr. 1) Einwendungen gegen die Feuerbestattung erhoben werden,
18. Verstorbene entgegen § 33 Abs. 1 außerhalb von Bestattungsplätzen bestattet oder bestatten läßt oder entgegen § 33 Abs. 2 außerhalb von behördlich genehmigten Feuerbestattungsanlagen einäschert oder einäschern läßt,
19. die Asche Verstorbener entgegen § 33 Abs. 3 außerhalb von Bestattungsplätzen beisetzt oder beisetzen läßt,
20. Verstorbene ohne die erforderlichen Bestattungsunterlagen (§ 38) bestattet oder bestatten läßt,
21. als bestattungspflichtige Person (§ 31 Abs. 1) entgegen § 37 Abs. 1 die Bestattung oder die Beförderung Verstorbener verzögert oder die Anordnung der Bestattung oder Beförderung durch die zuständige Behörde nach § 36 Absatz 2 oder § 37 Abs. 2 Satz 2 nicht befolgt,
22. Verstorbene ohne Erlaubnis der zuständigen Behörde ausgräbt oder ausgraben läßt (§ 41),
23. Verstorbene entgegen § 43 Abs. 2 ohne zweite Leichenschau in ein anderes Bundesland oder in Orte außerhalb Deutschlands befördert,
24. Verstorbene ohne den nach § 44 Abs. 1 oder 2 oder § 45 vorgeschriebenen Leichenpaß oder ohne die in § 46 Absatz 1 oder Absatz 2 vorgeschriebenen Beförderungsunterlagen befördert oder befördern läßt,
25. entgegen § 46 Absatz 5 das Beförderungsverzeichnis nicht oder nicht ordnungsgemäß führt oder der zuständigen Behörde auf Verlangen aus dem Verzeichnis keine Auskunft erteilt oder es ihr nicht vorlegt,
26. Verstorbene entgegen § 47 nicht in einem Bestattungsfahrzeug befördert oder befördern läßt.

(2) Ordnungswidrig handelt auch, wer

1. entgegen § 22 Abs. 1 Satz 5 die Leichenschau behindert oder vereitelt, insbesondere als Inhaberin oder Inhaber der tatsächlichen Gewalt der Ärztin oder dem Arzt das Betreten des Orts verweigert, an dem sich die Verstorbene oder der Verstorbene befindet,
2. als Ärztin oder Arzt, Heilpraktikerin oder Heilpraktiker oder als Angehöriger der verstorbenen Person entgegen § 23 der Ärztin oder dem Arzt, die oder der die Leichenschau vornimmt, die Auskunft verweigert oder unrichtig erteilt,
3. entgegen § 29 Verstorbene konserviert oder einbalsamiert.

(3) Ordnungswidrig handelt auch, wer vorsätzlich oder fahrlässig

1. einer auf Grund dieses Gesetzes erlassenen Rechtsverordnung oder
2. den zur Aufrechterhaltung der Ordnung auf Bestattungsplätzen nach § 15 erlassenen Rechtsvorschriften

zuwiderhandelt, wenn die Rechtsvorschriften für einen bestimmten Tatbestand auf diese Bußgeldvorschrift verweisen.

(4) Ordnungswidrig handelt ferner, wer als Ärztin oder Arzt in der Todesbescheinigung unrichtige Angaben macht.

(5) Die Ordnungswidrigkeit und der Versuch einer Ordnungswidrigkeit nach Absatz 1 Nr. 12 können mit einer Geldbuße bis zu 1000 Euro geahndet werden.

(6) Verwaltungsbehörde im Sinne des § 36 Abs. 1 Nr. 1 des Gesetzes über Ordnungswidrigkeiten (OWiG) ist die untere Verwaltungsbehörde. Zur Erteilung einer Verwarnung und zur Erhebung von Verwarnungsgeld nach § 56 OWiG ist auch die Ortspolizeibehörde zuständig.

Erläuterungen

Allgemeines

Neben diesen Vorschriften enthält das Strafgesetzbuch noch eine Reihe von Straftatbeständen im Zusammenhang mit dem Friedhofs- und Leichenwesen. Insbesondere sind dies die §§ 166 bis 168 StGB (Vergehen, welche sich auf Religion und Weltanschauung beziehen) sowie § 304 StGB (Sachbeschädigung sakraler Gegenstände usw.).

Zu Absatz 3

§ 37 BestattVO und § 25 der Musterfriedhofsatzung enthalten entsprechende **Vorschriften über Ordnungswidrigkeiten.** Die Satzung muss für einen bestimmten Tatbestand auf die Bußgeldvorschrift des § 49 Abs. 3 BestattG verweisen.

Zu Absatz 5

Durch die Novelle 2009 wurde die DM abgeschafft und der Euro eingeführt.

§ 50
Rechtsvorschriften

(1) Das Sozialministerium kann durch Rechtsverordnung Vorschriften erlassen über

1. **das Genehmigungsverfahren bei Anlegung oder Erweiterung von Bestattungsplätzen (§ 5 Abs. 1 und § 9 Abs. 1),**
2. **das Genehmigungsverfahren für den Betrieb von Feuerbestattungsanlagen (§ 17),**
3. **die an Bestattungseinrichtungen sowie an ihren Betrieb zu stellenden Anforderungen (§ 19) und die Überwachung,**
4. **die Durchführung der Leichenschau,**
5. **Inhalt, Gestaltung und Ausstellung der Todesbescheinigung (§ 22 Abs. 2) sowie ihre Weiterleitung an die zuständigen Behörden,**
6. **den Umgang mit Verstorbenen (§ 25),**
7. **das Erlaubnisverfahren für Bestattungen (§ 34 Abs. 3 sowie § 35 Abs. 1),**
8. **die Feuerbestattung sowie die Aufbewahrung, den Versand und die Beisetzung von Aschen Verstorbener, soweit dies zur Wahrung der Würde, aus polizeilichen Gründen oder zur Sicherung der Strafrechtspflege geboten ist,**
9. **den Verbleib der Bestattungsunterlagen (§ 38),**
10. **das Erlaubnisverfahren bei Ausgrabung von Verstorbenen (§ 41),**
11. **das Verfahren bei Ausstellung des Leichenpasses (§ 44 Abs. 4 und § 45 Abs. 1),**
12. **die Beförderung von Verstorbenen (§ 43), insbesondere**

a) **die Einsargung von Verstorbenen,**

b) **die Beschaffenheit der Särge,**

c) **besondere Schutzmaßnahmen bei Ansteckungsgefahr,**

d) **die an Bestattungsfahrzeuge zu stellenden Anforderungen und**

e) **die Begleitpersonen und ihre Pflichten.**

(2) Das Sozialministerium bestimmt durch Rechtsverordnung die zuständige Behörde im Sinne dieses Gesetzes.

Erläuterungen

Das Sozialministerium hat zur Durchführung des Bestattungsgesetzes die Bestattungsverordnung – BestattVO – vom 15.9.2000 (GBl. S. 669) erlassen (geändert durch VOen vom 14.2.2002 (GBl. S. 127), vom 25.4.2007 (GBl. S. 252, 263) und vom 13.7.2010 (GBl. S. 701, ber. GBl. 2011 S. 30)). Im Zuge der Bestattungsgesetznovelle 2014 erfolgte eine grundlegende Neufassung der Verordnung des Sozialministeriums zur Durchführung des Bestattungsgesetzes (Bestattungsverordnung – BestattVO) vom 13.5.2015 (GBl. vom 19.6.2015 S. 348 ff.). Die erste Änderung erfolgte durch Art. 1 Änderungsverordnung vom 17.4.2020 (GBl. S. 200).

VIERTER TEIL

ÜBERGANGS- UND SCHLUSSBESTIMMUNGEN

§ 51

Friedhofsordnungen

(1) Friedhofsordnungen, die bei Inkrafttreten dieses Gesetzes bestehen, gelten weiter, soweit sie ihm nicht widersprechen.

(2) Wer nach Inkrafttreten dieses Gesetzes gegen die polizeilichen Vorschriften einer nach Absatz 1 weitergeltenden Friedhofsordnung verstößt, handelt ordnungswidrig im Sinne des § 49 Abs. 3 Nr. 2. Für Zuwiderhandlungen, die nach Ablauf von zwei Jahren seit Inkrafttreten dieses Gesetzes begangen werden, gilt dies nur, wenn die Friedhofsordnung für bestimmte Tatbestände auf diese Bußgeldvorschrift verweist.

§ 52

Ruhezeiten

Die Mindestruhezeiten des § 6 Satz 3 und 4 sind auch für die bei Inkrafttreten dieses Gesetzes bestehenden Bestattungsplätze maßgebend.

§ 53

Aufsicht

Oberste Aufsichtsbehörde ist das Sozialministerium.

Erläuterungen

Die Novelle 2009 hat die ursprüngliche Vorschrift über „bestellte Leichenbeschauer" gestrichen. Die 1970 in das Bestattungsgesetz aufgenommene Vorschrift regelte, dass die Leichenschau nicht mehr von amtlich bestellten Leichenschauern wahrgenommen wird. Die Leichenschau haben seither jeder niedergelassene Arzt und die Ärzte von Krankenhäusern und sonstigen Anstalten für Sterbefälle auf Verlangen vorzunehmen (siehe § 22 Abs. 2 BestattG).

Das Sozialministerium übt neben der Fachaufsicht auch die Rechtsaufsicht aus.

In diesem Zusammenhang ist zu beachten, dass der VGH BW festgestellt hat, dass der Bereich des Friedhofswesens (Erster Teil des Bestattungsgesetzes) eine weisungsfreie Pflichtaufgabe der Gemeinden darstellt und damit die Gemeinden lediglich der Rechtsaufsicht unterliegen; der Bereich des Leichenwesens (Zweiter Teil des Bestattungsgesetzes) gehört dagegen zu den Pflichtaufgaben nach Weisung, sodass die Gemeinden in diesem Bereich sowohl der Rechts- als auch der Fachaufsicht unterliegen (VGH BW, Urt. vom 28.3.2005 – 1 S 1312/04 –).

§ 54
Sonderbestimmungen

Unberührt bleiben

1. **internationale Vereinbarungen, insbesondere über die Beförderung von Verstorbenen,**
2. **Vorschriften über die Beförderung von Verstorbenen auf Eisenbahnen, auf dem Seewege, auf Binnenwasserstraßen und auf dem Luftwege,**
3. **Vorschriften über den Umgang mit radioaktiv verstrahlten Verstorbenen,**
4. **weiter gehende Schutzmaßnahmen nach §§ 25 und 28 des Infektionsschutzgesetzes in der jeweils geltenden Fassung,**
5. **Vorschriften über die Erhaltung der Gräber der Opfer von Krieg und Gewaltherrschaft.**

Erläuterungen

Die genannten Vorschriften werden durch das Gesetz nicht berührt. Es handelt sich, soweit sie nicht ausdrücklich erwähnt sind, zz. bei

Ziff. 1.

Um das **internationale Abkommen über Leichenbeförderung vom 10.2.1937** (RGBl. II S. 199).

Ziff. 2.

Die zuletzt noch geltenden Bestimmungen in Abschn. VI, Beförderung von Leichen, in der Eisenbahnverkehrsordnung, wurden mit Wirkung vom 1.7.1982 aufgehoben (BGBl. I S. 611).

Ziff. 3.

Es handelt sich um das **Atomgesetz i. d. F. vom 15.7.1985** (BGBl. I S. 1565) mit Änderungen und die hierzu ergangenen Ausführungsgesetze und VOen. Vgl. hierzu BWGZ 1988 S. 87.

Ziff. 4.

Gesetz zur Verhütung und Bekämpfung von Infektionskrankheiten beim Menschen (Infektionsschutzgesetz) vom 20.7.2000 (BGBl. I S. 1045), zuletzt geändert durch Artikel 1 des Gesetzes vom 17.7.2017 (BGBl. I S. 2615).

Ziff. 5.

Es handelt sich um das **Gesetz über die Erhaltung der Gräber der Opfer von Krieg und Gewaltherrschaft (Gräbergesetz) vom 29.1.1993** (BGBl. I S. 178) mit Änderung. Danach haben die **Kriegsgräber den Status eines Dauergrabes.** Für die Gemeinden sind insbesondere die Vorschriften für Ruherechtsentschädigungen für Gräber auf Friedhöfen (§ 4

GräbG) von Bedeutung (vgl. BWGZ 1980). Auf die VO über Zuständigkeiten nach dem Gräbergesetz vom 26.9.1975 (GBl. S. 690) wird verwiesen.

§ 55

Aufhebung von Rechtsvorschriften

(1) Vorschriften, die diesem Gesetz entsprechen oder widersprechen, werden aufgehoben. Insbesondere werden aufgehoben

1. die württ. Verfügung, betreffend die Ablieferung von Leichnamen an die anatomischen Anstalten des Königreichs, vom 4. Juni 1862 (RegBl. S. 157),

2. die bad. Verordnung, den Vollzug und die Überwachung der Leichenschau und die statistischen Erhebungen aus den Standesbüchern betreffend, vom 7. Januar 1870 (GVBl. S. 55)

3. die bad. Verordnung, die sanitätspolizeilichen Maßregeln in bezug auf Leichen und Begräbnisstätten betreffend, vom 16. Dezember 1875 (GVBl. S. 369),

4. die bad. Verordnung, das Verfahren bei gewaltsamen Todesfällen betreffend, vom 11. September 1879 (GVBl. S. 637),

5. die württ. Verfügung des Ministeriums des Innern, betreffend das polizeiliche Verfahren hinsichtlich der Leichen der Selbstmörder, vom 19. Juni 1880,

6. die württ. Königliche Verordnung, betreffend die Leichenschau, die Leichenöffnung und das Begräbnis, vom 24. Januar 1882 (RegBl. S. 33),

7. die württ. Verfügung des Ministeriums des Innern, betreffend die Dienstanweisung für die Leichenschauer, vom 3. Februar 1882 (RegBl. S. 41),

8. die bad. Verordnung, die Begräbnisplätze und die Beerdigungen betreffend, vom 20. Juli 1882 (GVBl. S. 202),

9. die württ. Verfügung der Ministerien der Justiz und des Innern, betreffend das Verfahren in den Fällen eines nicht natürlichen Todes oder bei Auffindung von Leichen, sowie die Mitteilung von Sterbefällen an das Standesamt unter den Voraussetzungen des § 157 der Reichsstrafprozeßordnung, vom 19. Februar 1885 (RegBl. S. 31),

10. die bad. Verordnung, den Transport von Leichen betreffend, vom 1. Februar 1888 (GVBl. S. 49),

11. die württ. Bekanntmachung des Ministeriums des Innern, betreffend die Beförderung von Leichen auf dem Seewege, vom 9. März 1906 (RegBl. S. 33),

12. die bad. Verordnung, die Beförderung von Leichen auf dem Seeweg betreffend, vom 28. Juni 1906 (GVBl. S. 148),

13. die württ. Verfügung des Ministeriums des Innern, betreffend die Beförderung von Leichen, vom 7. August 1907 (RegBl. S. 289),

14. die württ. Verordnung des Justizministeriums und des Innenministeriums über die Gebühren der Leichenschauer vom 18. Mai 1932 (RegBl. S. 167),

15. die preuß. Polizeiverordnung über das Leichenwesen vom 18. April 1933 (Gesetzsamml. S. 149),

16. die württ. Verordnung des Justiz-, des Innen- und des Finanzministeriums über die Bewegung der Bevölkerung und über die Todesursachen vom 29. Dezember 1933 (RegBl. S. 448),

17. das Gesetz über die Feuerbestattung vom 15. Mai 1934 (RGBl. I S. 380),

18. die Verordnung zur Durchführung des Feuerbestattungsgesetzes vom 10. August 1938 (RGBl. I S. 1000),

19. die Polizeiverordnung des Regierungspräsidiums Südwürttemberg-Hohenzollern für die Landkreise Hechingen und Sigmaringen über das Leichenwesen vom 8. April 1963 (GesBl. S. 48),
20. die Polizeiverordnung des Innenministeriums zur Änderung der Vorschriften über die Leichenschau vom 14. August 1964 (GesBl. S. 301).

(2) Aufgehoben werden ferner

1. § 96 des Polizeistrafgesetzbuches für Baden vom 31. Oktober 1863 (RegBl. S. 439) in der Fassung der Bekanntmachung vom 25. Juli 1923 (GVBl. S. 216),
2. Art. 24 und 25 des württ. Gesetzes, betreffend Änderungen des Polizeistrafrechts bei Einführung des Strafgesetzbuchs für das Deutsche Reich – württ. Polizeistrafgesetz – vom 27. Dezember 1871 (RegBl. S. 391),
3. die §§ 22, 72 bis 75 und 77 der Dritten Durchführungsverordnung zum Gesetz über die Vereinheitlichung des Gesundheitswesens vom 30. März 1935 (RMBl. S. 327). In § 1 Abs. 1 Satz 1 dieser Verordnung werden die Worte „die Leichenschau betätigen" gestrichen.

(3) In § 129 Abs. 1 des Polizeistrafgesetzbuches für Baden wird das Wort „Friedhöfe" gestrichen; in Art. 23 Abs. 1 des württ. Polizeistrafgesetzes werden die Worte „Grabmäler" und „Friedhöfe" gestrichen.

§ 56
Inkrafttreten

Dieses Gesetz tritt am 1. Januar 1971 in Kraft. Vorschriften, die zum Erlaß von Rechtsverordnungen, von Friedhofsordnungen und Polizeiverordnungen ermächtigen, treten am Tage nach der Verkündung in Kraft.

Anhang

Anhang 1

Verordnung des Sozialministeriums zur Durchführung des Bestattungsgesetzes (Bestattungsverordnung – BestattVO)

vom 13. Mai 2015 (GBl S. 348), geänd. durch Art. 1 ÄndVO v. 17.4.2020 (GBl. S. 200)

Auf Grund von § 50 des Bestattungsgesetzes vom 21. Juli 1970 (GBl. S. 395), zuletzt geändert durch Änderungsgesetz vom 3. Februar 2021 (GBl. S. 55), wird verordnet:

Inhaltsübersicht

Abschnitt 1:
Friedhöfe; Leichenhallen

§ 1 Genehmigungsantrag und Unterlagen
§ 2 Öffentliche Auslegung
§ 3 Verfahren vor der Genehmigungsbehörde
§ 4 Tuchbestattungen
§ 5 Urnenfriedhöfe
§ 6 Leichenhallen

Abschnitt 2:
Leichenschau

§ 7 Vornahme der Leichenschau
§ 8 Verhinderung der Ärztin oder des Arztes
§ 9 Auskunftspflicht
§ 10 Todesbescheinigung
§ 11 Vertraulicher Teil der Todesbescheinigung
§ 12 Schutzmaßnahmen bei Ansteckungsgefahr

Abschnitt 3:
Bestattung

§ 13 Ausstellung und offene Aufbahrung von Verstorbenen
§ 14 Sargbestattung
§ 15 Tuchbestattung
§ 16 Erlaubnis zur Feuerbestattung
§ 17 Ärztliche Bescheinigung
§ 18 Sargmaterialien
§ 19 Anforderungen an Krematorien
§ 20 Leitende Person
§ 21 Überwachung
§ 22 Einäscherung
§ 23 Einlieferungs- und Einäscherungsverzeichnis
§ 24 Urnenbeschaffenheit
§ 25 Urnenweitergabe
§ 26 Urnenbestattung auf Friedhöfen
§ 27 Seebestattung

Abschnitt 4:
Beförderung von Verstorbenen

§ 28 Leichenpass
§ 29 Beförderung Verstorbener im Öffentlichen Raum
§ 30 Transportbegleitende Person
§ 31 Bestattungsfahrzeug
§ 32 Sonderbestimmungen

Abschnitt 5:
Weitere Regelungen

§ 33 Bestatterinnen und Bestatter
§ 34 Verbleib der Bestattungsunterlagen
§ 35 Ausgrabung von Verstorbenen
§ 36 Zuständige Behörde
§ 37 Ordnungswidrigkeiten

Abschnitt 6:
Schlussbestimmungen

§ 38 Inkrafttreten, Übergangsregelung

ABSCHNITT 1
FRIEDHÖFE, LEICHENHALLEN

§ 1
Genehmigungsantrag und Unterlagen

(1) Für kirchliche Friedhöfe und private Bestattungsplätze ist der Genehmigungsantrag (§ 5 Absatz 1 und § 9 Absatz 1 des Bestattungsgesetzes) bei der Gemeinde, für Gemeindefriedhöfe unmittelbar bei der nach § 36 Absatz 1 zuständigen Behörde einzureichen.

(2) Aus dem Genehmigungsantrag müssen sich ergeben

1. die Bezeichnung des Grundstücks nach dem Grundbuchblatt sowie die Nummern der Flurstücke und ihre Begrenzung nach dem Liegenschaftskataster,
2. Lage und Begrenzung des Bestattungsplatzes sowie der den katastermäßigen Grenzen des Grundstücks zugewandten Gräberfelder,
3. die vorhandenen baulichen Anlagen auf dem Grundstück und auf den benachbarten Grundstücken unter Angabe ihrer Nutzung,
4. die Festsetzungen von Bebauungsplänen über die Art angrenzender Baugebiete sowie die festgesetzten Baulinien, Baugrenzen oder Bebauungstiefen.

Die hierzu notwendigen Planunterlagen müssen den Vorschriften für Bauvorlagen entsprechen.

§ 2
Öffentliche Auslegung

(1) Die Gemeinde hat die Planunterlagen (§ 1 Absatz 2) einen Monat öffentlich auszulegen. Ort und Dauer der Auslegung sind mindestens eine Woche vorher öffentlich bekannt zu machen. Dabei ist darauf hinzuweisen, dass während der Auslegungsfrist bei der Gemeinde Bedenken vorgebracht werden können.

(2) Werden gegen die Anlegung oder Erweiterung von kirchlichen Friedhöfen oder von privaten Bestattungsplätzen Bedenken vorgebracht, so gibt die Gemeinde der antragstellenden Person Gelegenheit, sich hierzu zu äußern. Sie leitet den Genehmigungsantrag mit den nicht berücksichtigten Bedenken, der Äußerung der antragstellenden Person und einer eigenen Stellungnahme hierzu der nach § 36 Absatz 1 zuständigen Behörde zu. Die Gemeinde erklärt dabei, ob und unter welchen Voraussetzungen sie der Genehmigung zustimmt.

(3) Bei Gemeindefriedhöfen gilt Absatz 2 Satz 2 entsprechend.

§ 3
Genehmigungsverfahren

Die nach § 36 Absatz 1 zuständige Behörde kann vom Friedhofsträger und von der antragstellenden Person weitere Unterlagen anfordern, insbesondere ein geologisches Gutachten über die Bodenbeschaffenheit und die Eignung des vorgesehenen Geländes. Sie entscheidet im Benehmen mit der unteren Gesundheitsbehörde (Gesundheitsamt) und der unteren Wasserbehörde

§ 4
Tuchbestattungen

(1) Verstorbene, die einer Religion angehörten, die eine Bestattung im Tuch vorsieht, können im Tuch bestattet werden. Voraussetzung dafür ist ihr erklärter oder mutmaßlicher Wille. Das Nähere zur Tuchbestattung regelt die Friedhofssatzung.

(2) Sind Gesundheitsgefahren zu befürchten, kann das zuständige Gesundheitsamt eine Bestattung im Sarg anordnen (§ 39 Absatz 1 Satz 3 des Bestattungsgesetzes).

(3) Friedhofsträger können Gräberfelder für Tuchbestattungen anlegen. Die für rituelle Waschungen erforderlichen Einrichtungen können auch außerhalb der Verantwortlichkeit der Friedhofsträger vorgehalten werden.

§ 5

Urnenfriedhöfe

(1) Friedhofsträger können auch Friedhöfe ausschließlich für Urnenbestattungen anlegen. Die §§ 1 bis 3 Satz 1 gelten entsprechend.

(2) Friedhofsträger können geeignete Flächen als Friedhöfe für Naturbestattungen für Urnen anlegen. Die §§ 1 bis 3 Satz 1 gelten entsprechend.

§ 6

Leichenhallen

(1) Die zur Aufbahrung von Verstorbenen vorgesehenen Räume müssen gut lüftbar, kühl, leicht zu reinigen sowie gegen das Betreten durch Unbefugte und das Eindringen von Tieren geschützt sein. Diese Räume dürfen anderen Zwecken nicht dienen.

(2) Für die leitende Person der Leichenhalle und deren Überwachung gelten die §§ 20 und 21 entsprechend.

ABSCHNITT 2

LEICHENSCHAU

§ 7

Vornahme der Leichenschau

(1) Die Ärztin oder der Arzt hat sich durch gründliche Untersuchung der entkleideten verstorbenen Person bei ausreichender Beleuchtung Gewissheit über den Eintritt des Todes zu verschaffen. Bei der Leichenschau sind alle Körperregionen einschließlich der Körperöffnungen, des Rückens und der behaarten Kopfhaut zu inspizieren. Der Zustand von Verstorbenen und die Todesumstände sind im Einzelnen zu beschreiben (Todeszeitpunkt, Todesursache und Todesart). Die Ärztin oder der Arzt hat zu diesem Zweck nötigenfalls Auskünfte über eine dem Tod vorausgegangene Erkrankung und die Todesumstände einzuholen. Werden Auskünfte verweigert oder erkennbar unvollständig oder unrichtig erteilt, ist die Polizei zu verständigen.

(2) Bei der Klassifikation der Todesart sind medizinische Befunde zu berücksichtigen, die aus eigener Kenntnis zur Verfügung stehen oder durch andere Ärztinnen oder Ärzte mitgeteilt wurden. Ausschlaggebend für die Klassifikation der Todesart ist dabei das erste Glied der Kau-salkette.

(3) Werden Anhaltspunkte für einen nicht natürlichen Tod oder eine unklare Todesart festgestellt oder handelt es sich um unbekannte Verstorbene, ist sofort die Polizei zu benachrichtigen und jede weitere Veränderung an der verstorbenen Person zu unterlassen, insbesondere von ihrer Entkleidung zunächst abzusehen.

(4) Wird der Ärztin oder dem Arzt das Betreten des Ortes, an dem der Tod eingetreten oder Verstorbene aufgefunden worden sind, verwehrt oder wird die Vornahme der Leichenschau verhindert oder behindert, so ist die Polizei zu verständigen.

§ 8

Verhinderung der Ärztin oder des Arztes

(1) Niedergelassene Ärztinnen und Ärzte sind berufsrechtlich zur Leichenschau verpflichtet und können sich dieser Aufgabe nur aus zwingenden Gründen, insbesondere zum Schutz eines höherwertigen Gutes, entziehen. In diesem Fall ist dafür zu sorgen, dass eine andere Ärztin oder ein anderer Arzt die Leichenschau vornimmt. Dies gilt auch für eine Ärztin oder einen Arzt, die oder der nicht zur Vornahme der Leichenschau verpflichtet ist, sich aber hierzu bereiterklärt hat.

(2) Im Rettungsdienst eingesetzte Notärztinnen oder -ärzte sind nach § 20 Absatz 4 Satz 1 des Bestattungsgesetzes nicht verpflichtet, Todesart und Todesursache, sondern lediglich den Tod festzustellen. Bei Anhaltspunkten für einen nicht natürlichen Tod hat die Notärztin oder der Notarzt sofort die Rettungsleitstelle zu benachrichtigen, die die Polizei in Kenntnis setzt. Die Notärztin oder der Notarzt stellt den Eintritt des Todes auf dem Vordruck nach Anlage 7 fest; Blatt 1 des Vordrucks verbleibt bei der verstorbenen Person, die Durchschrift auf Blatt 2 wird einer oder einem Angehörigen der verstorbenen

Person oder der Polizei ausgehändigt, Blatt 3 ist für die Unterlagen der Notärztin oder des Notarztes bestimmt.

§ 9
Auskunftspflicht

Wer nach § 8 Absatz 1 die Leichenschau vorgenommen hat, ist verpflichtet, der Ärztin oder dem Arzt, die oder der die ärztliche Bescheinigung für die Feuerbestattung ausstellt (§ 17 Absatz 1), auf Verlangen Auskunft über das Ergebnis der Untersuchungen und Erhebungen zu geben.

§ 10
Todesbescheinigung

(1) Die elektronische Übermittlung der Daten nach § 22 Absatz 6 des Bestattungsgesetzes erfolgt durch strukturierte Datensätze. Hierfür sind das Datenaustauschformat XPersonenstand und das Übertragungsprotokoll OSCI-Transport in der vom Bundesministerium des Innern im elektronischen Bundesanzeiger bekannt gemachten jeweils geltenden Fassung zugrunde zu legen. Innerhalb von Rechenzentren und in besonders gesicherten verwaltungseigenen Netzen kann auf die Verwendung von OSCI-Transport verzichtet werden, wenn durch technische und organisatorische Maßnahmen sichergestellt wird, dass die durch die Verwendung von OSCI-Transport erzielten Sicherheitseigenschaften anderweitig in gleicher Qualität gewährleistet werden.

(2) Wer nach § 8 Absatz 1 eine Leichenschau vornimmt, füllt die Vordrucke nach Anlage 2 bis 6 aus. Anlage 2 enthält die Todesbescheinigung für das Standesamt (Blatt A) und für die Ortspolizeibehörde für den Fall der Feuerbestattung (Blatt B). Anlage 3 bis 6 enthält einen vertraulichen Teil (Blätter 1 bis 5).

(3) Der nicht vertrauliche Teil der Todesbescheinigung ist der Person auszuhändigen, die für die Bestattung zu sorgen hat; ist dies nicht möglich, verbleibt er bei der verstorbenen Person.

(4) Der nicht vertrauliche Teil der Todesbescheinigung ist dem Standesamt vorzulegen. Dieses trägt die für das Standesamt vorgesehenen Angaben ein und gibt ihn sodann zurück. Blatt B ist der Ortspolizeibehörde des Sterbeortes zuzuleiten, wenn eine Feuerbestattung durchgeführt werden soll.

(5) Im Falle einer Erdbestattung vermerkt der Träger des Bestattungsplatzes auf dem nicht vertraulichen Teil der Todesbescheinigung Tag und Ort der Bestattung.

§ 11
Vertraulicher Teil der Todesbescheinigung

(1) Die Ärztin oder der Arzt stellt den vertraulichen Teil der Todesbescheinigung nach Anlage 3 bis 6 aus.

(2) Unabhängig von der festgestellten Todesart verschließt die Ärztin oder der Arzt die in Anlage 3 vorgesehenen Vordrucke in dem dafür vorgesehenen Umschlag 1, den in Anlage 4 vorgesehenen Vordruck in Umschlag 2 und den in Anlage 5 vorgesehenen Vordruck in Umschlag 3. Der in Anlage 6 vorgesehene Vordruck ist für die Unterlagen der Ärztin oder des Arztes bestimmt.

(3) Den Umschlag 1 übergibt die Ärztin oder der Arzt einer oder einem Angehörigen der verstorbenen Person, der Polizei oder belässt ihn bei der verstorbenen Person; die oder der Angehörige, die Polizei oder das beauftragte Bestattungsunternehmen hat den Umschlag 1 zusammen mit dem nicht vertraulichen Teil der Todesbescheinigung unverzüglich dem Standesamt vorzulegen. Ist eine Feuerbestattung (Anlage 4) oder eine Obduktion (Anlage 5) vorgesehen, verbleiben Anlage 4 bzw. Anlage 5 bei der verstorbenen Person; befinden sich diese Anlagen zum Zeitpunkt der Bestattung noch bei der verstorbenen Person, leitet das Bestattungsunternehmen sie an das zuständige Gesundheitsamt weiter.

(4) Liegen Anhaltspunkte für einen nicht natürlichen Tod vor oder ist die Todesart ungeklärt, wartet das Gesundheitsamt das Ergebnis der amtlichen Ermittlungen über die Todesart sowie die Ergebnisse einer Obduktion ab und ergänzt die von der Ärztin oder dem Arzt unvollständig ausgefüllte Todesbescheinigung. Die Staatsanwaltschaft unterrichtet das Gesundheitsamt unverzüglich über die festgestellte Todesart sowie das Ergebnis einer Obduktion. Das Gesundheitsamt ergänzt den vertraulichen Teil der Todesbescheinigung entsprechend.

(5) Das Standesamt trägt in den vertraulichen Teil der Todesbescheinigung die für das Standesamt vorgesehenen Angaben ein und leitet sie dem für den Sterbeort zuständigen Gesundheitsamt zu (§ 22 Absatz 6 des Bestattungsgesetzes). Postsendungen mit geöffneten Todesbescheinigungen sind mit dem Vermerk »Vertrauliche Dienstsache – Nur von einer Ärztin oder einem Arzt des Gesundheitsamtes zu öffnen« zu versehen.

(6) Das Gesundheitsamt überprüft die ärztlichen Angaben des vertraulichen Teils der Todesbescheinigung. Soweit erforderlich, sind die Angaben durch Rückfragen zu ergänzen. Die Ärztin oder der Arzt, die oder der die Leichenschau vorgenommen hat, und die behandelnde Ärztin oder der behandelnde Arzt müssen dem Gesundheitsamt auf Verlangen Auskunft über die ärztlichen Angaben des vertraulichen Teils der Todesbescheinigung geben.

(7) Das Gesundheitsamt archiviert die Todesbescheinigung elektronisch und übersendet dem Statistischen Landesamt Baden-Württemberg die vertraulichen Teile der Todesbescheinigung des vergangenen Monats bis zum Zehnten jedes Folgemonats gesammelt auf elektro-nischem Weg zur Auswertung. Bei vorgenommenen Obduktionen können abweichend von der Frist nach Satz 1 die jeweiligen Todesbescheinigungen auch erst nach Vorliegen der Obduktionsergebnisse übersandt werden. Die Gesundheitsämter haben sicherzustellen, dass eine nachträgliche Veränderung der elektronischen Version der Todesbescheinigung ausgeschlossen und eine externe Sicherungskopie der elektronisch archivierten Todesbescheinigung erstellt worden ist. Danach kann das Original der Todesbescheinigung vernichtet werden. Die Archivierung der Todesbescheinigung muss für einen Zeitraum von 30 Jahren gewährleistet werden. Die Frist beginnt mit Ablauf des Sterbejahres.

§ 12
Schutzmaßnahmen bei Ansteckungsgefahr

(1) War die verstorbene Person bei ihrem Tode an einer meldepflichtigen übertragbaren Krankheit erkrankt, deren Erreger beim Umgang mit der verstorbenen Person übertragen werden können, oder besteht der Verdacht einer solchen Erkrankung, so hat die Ärztin oder der Arzt, soweit die Meldepflicht dies verlangt, das für den Sterbeort zuständige Gesundheitsamt zu benachrichtigen und in jedem Fall für ihre sofortige Kennzeichnung mit dem Vermerk »Infektiös« Sorge zu tragen. Gehört die meldepflichtige Erkrankung beziehungsweise der Verdacht zu den in § 30 Absatz 1 Satz 1 des Infektionsschutzgesetzes genannten Krankheiten, ist die sofortige Kontaktaufnahme mit dem für den Sterbeort zuständigen Gesundheitsamt erforderlich. In diesen Fällen ist die unverzügliche Einsargung und Kennzeichnung mit dem Vermerk »Hochinfektiös« von der Ärztin oder dem Arzt zu veranlassen. Gesetzliche Meldepflichten bleiben unberührt.

(2) Der Sarg darf nur mit Erlaubnis der Ortspolizeibehörde geöffnet werden; sie hört zuvor das Gesundheitsamt. In Fällen des Absatzes 1 Satz 2 und 3 ist eine Öffnung des Sarges nicht zulässig.

(3) Wer nach § 8 Absatz 1 die Leichenschau vornimmt, hat dafür zu sorgen, dass Bestatterinnen und Bestatter, Beschäftigte in Krematorien und Personen, die sich in der Umgebung der verstorbenen Person aufhalten, auf die Ansteckungsgefahr hingewiesen werden. Unabhängig von bekannten Ansteckungsgefahren sind insbesondere von Beschäftigten in Bestattungsunternehmen und Krematorien die Vorschriften des Arbeitsschutzgesetzes und die Unfallverhütungsvorschriften nach § 15 SGB VII einzuhalten.

ABSCHNITT 3
BESTATTUNG

§ 13
Ausstellung und offene Aufbahrung von Verstorbenen

(1) Verstorbene dürfen nicht öffentlich ausgestellt werden. Särge dürfen bei Bestattungsfeierlichkeiten nur innerhalb geschlossener Feierhallen und kirchlicher Räume geöffnet werden. Das Öffnen des Sarges an der Grabstätte im Rahmen von Tuchbestattungen ist zulässig.

(2) Die zuständige Behörde kann hiervon Ausnahmen zulassen oder Einschränkungen erlassen, soweit die Würde der verstorbenen Person gewahrt bleibt und keine gesundheitlichen Gefahren entstehen. § 12 Absatz 2 ist zu beachten.

§ 14

Sargbestattung

Die zuständige Behörde kann für Särge zum Zweck der Erdbestattung auch andere dem Holze gleichwertige Materialien zulassen, wenn eine würdige und pietätvolle Gestaltung der Särge gewährleistet ist und diese so beschaffen sind, dass die Funktionen eines Holzsargs gleichwertig erfüllt werden.

§ 15

Tuchbestattung

Bei einer Tuchbestattung erfolgt der Transport von Verstorbenen in einem geschlossenen Sarg bis unmittelbar zur Grabstätte. Erst dort werden Verstorbene aus dem Sarg gehoben. Dabei sind die Vorschriften des Arbeitsschutzgesetzes und die Unfallverhütungsvorschriften nach § 15 SGB VII insbesondere beim Abstützen der Grabstätte einzuhalten. § 29 ist zu beachten.

§ 16

Erlaubnis zur Feuerbestattung

(1) Die Erlaubnis zur Feuerbestattung (§ 35 Absatz 1 des Bestattungsgesetzes) wird von der Ortspolizeibehörde des Einäscherungsorts erteilt.

(2) Die Erlaubnis darf nur erteilt werden bei Vorliegen

1. des nicht vertraulichen Teils der Todesbescheinigung oder, bei Sterbefällen außerhalb des Landes, der Sterbeurkunde und
2. der ärztlichen Bescheinigung nach § 17, dass bei einer Untersuchung der verstorbenen Person keine Anhaltspunkte für einen nicht natürlichen Tod festgestellt wurden.
   Die zuständige Behörde kann für einen Zeitraum von höchstens sechs Monaten Ausnahmen von Satz 1 Nummer 2 für die Fälle zulassen, in denen die verstorbene Person zum Todeszeitpunkt an einer Infektionskrankheit gelitten hat.

(3) Die Erlaubnisbehörde kann weitere Unterlagen verlangen.

(4) Die Bescheinigung der Ärztin oder des Arztes ist nicht erforderlich, wenn die Staatsanwaltschaft oder das Amtsgericht die Feuerbestattung genehmigt hat.

(5) Muss nach § 43 Absatz 3 des Bestattungsgesetzes vor der Beförderung von Verstorbenen in ein anderes Bundesland oder in Orte außerhalb Deutschlands zum Zweck der Feuerbestattung eine zweite Leichenschau durchgeführt werden, gilt Absatz 2 Nummer 2 und § 17 Absatz 1 entsprechend.

§ 17

Ärztliche Bescheinigung

(1) Die ärztliche Bescheinigung nach § 16 Absatz 2 Satz 1 Nummer 2 kann ausgestellt werden von

1. einer Ärztin oder einem Arzt des für den Sterbeort oder den Einäscherungsort zuständigen Gesundheitsamts,
2. einer Ärztin oder einem Arzt eines gerichtsmedizinischen Instituts,
3. einer Ärztin oder einem Arzt, die oder der über besondere Kenntnisse auf gerichtsmedizinischem Gebiet verfügt und von dem zuständigen Gesundheitsamt zur Ausstellung solcher Bescheinigungen ermächtigt worden ist, oder
4. einer sonstigen Ärztin oder einem sonstigen Arzt, die oder der in einem anderen Bundesland zur Ausstellung solcher Bescheinigungen ermächtigt ist.

Die Untersuchung darf nicht von der Ärztin oder dem Arzt, die oder der die Leichenschau nach § 20 Absatz 1 des Bestattungsgesetzes durchgeführt hat, vorgenommen werden.

(2) Für das Ausmaß der Untersuchung von Verstorbenen gilt § 7 Absatz 3 entsprechend. Die Ärztin oder der Arzt holt nötigenfalls Auskunft bei der Ärztin oder dem Arzt ein, die oder der die Leichenschau durchgeführt hat.

(3) In Zweifelsfällen kann die Ärztin oder der Arzt die Ausstellung der Bescheinigung von dem Ergebnis einer Obduktion abhängig machen.

(4) Ergeben sich bei der Untersuchung von Verstorbenen Anhaltspunkte für einen nicht natürlichen Tod oder ist die Todesart ungeklärt oder handelt es sich um unbekannte Personen, so hat die Ärztin oder der Arzt sofort die Polizei zu verständigen. Die Ärztin oder der Arzt hat, soweit ihr oder ihm das möglich ist, dafür zu sorgen, dass an Verstorbenen und deren Umgebung bis zum Eintreffen der Polizei keine Veränderungen vorgenommen werden.

§ 18

Sargmaterialien

Einäscherungssärge dürfen nur aus Vollholz, das keine Imprägnierstoffe, Holzschutzmittel und halogenorganische Verbindungen enthält, bestehen. Für Beschläge, die Auskleidung von Särgen, Sargbeigaben und die Totenkleidung dürfen nur solche Materialien verwendet werden, die erwarten lassen, dass schädliche Umwelteinwirkungen im Sinne des Bundes-Immissionsschutzgesetzes (BImSchG) nicht hervorgerufen werden und Gefahren für das Personal oder Beschädigungen der Feuerbestattungsanlage nicht zu befürchten sind. Insbesondere dürfen keine Imprägnierstoffe, Holzschutzmittel, halogenorganische Verbindungen und Schwermetalle enthalten sein. Andere Materialien dürfen eingesetzt werden, sofern die Gleichwertigkeit hinsichtlich der Emissionen luftfremder Stoffe, Ascherückstände und der allgemeinen Eignungsvoraussetzungen durch Gutachten einer nach § 26 BImSchG bekanntgegebenen Messstelle nachgewiesen wird.

§ 19

Anforderungen an Feuerbestattungsanlagen

(1) Für die Feuerbestattungsanlagemüssen nach § 6 Absatz 1 Räumlichkeiten für die Verstorbenen vorhanden sein. In diesen sind die Verstorbenen in würdiger Weise bis zur Einäscherung aufzubewahren.

(2) Für Bestattungsfeierlichkeiten müssen geeignete Räumlichkeiten zur Verfügung stehen.

§ 20

Leitende Person

Der Träger der Feuerbestattungsanlage hat eine geeignete und zuverlässige Person als verantwortliche leitende Person des Krematoriums zu bestimmen und den Überwachungsbehörden zu benennen.

§ 21

Überwachung

(1) Die Feuerbestattungsanlage einschließlich der Leichenhalle, der Räumlichkeiten für Bestattungsfeierlichkeiten sowie deren Einrichtungen und Betrieb unterliegen der Überwachung durch die Ortspolizeibehörde und das Gesundheitsamt (Überwachungsbehörden).

(2) Die Überwachungsbehörden und deren Beauftragte sind berechtigt, zu diesem Zweck das Krematorium und seine Einrichtungen zu betreten und zu besichtigen sowie die Verzeichnisse und Unterlagen über die Feuerbestattung einzusehen. Die leitende Person des Krematoriums und das sonstige Personal sind verpflichtet, den Überwachungsbehörden und deren Beauftragten das Krematorium und seine Einrichtungen zugänglich zu machen. Sie sind ferner verpflichtet, die erforderlichen Auskünfte zu erteilen und Unterlagen vorzulegen.

§ 22

Einäscherung

(1) In dem Verbrennungsraum darf jeweils nur eine verstorbene Person eingeäschert werden. Mit Einwilligung der Angehörigen kann ein verstorbenes Kind bis zum vollendeten ersten Lebensjahr zusammen mit der verstorbenen Mutter oder dem verstorbenen Vater eingeäschert werden.

(2) Vor der Einäscherung ist ein Kennzeichen mit der jeweiligen Nummer des Einäscherungsverzeichnisses und der Bezeichnung des Krematoriums in den Verbrennungsraum einzubringen. Das Kennzeichen muss hitzebeständig sein.

(3) Nach der Einäscherung ist die Asche der verstorbenen Person mit dem Kennzeichen nach Absatz 2 in einer Urne zu sammeln.

§ 23
Einlieferungs- und Einäscherungsverzeichnis

(1) Die Verwaltung der Feuerbestattungsanlage führt über die zur Feuerbestattung eingelieferten Verstorbenen ein Einlieferungsverzeichnis, aus dem sich der Name der verstorbenen Person, des Einlieferers und der Tag der Einlieferung ergeben müssen.

(2) Über die in der Feuerbestattungsanlage vorgenommenen Einäscherungen ist ein Einäscherungsverzeichnis zu führen, das folgende Angaben enthalten muss:

1. Nummer der Einäscherung,
2. Name und Vorname(n) der verstorbenen Person,
3. Geburtsdatum und Geburtsort,
4. Sterbedatum und Sterbeort,
5. letzte(r) Wohnort(e) oder gewöhnliche(r) Aufenthaltsort(e),
6. Tag der Einäscherung,
7. Empfängerin oder Empfänger der Asche (Übersendung, Übergabe oder Aushändigung nach § 25).

(3) Das Einlieferungsverzeichnis und das Einäscherungsverzeichnis können zusammengefasst werden.

§ 24
Urnenbeschaffenheit

(1) Die Urne muss aus festem Material sein. Sie ist sofort zu verschließen.

(2) Die Urne muss äußerlich an geeigneter Stelle wie folgt dauerhaft gekennzeichnet sein:

1. Bezeichnung der Feuerbestattungsanlage,
2. Nummer des Einäscherungsverzeichnisses,
3. Name und Vorname(n) der verstorbenen Person,
4. Geburtsdatum,
5. Sterbedatum.

(3) Urnen für Naturbestattungen müssen biologisch abbaubar sein.

(4) Urnen für Seebestattungen müssen aus wasserlöslichem Material bestehen, biologisch abbaubar sein und dürfen keine Metallteile enthalten.

§ 25
Urnenweitergabe

(1) Die Urnen werden von der Feuerbestattungsanlage unmittelbar an den zur Beisetzung vorgesehenen Bestattungsplatz übersandt. Satz 1 gilt nicht für Fälle, in denen die Urnen zum Zweck einer Trauerfeier an ein Bestattungsunternehmen oder den Friedhofsträger einer anderen Gemeinde überführt werden sollen. Die Urnen müssen danach unmittelbar an den zur Beisetzung vorgesehenen Bestattungsplatz übersandt werden.

(2) Die Urnen können auf Wunsch der Angehörigen der verstorbenen Person einem von diesen beauftragten Bestattungsunternehmen zur Beförderung an den zur Beisetzung vorgesehenen Bestattungsplatz übergeben werden. Das Bestattungsunternehmen muss die Urne unverzüglich dorthin überführen und sie einer zur Entgegennahme befugten Person aushändigen; es darf die Urne nicht anderen Personen aushändigen. Absatz 1 Satz 2 und 3 gilt entsprechend.

(3) Den Angehörigen der verstorbenen Person oder deren Beauftragten darf die Urne nur dann ausgehändigt werden, wenn sie eine Ausnahmebewilligung zur Beisetzung der Asche an anderen Orten nach § 33 Absatz 1 und 3 des Bestattungsgesetzes vorlegen. Die zuständige Behörde kann weitere Ausnahmen zulassen. Absatz 2 bleibt unberührt.

(4) Urnen dürfen von der Feuerbestattungsanlage nur weitergegeben werden, wenn gewährleistet ist, dass sie am vorgesehenen Ort beigesetzt werden können.

§ 26
Urnenbestattung auf Friedhöfen

(1) Die Aschen Verstorbener können auf Bestattungsplätzen in Erdgrabstätten, Urnengrabstätten und sonstigen Urnenstätten sowie auf reinen Urnenfriedhöfen und Friedhöfen für Naturbestattungen beigesetzt werden.

(2) Für jede Urne ist eine Einzelbeisetzungsstelle zur Verfügung zu stellen. Werden Aschen mehrerer Verstorbener in einer gemeinsamen Urnenstätte beigesetzt, so muss der Träger des Bestattungsplatzes Vorsorge treffen, dass die Asche einer verstorbenen Person jederzeit aufgefunden werden kann.

§ 27
Seebestattung

Bei einer Seebestattung wird die Urne mit der Asche von einem Schiff aus im Küstengewässer beigesetzt. Eine Seebestattung in oberirdischen Gewässern nach § 3 Nummer 1 des Wasserhaus-haltsgesetzes einschließlich des Bodensees ist nicht zulässig.

ABSCHNITT 4
BEFÖRDERUNG VON VERSTORBENEN

§ 28
Leichenpass

(1) Der Leichenpass (§§ 44 und 45 des Bestattungsgesetzes) muss folgende Angaben enthalten:

1. Name und Vorname(n) der verstorbenen Person,
2. Geburtsdatum und Geburtsort,
3. Sterbedatum und Sterbeort,
4. Beförderungsmittel,
5. Absendeort, Beförderungsweg und Bestimmungsort.

(2) Bei Beförderungen in das Ausland muss der Leichenpass folgenden Vermerk tragen:

»Da diese Leichenbeförderung ordnungsgemäß genehmigt ist, werden alle Staaten, auf deren Hoheitsgebiet die Beförderung stattfinden soll, gebeten, den Transport frei und ungehindert passieren zu lassen«.

Dieser Vermerk sowie die Erläuterungen dazu sind in englischer und französischer Sprache zu wiederholen.

(3) Macht ein ausländischer Staat, mit dem keine Vereinbarung über die Leichenbeförderung besteht, die Beförderung auf seinem Hoheitsgebiet von weiteren Angaben abhängig, so sollen diese, soweit erforderlich, in den Leichenpass aufgenommen werden.

§ 29
Beförderung Verstorbener im Öffentlichen Raum

(1) Verstorbene dürfen in andere Gemeinden grundsätzlich erst dann befördert werden, wenn das Standesamt entweder den Sterbefall beurkundet oder nach § 7 Absatz 2 der Personenstandsverordnung bescheinigt hat, dass der Sterbefall angezeigt, aber noch nicht beurkundet wurde. Außerhalb der Öffnungszeiten des Standesamtes dürfen Verstorbene auch ohne Tätigwerden des Standesamtes in andere Gemeinden in Baden-Württemberg befördert werden; die Beförderung ist in diesen Fällen dem Standesamt unverzüglich anzuzeigen. Unabhängig von den Sätzen 1 und 2 darf bei strafprozessualen Ermittlungen jeglicher Art eine Beförderung von Verstorbenen nur mit Genehmigung der Staatsanwaltschaft oder der Polizei erfolgen.

(2) Verstorbene dürfen im Öffentlichen Raum nur in verschlossenen abgedichteten Särgen mit ausreichend hoher saugfähiger Bodenlage befördert werden. Särge, die nur zum Transport und nicht der Bestattung Verstorbener dienen, müssen aus reinigungs- und desinfektionsfähigem Material bestehen. Bei Wiederverwendung ist nach jedem Gebrauch eine gründliche Reinigung und bei Ansteckungsgefahr eine Desinfektion vorzunehmen. § 12 bleibt unberührt.

(3) Werden Verstorbene in das Ausland befördert, muss der Holzsarg einen Innensarg aus Zink enthalten oder mit Zinkblech ausgekleidet sein. Wird ein Innensarg verwendet, so ist dessen Boden mit einer ausreichend hohen Schicht aufsaugender Stoffe zu bedecken. Statt eines Innensarges kann auch eine flüssigkeits- und gasdichte Umhüllung der verstorbenen Person Verwendung finden, die den Vorgaben der Fluggesellschaften sowie den Vorgaben des Empfängerlandes entspricht.

§ 30
Transportbegleitende Personen

Verstorbene müssen bei der Beförderung im Straßenverkehr in andere Gemeinden von einer zuverlässigen Person begleitet werden. Die transportbegleitende Person ist verpflichtet dafür zu sorgen, dass

1. die notwendigen Beförderungsunterlagen (§ 46 Absatz 1, 2 und 4 des Bestattungsgesetzes) mitgeführt werden,
2. die Beförderung zügig erfolgt,
3. der Sarg während der Überführung geschlossen bleibt und nicht ohne zwingenden Grund aus dem Fahrzeug herausgenommen wird,
4. Verstorbene am Bestimmungsort unverzüglich der Bestattung zugeführt werden, wenn sie zu diesem Zweck dorthin überführt worden sind,
5. die Personen, denen Verstorbene übergeben werden, gegebenenfalls auf eine Ansteckungsgefahr (§ 12 Absatz 1 Satz 1 und 2) hingewiesen werden.

§ 31
Bestattungsfahrzeug

(1) Bestattungsfahrzeuge (§ 47 des Bestattungsgesetzes) müssen nachstehenden Anforderungen entsprechen:

1. Sie müssen würdig gestaltet sein,
2. der Laderaum muss umschlossen, verschließbar und vom Fahrerraum getrennt sein,
3. der Boden des Laderaums muss so beschaffen sein, dass die aus einem Sarg austretende Flüssigkeit nicht in das Freie gelangt,
4. der Laderaum einschließlich aller Einbauten muss abwaschbar sowie für eine Desinfektion geeignet sein,
5. der Sarg muss während der Fahrt gegen Verschieben gesichert sein.

(2) Der Laderaum des Bestattungsfahrzeugs ist gründlich zu reinigen, wenn aus dem Sarg Flüssigkeit ausgetreten ist. Bei Ansteckungsgefahr (§ 12 Absatz 1 Satz 1 und 2) ist er auch zu desinfizieren.

§ 32
Sonderbestimmungen

(1) Die §§ 28 bis 31 sind nicht anwendbar, soweit internationale Vereinbarungen etwas anderes bestimmen.

(2) § 30 gilt nicht für die Bergung von Verstorbenen und die Beförderung tödlich Verunglückter von der Unfallstelle weg. Soweit möglich, ist hierfür ein geeigneter Transportsarg zu benutzen, der nach jedem Gebrauch gründlich zu reinigen und bei Ansteckungsgefahr (§ 12 Absatz 1 Satz 1 und 2) auch zu desinfizieren ist.

ABSCHNITT 5

WEITERE REGELUNGEN

§ 33

Bestatterinnen und Bestatter

Personen, die gewerbsmäßig oder berufsmäßig Verstorbene reinigen, ankleiden oder einsargen, müssen hierbei Schutzkleidung tragen. Sie haben nach Beendigung der Tätigkeit ihre Hände und Unterarme sowie die verwendeten Geräte gründlich zu reinigen. Bei Ansteckungsgefahr (§ 12 Absatz 1 Satz 1und 2) sind diese sowie die Schutzkleidung auch zu desinfizieren beziehungsweise vorschriftsmäßig zu entsorgen.

§ 34

Verbleib der Bestattungsunterlagen

(1) Die Bestattungsunterlagen (Anlage 2) für die Erd- und Urnenbestattung sind vom Träger des Bestattungsplatzes für die Dauer der Ruhefrist aufzubewahren.

(2) Die Erlaubnis zur Feuerbestattung (Anlage 4) ist vom Träger der Feuerbestattungsanlage mindestens 15 Jahre aufzubewahren.

§ 35

Ausgrabung von Verstorbenen

Die Erlaubnis zur Ausgrabung von Verstorbenen ist im Benehmen mit dem Gesundheitsamt zu erteilen. Ihre Erteilung kann davon abhängig gemacht werden, dass die antragstellende Person das Einverständnis des Trägers des Bestattungsplatzes mit der Ausgrabung nachweist.

§ 36

Zuständige Behörde

(1) Zuständige Behörde im Sinne von § 3, § 4 Absatz 3 und § 9 Absatz 1 Satz 1 und Absatz 3 des Bestattungsgesetzes ist die untere Verwaltungsbehörde, für § 5 Absatz 1 dieser Verordnung das Regierungspräsidium.

(2) Zuständige Behörde im Sinne von § 13 Absatz 2 Satz 2 und § 17 des Bestattungsgesetzes ist die Baurechtsbehörde.

(3) Zuständige Behörde im Sinne von § 16 Absatz 2 Satz 2 ist das Sozialministerium.

(4) Im Übrigen ist zuständige Behörde im Sinne des Bestattungsgesetzes und dieser Verordnung die Ortspolizeibehörde.

§ 37

Ordnungswidrigkeiten

Ordnungswidrig im Sinne von § 49 Absatz 3 Nummer 1 des Bestattungsgesetzes handelt, wer vorsätzlich oder fahrlässig

1. als Ärztin oder Arzt entgegen § 8 Absatz 1 Satz 2 nicht dafür sorgt, dass die Leichenschau von einer anderen Ärztin oder einem anderen Arzt vorgenommen wird, entgegen § 7 Absatz 1, 2 oder 3 die Leichenschau nicht ordnungsgemäß durchführt, entgegen § 11 Absatz 2 Satz 1 die Umschläge nicht verschließt, entgegen § 9 oder § 11 Absatz 6 Satz 3 die Auskunft nicht, nicht vollständig oder nicht richtig erteilt oder entgegen § 10 Absatz 2 Satz 1 oder § 11 Absatz 1 die Vordrucke nicht vollständig ausfüllt,
2. als Angehörige oder Angehöriger der verstorbenen Person entgegen § 11 Absatz 3 Satz 1 Halbsatz 2 den ihr oder ihm übergebenen Umschlag 1 zusammen mit dem nicht vertraulichen Teil der Todesbescheinigung nicht unverzüglich dem Standesamt vorlegt,
3. als Beauftragte oder Beauftragter eines Bestattungsunternehmens entgegen § 11 Absatz 3 Satz 2 Halbsatz 2 die Umschläge 2 und 3 nicht an das zuständige Gesundheitsamt weiterleitet,

4. entgegen § 13 Absatz 1 Verstorbene öffentlich ausstellt oder Särge bei Bestattungsfeierlichkeiten außerhalb geschlossener Feierhallen und kirchlicher Räume öffnet,
5. als Angehörige oder Angehöriger der verstorbenen Person oder als Beauftragte oder Beauftragter eines Bestattungsunternehmens entgegen § 25 Absatz 2 Satz 2 Halbsatz 2 Urnen anderen aushändigt,
6. als Verantwortliche oder Verantwortlicher den Angehörigen der verstorbenen Person oder deren Beauftragten die Urne ohne Ausnahmebewilligung nach § 25 Absatz 3 Satz 1 und 2 aushändigt,
7. als Angehörige oder Angehöriger der verstorbenen Person oder dessen Beauftragte den Vorgaben der erteilten Ausnahmebewilligung nach § 25 Absatz 3 Satz 1 und 2 zuwiderhandelt,
8. beim Transport von Verstorbenen in andere Gemeinden seinen Verpflichtungen nach § 29 zuwiderhandelt, oder
9. als transportbegleitende Person den Verpflichtungen nach § 30 Satz 2 zuwiderhandelt,
10. den Vorgaben nach § 31 über die Anforderungen an ein Bestattungsfahrzeug zuwiderhandelt.

ABSCHNITT 6
SCHLUSSBESTIMMUNGEN

§ 38
Inkrafttreten, Übergangsregelung

(1) Diese Verordnung tritt am Tag nach ihrer Verkündung in Kraft. Gleichzeitig tritt die Bestattungsverordnung vom 15. September 2000 (GBl. S. 669), zuletzt geändert durch Artikel 167 der Verordnung vom 25. Januar 2012 (GBl. S. 65, 84), außer Kraft.

(2) Die bereits im Verkehr befindlichen Vordrucke für Todesbescheinigungen können bis zum Ablauf des 31. Dezember 2015 weiter verwendet werden.

Friedhofssatzung (Friedhofsordnung und Bestattungsgebührensatzung) Stand: 2015 (BWGZ 7/2015 S. 346)

Die nachfolgende Fassung (2015) basiert auf der Leitfassung 2003 und wurde hinsichtlich den Vorschriften des Bestattungsgesetzes angepasst, nachdem durch die Novelle zum Bestattungsgesetz 2014 das Wort „Leiche" durch den „Verstorbenen" ersetzt wurde. Außerdem wurde § 16a des Musters (geändert 2013) wegen der Rechtsprechung des VGH zur insoweit unzulässigen Regelung in der Friedhofssatzung zu einem Verbot von Grabsteinen aus ausbeuterischer Kinderarbeit gestrichen. Die Genehmigung für das Aufstellen von Grabmalen wird nur erteilt werden, wenn die Voraussetzungen der Friedhofssatzung erfüllt sind (§ 17 Abs. 6). Grabmale und Grabeinfassungen dürfen nur von fachkundigen Personen aufgestellt werden (§ 18 Satz 4), also nicht nur von den auf Grund der Friedhofssatzung zugelassenen Gewerbetreibenden:

Stadt/Gemeinde ......

vom ......

Aufgrund der §§ 12 Abs. 2, 13 Abs. 1, 15 Abs. 1, 39 Abs. 2 und 49 Abs. 3 Nr. 2 des Bestattungsgesetzes in Verbindung mit den §§ 4 und 11 der Gemeindeordnung für Baden-Württemberg sowie den §§ 2, 11 und 13 des Kommunalabgabengesetzes für Baden-Württemberg hat der Gemeinderat am .... die nachstehende Friedhofssatzung beschlossen:

I. ALLGEMEINE VORSCHRIFTEN

§ 1 Widmung

(1) Der Friedhof ist eine öffentliche Einrichtung der Gemeinde. Er dient der Bestattung verstorbener Gemeindeeinwohner und der in der Gemeinde verstorbenen oder tot aufgefundenen Personen ohne Wohnsitz oder mit unbekanntem Wohnsitz Verstorbener sowie für Verstorbene, für die ein Wahlgrab nach § 12 zur Verfügung steht. In besonderen Fällen kann die Gemeinde eine Bestattung anderer Verstorbener zulassen. Der Friedhof dient auch der Bestattung von Totgeburten, Fehlgeburten und Ungeborenen, falls ein Elternteil Einwohner der Gemeinde ist.

(2) Soweit nichts anderes bestimmt ist, gelten die Vorschriften über die Bestattung auch für die Beisetzung von Aschen.

II. ORDNUNGSVORSCHRIFTEN

§ 2 Öffnungszeiten

(1) Der Friedhof darf nur während der bekanntgegebenen Öffnungszeiten betreten werden.

(2) Die Gemeinde kann das Betreten des Friedhofs oder einzelner Friedhofsteile aus besonderem Anlass vorübergehend untersagen.

§ 3 Verhalten auf dem Friedhof

(1) Jeder hat sich auf dem Friedhof der Würde des Ortes entsprechend zu verhalten. Die Anordnungen des Friedhofspersonals sind zu befolgen.

(2) Auf dem Friedhof ist insbesondere nicht gestattet:

1. die Wege mit Fahrzeugen aller Art zu befahren, ausgenommen Kinderwagen und Rollstühlen sowie Fahrzeugen der Gemeinde und der für den Friedhof zugelassenen Gewerbetreibenden,
2. während einer Bestattung oder einer Gedenkfeier in der Nähe Arbeiten auszuführen,

3. den Friedhof und seine Einrichtungen und Anlagen zu verunreinigen oder zu beschädigen sowie Rasenflächen und Grabstätten unberechtigterweise zu betreten,
4. Tiere mitzubringen, ausgenommen Blindenhunde,
5. Abraum und Abfälle außerhalb der dafür bestimmten Stellen abzulagern,
6. Waren und gewerbliche Dienste anzubieten,
7. Druckschriften zu verteilen.

Ausnahmen können zugelassen werden, soweit sie mit dem Zweck des Friedhofs und der Ordnung auf ihm zu vereinbaren sind.

(3) Totengedenkfeiern auf dem Friedhof bedürfen der Zustimmung der Gemeinde. Sie sind spätestens .... Tage vorher anzumelden.

§ 4
Gewerbliche Betätigung auf dem Friedhof

(1) Bildhauer, Steinmetze, Gärtner und sonstige Gewerbetreibende bedürfen für die Tätigkeit auf dem Friedhof der vorherigen Zulassung durch die Gemeinde. Sie kann den Umfang der Tätigkeiten festlegen.

(2) Zugelassen werden nur solche Gewerbetreibende, die fachkundig, leistungsfähig und zuverlässig sind. Die Gemeinde kann für die Prüfung der Fachkunde, Leistungsfähigkeit und Zuverlässigkeit geeignete Nachweise verlangen, insbesondere dass die Voraussetzungen für die Ausübung der Tätigkeit nach dem Handwerksrecht erfüllt werden.

Die Zulassung erfolgt durch Ausstellung eines Berechtigungsscheins; dieser ist den aufsichtsberechtigten Personen der Gemeinde auf Verlangen vorzuzeigen. Die Zulassung wird auf .... Jahre befristet.

(3) Die Gewerbetreibenden und ihre Beauftragten haben die Friedhofssatzung und die dazu ergangenen Regelungen zu beachten.

(4) Die Gewerbetreibenden dürfen die Friedhofswege nur zur Ausübung ihrer Tätigkeit und nur mit geeigneten Fahrzeugen befahren. Werkzeuge und Materialien dürfen auf dem Friedhof nur vorübergehend oder nur an den dafür bestimmten Stellen gelagert werden. Bei Beendigung der Arbeit sind die Arbeits- und Lagerplätze wieder in den früheren Zustand zu bringen.

(5) Gewerbetreibenden, die gegen die Vorschriften der Absätze 3 und 4 verstoßen, oder bei denen die Voraussetzungen des Abs. 2 ganz oder teilweise nicht mehr gegeben sind, kann die Gemeinde die Zulassung auf Zeit oder auf Dauer zurücknehmen oder widerrufen.

(6) Das Verfahren nach Abs. 1 und 2 kann über einen Einheitlichen Ansprechpartner im Sinne des Gesetzes über Einheitliche Ansprechpartner für das Land Baden-Württemberg abgewickelt werden; § 42a und §§ 71a bis 71e des Landesverwaltungsverfahrensgesetzes in der jeweils geltenden Fassung finden Anwendung.

III.
BESTATTUNGSVORSCHRIFTEN

§ 5
Allgemeines

(1) Bestattungen sind unverzüglich nach Eintritt des Todes bei der Gemeinde anzumelden. Wird eine Bestattung in einer früher erworbenen Wahlgrabstätte beantragt, so ist auf Verlangen der Gemeinde das Nutzungsrecht nachzuweisen.

(2) Die Gemeinde setzt Ort und Zeit der Bestattung fest und berücksichtigt dabei die Wünsche der Hinterbliebenen und der Geistlichen.

§ 6
Särge

Särge dürfen höchstens 2,05m lang, 0,65m hoch und im Mittelmaß 0,65m breit sein. Sind in besonderen Fällen größere Särge erforderlich, so ist die Zustimmung der Gemeinde einzuholen.

§ 7
Ausheben der Gräber

(1) Die Gemeinde lässt die Gräber ausheben und zufüllen.

(2) Die Tiefe der einzelnen Gräber beträgt von der Erdoberfläche (ohne Hügel) bis zur Oberkante des Sarges mindestens 0,90m, bis zur Oberkante der Urne mindestens 0,50 m.

§ 8
Ruhezeit

Die Ruhezeit der Verstorbenen und Aschen beträgt .... Jahre, bei Kindern, die vor Vollendung des 10. Lebensjahres verstorben sind, ... Jahre.

§ 9
Umbettungen

(1) Umbettungen von Verstorbenen und Aschen bedürfen, unbeschadet sonstiger gesetz-licher Vorschriften, der vorherigen Zustimmung der Gemeinde. Bei Umbettungen von Verstorbenen wird die Zustimmung nur bei Vorliegen eines wichtigen Grundes, in den ersten .... Jahren der Ruhezeit nur bei Vorliegen eines dringenden öffentlichen Interesses oder eines besonderen Härtefalls erteilt. Umbettungen aus einem Reihengrab in ein anderes Reihengrab oder aus einem Urnenreihengrab in ein anderes Urnenreihengrab sind innerhalb der Gemeinde nicht zulässig. Die Gemeinde kann Ausnahmen zulassen.

(2) Nach Ablauf der Ruhezeit aufgefundene Gebeine (Überreste von Verstorbenen) und Urnen mit Aschen Verstorbener dürfen nur mit vorheriger Zustimmung der Gemeinde in belegte Grabstätten umgebettet werden.

(3) Umbettungen erfolgen nur auf Antrag. Antragsberechtigt ist bei Umbettungen aus einem Reihengrab oder einem Urnenreihengrab der Verfügungsberechtigte, bei Umbettungen aus einem Wahlgrab oder einem Urnenwahlgrab der Nutzungsberechtigte.

(4) In den Fällen des § 22 Abs. 1 Satz 3 und bei Entziehung von Nutzungsrechten nach § 22 Abs. 1 Satz 4 können aufgefundene Gebeine (Überreste von Verstorbenen) und Urnen mit Aschen Verstorbener, deren Ruhezeit noch nicht abgelaufen ist, von Amts wegen in ein Reihengrab oder ein Urnengrab umgebettet werden. Im Übrigen ist die Gemeinde bei Vorliegen eines zwingenden öffentlichen Interesses berechtigt, Umbettungen vorzunehmen.

(5) Umbettungen führt die Gemeinde durch. Sie bestimmt den Zeitpunkt der Umbettung.

(6) Die Kosten der Umbettung haben die Antragsteller zu tragen. Dies gilt auch für den Ersatz von Schäden, die an benachbarten Grabstätten und an Anlagen durch eine Umbettung entstehen, es sei denn, es liegt ein Verschulden der Gemeinde vor.

(7) Der Ablauf der Ruhezeit wird durch eine Umbettung nicht unterbrochen oder gehemmt.

IV.
GRABSTÄTTEN

§ 10
Allgemeines

(1) Die Grabstätten sind im Eigentum des Friedhofträgers. An ihnen können Rechte nur nach dieser Satzung erworben werden.

(2) Auf dem Friedhof werden folgende Arten von Grabstätten zur Verfügung gestellt:

1. Reihengräber,
2. Urnenreihengräber,
3. Wahlgräber,
4. Urnenwahlgräber.

(3) Ein Anspruch auf Überlassung einer Grabstätte in bestimmter Lage sowie auf die Unveränderlichkeit der Umgebung besteht nicht.

(4) Grüfte und Grabgebäude sind nicht zugelassen.

§ 11
Reihengräber

(1) Reihengräber sind Grabstätten für Erdbestattungen, für die Bestattung von Fehlgeburten und Ungeborenen und für die Beisetzung von Aschen, die der Reihe nach belegt und im Todesfall für die Dauer der Ruhezeit zugeteilt werden.

Eine Verlängerung der Ruhezeit ist nicht möglich. Verfügungsberechtigter ist – sofern keine andere ausdrückliche Festlegung erfolgt – in nachstehender Reihenfolge

1. wer für die Bestattung sorgen muss (§ 31 Abs. 1 Bestattungsgesetz),
2. wer sich dazu verpflichtet hat,
3. der Inhaber der tatsächlichen Gewalt.

(2) Auf dem Friedhof werden ausgewiesen:

1. Reihengrabfelder für Verstorbene bis zum vollendeten .... Lebensjahr,
2. Reihengrabfelder für Verstorbene vom vollendeten .... Lebensjahr ab.

(3) In jedem Reihengrab wird nur ein Verstorbener beigesetzt. Die Gemeinde kann Ausnahmen zulassen.

(4) Ein Reihengrab kann auch nach Ablauf der Ruhezeit nicht in ein Wahlgrab umgewandelt werden.

(5) Das Abräumen von Reihengrabfeldern oder Teilen von ihnen nach Ablauf der Ruhezeit wird drei Monate vorher ortsüblich oder durch Hinweise auf dem betreffenden Grabfeld bekanntgegeben.

§ 12
Wahlgräber

(1) Wahlgräber sind Grabstätten für Erdbestattungen, für die Bestattung von Fehlgeburten und Ungeborenen und die Beisetzung von Aschen, an denen ein öffentlich-rechtliches Nutzungsrecht verliehen wird. Das Nutzungsrecht wird durch Verleihung begründet. Nutzungsberechtigter ist die durch die Verleihung bestimmte Person.

(2) Nutzungsrechte an Wahlgräbern werden auf Antrag auf die Dauer von .... Jahren (Nutzungszeit) verliehen. Sie können nur anlässlich eines Todesfalls verliehen werden. Die erneute Verleihung eines Nutzungsrechts ist nur auf Antrag möglich.

(3) Das Nutzungsrecht entsteht mit Zahlung der Grabnutzungsgebühr. Auf Wahlgräber, bei denen die Grabnutzungsgebühr für das Nutzungsrecht nicht bezahlt ist, sind die Vorschriften über Reihengräber entsprechend anzuwenden.

(4) Ein Anspruch auf Verleihung oder erneute Verleihung von Nutzungsrechten besteht nicht.

(5) Wahlgräber können ein- und mehrstellige Einfach- oder Tiefgräber sein. In einem Tiefgrab sind bei gleichzeitig laufenden Ruhezeiten nur zwei Bestattungen übereinander zulässig.

(6) Während der Nutzungszeit darf eine Bestattung nur stattfinden, wenn die Ruhezeit die Nutzungszeit nicht übersteigt oder ein Nutzungsrecht mindestens für die Zeit bis zum Ablauf der Ruhezeit erneut verliehen worden ist.

(7) Der Nutzungsberechtigte soll für den Fall seines Ablebens seinen Nachfolger im Nutzungsrecht bestimmten. Dieser ist aus dem nachstehend genannten Personenkreis zu benennen. Wird keine Regelung getroffen, so geht das Nutzungsrecht in nachstehender Reihenfolge auf die Angehörigen des verstorbenen Nutzungsberechtigten mit deren Zustimmung über

1. auf die Ehegattin oder den Ehegatten, die Lebenspartnerin oder den Lebenspartner,
2. auf die Kinder,
3. auf die Stiefkinder,
4. auf die Enkel in der Reihenfolge der Berechtigung ihrer Väter oder Mütter,

5. auf die Eltern,
6. auf die Geschwister,
7. auf die Stiefgeschwister,
8. auf die nicht unter 1. bis 7. fallenden Erben.

Innerhalb der einzelnen Gruppen Nrn. 2 bis 4 und 6 bis 8 wird jeweils der Älteste nutzungsberechtigt.

(8) Der Nutzungsberechtigte kann mit Zustimmung der Gemeinde das Nutzungsrecht auf eine der in Absatz 7 Satz 3 genannten Personen übertragen.

(9) Der Nutzungsberechtigte hat im Rahmen der Friedhofssatzung und der dazu ergangenen Regelungen das Recht, in der Wahlgrabstätte bestattet zu werden und über die Bestattung sowie über die Art der Gestaltung und Pflege der Grabstätte zu entscheiden. Verstorbene, die nicht zu dem Personenkreis des Absatzes 7 Satz 3 gehören, dürfen in der Grabstätte nicht bestattet werden. Die Gemeinde kann Ausnahmen zulassen.

(10) Auf das Nutzungsrecht kann jederzeit nach Ablauf der letzten Ruhezeit verzichtet werden.

(11) Mehrkosten, die der Gemeinde beim Ausheben des Grabes zu einer weiteren Bestattung durch die Entfernung von Grabmalen, Fundamenten und sonstigen Grabausstattungen entstehen, hat der Nutzungsberechtigte zu erstatten, falls er nicht selbst rechtzeitig für die Beseitigung dieser Gegenstände sorgt.

(12) In Wahlgräbern können auch Urnen beigesetzt werden.

§ 13
Urnenreihen- und Urnenwahlgräber

(1) Urnenreihen- und Urnenwahlgräber sind Aschengrabstätten als Urnenstätten in Grabfeldern oder Nischen unterschiedlicher Größe in Mauern, Terrassen und Hallen, die ausschließlich der Beisetzung von Aschen Verstorbener dienen.

(2) In einem Urnenreihengrab können mehrere Urnen beigesetzt werden, sofern die Ruhezeit der vorher beigesetzten Urne nicht überschritten wird.

(3) Die Anzahl der Urnen, die beigesetzt werden können, richtet sich nach der Größe der Aschengrabstätte; zulässig sind .... Urnen.

(4) Soweit sich aus der Friedhofssatzung nichts anderes ergibt, gelten die Vorschriften für Reihen- und Wahlgräber entsprechend für Urnenstätten.

V.
GRABMALE UND SONSTIGE GRABAUSSTATTUNGEN

§ 14
Auswahlmöglichkeiten

(1) Auf dem Friedhof werden Grabfelder ohne Gestaltungsvorschriften und Grabfelder mit Gestaltungsvorschriften eingerichtet.

(2) Bei der Zuweisung einer Grabstätte bestimmt der Antragsteller, ob diese in einem Grabfeld mit Gestaltungsvorschriften liegen soll. Entscheidet er sich für ein Grabfeld mit Gestaltungsvorschriften, so besteht auch die Verpflichtung, die in Belegungs- und Grabmalplänen für das Grabfeld festgesetzten Gestaltungsvorschriften einzuhalten. Wird von dieser Auswahlmöglichkeit nicht rechtzeitig vor der Bestattung Gebrauch gemacht, so erfolgt die Bestattung in einem Grabfeld ohne Gestaltungsvorschriften.

§ 15
Allgemeiner Gestaltungsgrundsatz

Grabmale und sonstige Grabausstattungen müssen der Würde des Friedhofs in seinen einzelnen Teilen und in seiner Gesamtanlage entsprechen.

§ 16

Grabfelder mit Gestaltungsvorschriften

(1) In Grabfeldern mit Gestaltungsvorschriften müssen nach Ablauf der Frist in § 17 Abs. 1 Satz 2 Grabmale errichtet werden. Grabmale und sonstigen Grabausstattungen in Grabfeldern mit Gestaltungsvorschriften müssen in ihrer Gestaltung, Bearbeitung und Anpassung an die Umgebung erhöhten Anforderungen entsprechen.

(2) Für Grabmale dürfen nur Natursteine, Holz, Schmiedeeisen oder Bronze verwendet werden. Findlinge, findlingsähnliche, unbearbeitete bruchrauhe, grellweiße oder tiefschwarze Steine sind nicht zugelassen.

(3) Bei der Gestaltung und Bearbeitung sind folgende Vorschriften einzuhalten:

1. Die Grabmale müssen auf allen Seiten gleichmäßig bearbeitet sein; Politur und Feinschliff sind nicht zulässig.
2. Die Grabmale dürfen keinen Sockel haben.
3. Schriftrücken und Schriftbossen für weitere Inschriften können beschliffen sein.
4. Schriften, Ornamente und Symbole sind auf das Material, aus dem das Grabmal besteht, werkgerecht abzustimmen. Sie müssen gut verteilt und dürfen nicht aufdringlich groß sein. Unzulässig ist die Verwendung von Gold und Silber.
5. Firmenbezeichnungen dürfen nur unauffällig und nicht auf der Vorderseite des Grabmals angebracht werden.

(4) Auf den Grabstätten sind nicht zulässig, Grabmale und Grabausstattung

1. mit in Zement aufgesetztem figürlichen oder ornamentalen Schmuck,
2. mit Farbanstrich auf Stein,
3. mit Glas, Emaille, Porzellan oder Kunststoffen in jeder Form,
4. mit Lichtbildern.

(5) Auf Grabstätten für Erdbestattungen sind Grabmale bis zu folgenden Größen zulässig:

1. auf einstelligen Grabstätten bis zu 0,50m² Ansichtsfläche,
2. auf zwei- und mehrstelligen Grabstätten bis zu 0,70m² Ansichtsfläche.

(6) Auf Urnengrabstätten sind Grabmale bis zu folgenden Größen zulässig:

1. auf einstelligen Urnengrabstätten nur liegende Grabmale bis zu 0,30m² Ansichts-fläche,
2. auf mehrstelligen Urnengrabstätten bis zu 0,50m² Ansichtsfläche.

(7) Liegende Grabmale dürfen nur flach oder flach geneigt auf die Grabstätte gelegt werden; sie sind nicht in Verbindung mit stehenden Grabmalen zulässig.

(8) Grabeinfassungen jeder Art – auch aus Pflanzen – sind nicht zulässig, soweit die Gemeinde die Grabzwischenwege in den einzelnen Grabfeldern mit Trittplatten belegt.

(9) An Kolumbarien bzw. Urnennischen dürfen Grabschmuck wie Blumenschmuck, Kerzen u. Ä. nicht angebracht oder abgelegt werden.

(10) Die Gemeinde kann unter Berücksichtigung der Gesamtgestaltung des Friedhofs und im Rahmen von Absatz 1 Ausnahmen von den Vorschriften der Absätze 2 bis 9 und auch sonstige Grabausstattungen zulassen.

§ 17

Genehmigungserfordernis

(1) Die Errichtung von Grabmalen bedarf der vorherigen schriftlichen Genehmigung der Gemeinde. Ohne Genehmigung sind bis zur Dauer von zwei Jahren nach der Bestattung oder Beisetzung provisorische Grabmale als Holztafeln bis zur Größe von 15 mal 30 cm und Holzkreuze zulässig.

(2) Dem Antrag ist die Zeichnung über den Entwurf des Grabmals im Maßstab 1:10 zweifach beizufügen. Dabei ist das zu verwendende Material, seine Bearbeitung, der Inhalt und die Anordnung der Schrift, der Ornamente und Symbole sowie die Fundamentierung anzugeben. Soweit erforderlich, kann die Gemeinde Zeichnungen der Schrift, der Ornamente und der Symbole im Maßstab 1:1 unter

Angabe des Materials, seiner Bearbeitung und der Form verlangen. In besonderen Fällen kann die Vorlage eines Modells oder das Aufstellen einer Attrappe auf der Grabstätte verlangt werden.

(3) Die Errichtung aller sonstigen Grabausstattungen bedarf ebenfalls der vorherigen schriftlichen Genehmigung der Gemeinde. Absatz 2 gilt entsprechend.

(4) Die Genehmigung erlischt, wenn das Grabmal oder die sonstige Grabausstattung nicht innerhalb von zwei Jahren nach Erteilung der Genehmigung errichtet worden ist.

(5) Die Grabmale sind so zu liefern, dass sie vor ihrer Aufstellung von der Gemeinde überprüft werden können.

(6) Die Genehmigung ist zu erteilen, wenn alle Voraussetzungen dieser Friedhofssatzung erfüllt werden.

§ 18

Standsicherheit

Grabmale und sonstige Grabausstattungen müssen standsicher sein. Sie sind ihrer Größe entsprechend nach den allgemein anerkannten Regeln des Handwerks zu fundamentieren und zu befestigen. Steingrabmale müssen aus einem Stück hergestellt sein und dürfen folgende Mindeststärken nicht unterschreiten:

Stehende Grabmale

bis 1,20m Höhe: 14 cm,

bis 1,40m Höhe: 16 cm,

ab 1,40m Höhe: 18 cm.

Grabmale und Grabeinfassungen dürfen nur von fachkundigen Personen (i. d. R. Bildhauer, Steinmetze) errichtet werden.

§ 19

Unterhaltung

(1) Die Grabmale und die sonstigen Grabausstattungen sind dauernd in würdigem und verkehrssicherem Zustand zu halten und entsprechend zu überprüfen. Verantwortlich dafür ist bei Reihengrabstätten und Urnenreihengrabstätten der Verfügungsberechtigte, bei Wahlgrabstätten und Urnenwahlgrabstätten der Nutzungsberechtigte.

(2) Erscheint die Standsicherheit von Grabmalen und sonstigen Grabausstattungen gefährdet, so sind die für die Unterhaltung Verantwortlichen verpflichtet, unverzüglich Abhilfe zu schaffen. Bei Gefahr im Verzug kann die Gemeinde auf Kosten des Verantwortlichen Sicherungsmaßnahmen (z. B. Absperrungen, Umlegung von Grabmalen) treffen. Wird der ordnungswidrige Zustand trotz schriftlicher Aufforderung der Gemeinde nicht innerhalb einer jeweils festzusetzenden angemessenen Frist beseitigt, so ist die Gemeinde berechtigt, dies auf Kosten des Verantwortlichen zu tun oder nach dessen Anhörung das Grabmal oder die sonstige Grabausstattung zu entfernen. Die Gemeinde bewahrt diese Sachen drei Monate auf. Ist der Verantwortliche nicht bekannt oder nicht ohne weiteres zu ermitteln, so genügt ein sechswöchiger Hinweis auf der Grabstätte.

§ 20

Entfernung

(1) Grabmale und sonstige Grabausstattungen dürfen vor Ablauf der Ruhezeit oder des Nutzungsrechts nur mit vorheriger schriftlicher Zustimmung der Gemeinde von der Grabstätte entfernt werden.

(2) Nach Ablauf der Ruhezeit oder des Nutzungsrechts sind die Grabmale und die sonstigen Grabausstattungen zu entfernen. Wird diese Verpflichtung trotz schriftlicher Aufforderung der Gemeinde innerhalb einer jeweils festzusetzenden angemessenen Frist nicht erfüllt, so kann die Gemeinde die Grabmale und die sonstigen Grabausstattungen im Wege der Ersatzvornahme nach dem Landesverwaltungsvollstreckungsgesetz selbst entfernen; § 19 Abs. 2 Satz 5 ist entsprechend anwendbar. Die Gemeinde bewahrt diese Sachen drei Monate auf.

VI.

HERRICHTEN UND PFLEGE DER GRABSTÄTTE

§ 21

Allgemeines

(1) Alle Grabstätten müssen der Würde des Ortes entsprechend hergerichtet und dauernd gepflegt werden. Verwelkte Blumen und Kränze sind von den Grabstätten zu entfernen und an den dafür vorgesehenen Plätzen abzulagern.

(2) Die Höhe und die Form der Grabhügel und die Art ihrer Gestaltung sind dem Gesamtcharakter des Friedhofs, dem besonderen Charakter des Friedhofsteils und der unmittelbaren Umgebung anzupassen. Bei Plattenbelägen zwischen den Gräbern (§ 16 Abs. 8) dürfen die Grabbeete nicht höher als die Platten sein. Die Grabstätten dürfen nur mit solchen Pflanzen bepflanzt werden, die andere Grabstätten und die öffentlichen Anlagen nicht beeinträchtigen.

(3) Für das Herrichten und für die Pflege der Grabstätte hat der nach § 19 Absatz 1 Verantwortliche zu sorgen. Die Verpflichtung erlischt erst mit dem Ablauf der Ruhezeit bzw. des Nutzungsrechts.

(4) Die Grabstätten müssen innerhalb von sechs Monaten nach Belegung hergerichtet sein.

(5) Die Grabstätten sind nach Ablauf der Ruhezeit oder des Nutzungsrechts abzuräumen. § 20 Absatz 2 Satz 2 und 3 gilt entsprechend.

(6) Das Herrichten, die Unterhaltung und jede Veränderung der gärtnerischen Anlagen außerhalb der Grabstätten obliegt ausschließlich der Gemeinde. Verfügungs- bzw. Nutzungsberechtigte sowie die Grabpflege tatsächlich vornehmenden Personen sind nicht berechtigt, diese Anlagen der Gemeinde zu verändern.

(7) In Grabfeldern mit Gestaltungsvorschriften (§ 16) ist die gesamte Grabfläche zu bepflanzen. Ihre gärtnerische Gestaltung muss den erhöhten Anforderungen entsprechen und auf die Umgebung abgestimmt werden; nicht zugelassen sind insbesondere Bäume und großwüchsige Sträucher, Grabgebinde aus künstlichen Werkstoffen und das Aufstellen von Bänken.

§ 22

Vernachlässigung der Grabpflege

(1) Wird eine Grabstätte nicht hergerichtet oder gepflegt, so hat der Verantwortliche (§ 19 Absatz 1) auf schriftliche Aufforderung der Gemeinde die Grabstätte innerhalb einer jeweils festgesetzten angemessenen Frist in Ordnung zu bringen. Ist der Verantwortliche nicht bekannt oder nicht ohne weiteres zu ermitteln, so genügt ein dreimonatiger Hinweis auf der Grabstätte. Wird die Aufforderung nicht befolgt, so können Reihengrabstätten und Urnenreihengrabstätten von der Gemeinde abgeräumt, eingeebnet und eingesät werden. Bei Wahlgrabstätten und Urnenwahlgrabstätten kann die Gemeinde in diesem Fall die Grabstätte im Wege der Ersatzvornahme nach dem Landesverwaltungsvollstreckungsgesetz in Ordnung bringen lassen oder das Nutzungsrecht ohne Entschädigung entziehen. In dem Entziehungsbescheid ist der Nutzungsberechtigte aufzufordern, das Grabmal und die sonstigen Grabausstattungen innerhalb von drei Monaten nach Unanfechtbarkeit des Entziehungsbescheids zu entfernen.

(2) Bei ordnungswidrigem Grabschmuck gilt Absatz 1 Satz 1 entsprechend. Wird die Aufforderung nicht befolgt oder ist der Verantwortliche nicht bekannt oder nicht ohne weiteres zu ermitteln, so kann die Gemeinde den Grabschmuck entfernen.

(3) Zwangsmaßnahmen nach Absatz 1 und 2 sind dem Verantwortlichen vorher anzudrohen.

VII.

BENUTZUNG DER LEICHENHALLE

§ 23

Benutzung der Leichenhalle

(1) Die Leichenhalle dient der Aufnahme der Verstorbenen bis zur Bestattung. Sie darf nur in Begleitung eines Angehörigen des Friedhofspersonals oder mit Zustimmung der Gemeinde betreten werden.

(2) Sofern keine gesundheitlichen oder sonstigen Bedenken bestehen, können die Angehörigen den Verstorbenen während der festgesetzten Zeiten sehen.

VIII.

HAFTUNG, ORDNUNGSWIDRIGKEITEN

§ 24

Obhuts- und Überwachungspflicht, Haftung

(1) Der Gemeinde obliegen keine über die Verkehrssicherungspflicht hinausgehenden Obhuts- und Überwachungspflichten. Die Gemeinde haftet nicht für Schäden, die durch nichtsatzungsgemäße Benutzung des Friedhofs, seiner Anlagen und Einrichtungen, durch dritte Personen oder durch Tiere entstehen. Im Übrigen haftet die Gemeinde nur bei Vorsatz und grober Fahrlässigkeit. Die Vorschriften über Amtshaftung bleiben unberührt.

(2) Verfügungsberechtigte und Nutzungsberechtigte haften für die schuldhaft verursachten Schäden, die infolge einer unsachgemäßen oder den Vorschriften der Friedhofssatzung widersprechenden Benutzung oder eines mangelhaften Zustands der Grabstätten entstehen. Sie haben die Gemeinde von Ersatzansprüchen Dritter freizustellen, die wegen solcher Schäden geltend gemacht werden. Gehen derartige Schäden auf mehrere Verfügungsberechtigte oder Nutzungsberechtigte zurück, so haften diese als Gesamtschuldner.

(3) Absatz 2 findet sinngemäß Anwendung auf die nach § 4 zugelassenen Gewerbetreibenden, auch für deren Bedienstete.

§ 25

Ordnungswidrigkeiten

Ordnungswidrig im Sinne von § 49 Absatz 3 Nr. 2 des Bestattungsgesetzes handelt, wer vorsätzlich oder fahrlässig

1. den Friedhof entgegen der Vorschrift des § 2 betritt,
2. entgegen § 3 Abs. 1 und 2
   a) sich auf dem Friedhof nicht der Würde des Ortes entsprechend verhält oder die Weisungen des Friedhofspersonals nicht befolgt,
   b) die Wege mit Fahrzeugen aller Art befährt,
   c) während einer Bestattung oder einer Gedenkfeier in der Nähe Arbeiten ausführt,
   d) den Friedhof und seine Einrichtungen und Anlagen verunreinigt oder beschädigt sowie Rasenflächen und Grabstätten unberechtigterweise betritt,
   e) Tiere mitbringt, ausgenommen Blindenhunde,
   f) Abraum und Abfälle außerhalb der dafür bestimmten Stellen ablagert,
   g) Waren und gewerbliche Dienste anbietet,
   h) Druckschriften verteilt,
3. eine gewerbliche Tätigkeit auf dem Friedhof ohne Zulassung ausübt (§ 4 Absatz 1),
4. als Verfügungs- oder Nutzungsberechtigter oder als Gewerbetreibender Grabmale und sonstige Grabausstattungen ohne oder abweichend von der Genehmigung errichtet (§ 17 Absatz 1 und 3) oder entfernt (§ 20 Absatz 1),
5. Grabmale und sonstige Grabausstattungen nicht in verkehrssicherem Zustand hält (§ 19 Absatz 1).

IX.

BESTATTUNGSGEBÜHREN

§ 26

Erhebungsgrundsatz

Für die Benutzung der gemeindlichen Bestattungseinrichtungen und für Amtshandlungen auf dem Gebiet des Friedhofs- und Bestattungswesens werden Gebühren nach den folgenden Bestimmungen erhoben.

§ 27

Gebührenschuldner

(1) Zur Zahlung der Verwaltungsgebühren ist verpflichtet,

1. wer die Amtshandlung veranlasst oder in wessen Interesse sie vorgenommen wird,
2. wer die Gebührenschuld der Gemeinde gegenüber durch schriftliche Erklärung übernommen hat oder für die Gebührenschuld eines anderen kraft Gesetzes haftet.

(2) Zur Zahlung der Benutzungsgebühr sind verpflichtet,

1. wer die Benutzung der Bestattungseinrichtung beantragt,
2. die bestattungspflichtigen Angehörigen der verstorbenen Person (Ehegatte oder Ehegattin, Lebenspartner oder Lebenspartnerin, volljährige Kinder, Eltern, Großeltern, volljährige Geschwister und Enkelkinder).

(3) Mehrere Gebührenschuldner haften als Gesamtschuldner.

§ 28

Entstehung und Fälligkeit der Gebühren

(1) Die Gebührenschuld entsteht

1. bei Verwaltungsgebühren mit der Beendigung der Amtshandlung,
2. bei Benutzungsgebühren mit der Inanspruchnahme der Bestattungseinrichtungen und bei Grabnutzungsgebühren mit der Verleihung des Nutzungsrechts.

(2) Die Verwaltungsgebühren und die Benutzungsgebühren werden einen Monat nach Bekanntgabe der Gebührenfestsetzung fällig.

§ 29

Verwaltungs- und Benutzungsgebühren

(1) Die Höhe der Verwaltungs- und Benutzungsgebühren richtet sich nach dem als Anlage zu dieser Satzung beigefügten Gebührenverzeichnis.

(2) Ergänzend findet die Satzung über die Erhebung von Verwaltungsgebühren – Verwaltungsgebührenordnung – in der jeweiligen Fassung entsprechend Anwendung.

X.

ÜBERGANGS- UND SCHLUSSVORSCHRIFTEN

§ 30

Alte Rechte

Die vor dem In-Kraft-Treten dieser Friedhofssatzung entstandenen Nutzungsrechte werden auf .... Jahre seit ihrem Erwerb begrenzt. Sie enden jedoch erst mit dem Ablauf der Ruhezeit des in dieser Grabstätte zuletzt Bestatteten.

§ 31

In-Kraft-Treten

(1) Diese Satzung tritt am .... in Kraft.

(2) Zum gleichen Zeitpunkt treten die Friedhofsordnung vom .... und die Bestattungsgebührensatzung vom .... (jeweils mit allen späteren Änderungen) außer Kraft.

Muster eines Vertrags mit einem Bestattungsunternehmer (Bestattungsvertrag)

Zwischen der Gemeinde ....
vertreten durch Bürgermeister ....

– im folgenden Auftraggeber genannt –

und dem Bestattungsunternehmen ....

– im folgenden Auftragnehmer genannt –

wird folgender

Vertrag

über Bestattungsdienst geschlossen.

§ 1
Gegenstand des Vertrages

Der Auftraggeber überträgt dem Auftragnehmer das Ausheben und Verfüllen von Gräbern auf dem gemeindlichen Friedhof ... in ...

§ 2
Grundlagen des Vertrages

Soweit dieser Vertrag nichts anderes bestimmt, gelten die Bestimmungen

a) des Bestattungsgesetzes vom 21.7.1970 (GBl. S. 395, ber., S. 458) in der jeweils gültigen Fassung,
b) der Bestattungsverordnung vom 13.5.2015 (GBl. S. 348) in der jeweils gültigen Fassung,
c) der Friedhofsordnung der Gemeinde ... in ihrer jeweiligen Fassung,
d) über den Werkvertrag §§ 631 ff. BGB.

§ 3
Übertragene Leistungen

(1) Dem Auftragnehmer werden die Aufgaben des Bestattungsdienstes wie folgt übertragen:

a) Ausheben und Verfüllen von Reihen-, Wahl-, Kinder- und Urnengräber lt. Friedhofs-Belegungsplan. Dabei muss der überschüssige Aushub auf den von der Gemeinde bestimmten Ablagerungsplatz verbracht werden. Der wiedereingefüllte Boden ist ordnungsgemäß zu verdichten. Bei trotzdem auftretenden Setzungen hat der Auftragnehmer die erforderlichen Nacharbeiten ohne zusätzlichen Vergütungsanspruch durchzuführen.
b) Vornahme von Umbettungen, Ausgrabungen und nachträglichen Tieferlegungen.

Auf Wunsch der Grabnutzungsberechtigten führt der Auftragnehmer auch die Abräumung der Grabpflanzung, im Zusammenhang von Umbettungen, Ausgrabungen und nachträglichen Tieferlegungen gegen Kostenberechnung durch.

(2) Es ist dem Auftragnehmer freigestellt, ob er diese Aufgaben in Hand- oder, soweit dies die örtlichen Gegebenheiten zulassen, in Maschinenarbeit verrichtet. Die Vergütung nach § 5 dieses Vertrages bleibt davon unberührt.

§ 4
Pflichten des Auftragnehmers

(1) Der Auftragnehmer ist verpflichtet, die gesetzlichen Bestimmungen über das Friedhofs- und Bestattungswesen und die Friedhofsordnung der Gemeinde ... einzuhalten.

(2) Der Auftragnehmer hat seinen Betrieb so einzurichten, dass er den Anforderungen des Bestattungsdienstes entspricht. Der Auftragnehmer hat dafür Sorge zu tragen, dass bei seiner Verhinderung ohne Berücksichtigung des Grundes ausreichend Ersatz gewährleistet ist. Falls die Anzahl der Bestattungen durch höhere Gewalt (Krieg, Epidemien, Katastrophen, etc.) in einem Maße zunimmt, dass der Auftrag-

nehmer sie nicht mehr bewältigen kann, verpflichtet sich der Auftraggeber, ihn, soweit möglich, in personeller Hinsicht zu unterstützen. Das Ausheben der Gräber hat innerhalb 48 Stunden nach Benachrichtigung des Auftragnehmers rechtzeitig vor der Beerdigung zu erfolgen. Das Verfüllen hat sofort nach der Beerdigung zu erfolgen.

(3) Die notwendigen Grabarbeiten vor und nach der Beerdigung sind so vorzunehmen, dass der Beerdigungsablauf nicht gestört wird.

(4) Bei der Ausführung der Arbeiten muss sich das Personal der Würde des Ortes entsprechend verhalten. Die von dem Auftragnehmer beauftragten Arbeitskräfte sind dementsprechend zu belehren und zu überwachen.

(5) Der Auftragnehmer verpflichtet sich, die Übertragung der Bestattungsdienste nicht zu Werbezwecken für seine weitere Gewerbeausübung zu verwerten.

(6) Der Auftragnehmer ist verpflichtet, Maßnahmen zu treffen (z. B. durch Auslegen von Bohlen), dass Wege- und Rasenschäden sowie Schäden an vorhandenen Grabsteinen, -einfassungen und -einrichtungen möglichst vermieden werden. Er hat Schäden an Wegen, Rasen, Platten, Belägen, Grabsteinen, -einfassungen und -einrichtungen usw., die er verursacht, umgehend auf seine Kosten zu beheben bzw. beheben zu lassen.

(7) Der Auftragnehmer verpflichtet sich, falls der Auftraggeber weitere Friedhöfe übernimmt, auch für diese, die in § 3 genannten Leistungen, zu den gleichen Bedingungen zu übernehmen. Das gilt auch, wenn Kirchengemeinden des Gemeindegebiets vorläufig die Verwaltung der Friedhöfe behalten, die Beerdigungsdienste aber auf die Gemeinde übertragen wollen.

(8) Im Verhinderungsfall ist der Auftragnehmer berechtigt, die von ihm zu erbringenden Leistungen nach verheriger Genehmigung durch die Gemeinde von einem anderen Unternehmer erbringen zu lassen. Der Auftragnehmer bleibt in jedem Fall Vertragspartner und der Gemeinde gegenüber verpflichtet.

(9) Bei der Durchführung seiner Aufgaben hat der Auftragnehmer die geltenden gesetzlichen sowie die Unfallverhütungsvorschriften zu beachten.

§ 5
Vergütung für erbrachte Leistungen

(1) Der Auftragnehmer erhält nachstehende Vergütung für die Leistungen nach § 3

1.1 Herstellen und Schließen eines Reihengrabes bzw. Wahlgrabes zur Bestattung von Personen über 10 Jahren € ...

1.2 Herstellen und Schließen eines Reihengrabes bzw. Wahlgrabes zur Bestattung von Personen unter 10 Jahren € ...

1.3 Herstellen und Schließen von Gräbern zur Bestattung von von Tot- und Lebendgeburten € ...

1.4 Zuschlag für die Tieferlegung von Personen über 10 Jahren € ...

1.5 Zuschlag für die Tieferlegung von Personen unter 10 Jahren € ...

1.6 Herstellen und Schließen von Gräbern zur Beisetzung von Aschen (Urnen) € ...

1.7 Ausgraben, Umbetten und nachträgliche Tieferlegung und sonstige Verrichtungen,
je Hilfskraft € ...
je Baggerstunde (einschl. Bedienungspersonal) € ...

1.8 Zuschlag für Grabarbeiten an Samstagen
- a) Herstellen und Schließen 30 Prozent aus dem Lohnanteil der in Nr. 1.1. – 1.7 genannten Beträge
- b) Herstellen oder Schließen 30 Prozent aus dem hälftigen Lohnanteil der in Nr. 1.1 – 1.7 genannten Beträge

1.9 Zuschlag für Grabarbeiten an Sonn- und Feiertagen
- a) Herstellen und Schließen 50 Prozent aus dem Lohnanteil der in Nr. 1.1. – 1.7 genannten Beträge
- b) Herstellen oder Schließen 50 Prozent aus dem hälftigen Lohnanteil der in Nr. 1.1 – 1.7 genannten Beträge

Bei sämtlichen vorgenannten Beträgen ist die gesetzliche Mehrwertsteuer mit derzeit ... v. H. eingeschlossen.

(2) Als lohngebundene Kosten (Lohnanteil) gelten 70 Prozent der in Absatz 1 aufgeführten Beträge.

(3) Die Vergütungen nach Absatz 1 werden auf eine Laufzeit von 2 Jahren als Festpreis vereinbart. Eine Anpassung dieser Festpreise kann jeweils nach Ablauf von 2 Jahren auf weitere 2 Jahre vorgenommen werden. Sie erfolgt in freier Vereinbarung, wobei als Obergrenze die tarifliche Erhöhungen des öffentlichen Dienstes seit der letzten Preisanpassung vereinbart werden.

(4) Die Gebühren für die durch diesen Vertrag übertragenen Arbeiten werden durch Gebührensatzung vom Auftraggeber festgelegt und von ihm auf Grund der Bestattungsgebührensatzung von den Hinterbliebenen bzw. Gebührenschuldner erhoben.

(5) Der Auftraggeber rechnet mit dem Auftragnehmer monatlich zum Monatsende ab.

§ 6

Kontroll- und Weisungsrecht des Auftraggebers

Der Auftraggeber hat das Recht, die dem Auftragnehmer übertragenen Arbeiten zu überwachen und ihm zweckentsprechende Anordnungen zu erteilen. Weisungsbefugt ist der jeweilige Friedhofsverwalter bzw. das Friedhofsamt des Auftraggebers.

§ 7

Haftung

(1) Für Schäden, welche dem Auftragnehmer im Rahmen seiner normalen Verpflichtungen entstehen, kommt der Auftraggeber nicht auf, sofern der Schaden nicht auf vorsätzliches oder grob fahrlässiges Handeln von Gemeindebediensteten zurückzuführen ist.

(2) Der Auftragnehmer hat seine Leistungen unter eigener Verantwortung zu erbringen. Dies gilt insbesondere für einen ordnungsgemäßen Kraftfahrbetrieb und Maschinenpark. Er ist auch für die Erfüllung der arbeitsrechtlichen, polizeilichen und berufsgenossenschaftlichen Verpflichtungen allein verantwortlich.

(3) Der Auftragnehmer haftet gegenüber dem Auftraggeber für alle Schäden, die mit den Leistungen des Auftragnehmers nach diesem Vertrag zusammenhängen, sowie aus unsachgemäßer Benützung des Friedhofs und seiner Einrichtungen. Er ist von der Haftung befreit, wenn dies auf höhere Gewalt zurückzuführen ist. Der Auftragnehmer weist dem Auftraggeber eine entsprechende Versicherung nach.

(4) Der Auftragnehmer haftet gegenüber den Grabnutzungsberechtigen für die Schäden an Gräbern, Grabausstattungen und Grabsteinen, die in unmittelbarem Zusammenhang mit dem Herstellen oder Schließen von Gräbern entstehen. Der Auftragnehmer stellt den Auftraggeber im Innenverhältnis von der entsprechenden Haftung frei. Der Auftragnehmer weist dem Auftraggeber eine entsprechende Versicherung nach.

§ 8

Erfüllungsort – Streitigkeiten

(1) Erfüllungsort ist für beide Vertragspartner ...

(2) Gerichtsstand für alle Streitigkeiten aus diesem Vertrag ist ...

§ 9

Sonstige Bestimmungen

(1) Änderungen und Ergänzungen dieses Vertrages bedürfen zu ihrer Rechtswirksamkeit der Schriftform. Die Vertragspartner versichern ausdrücklich, außerhalb dieser Vereinbarung keine weiteren Absprachen getroffen zu haben.

(2) Ist eine der getroffenen Bestimmungen dieses Vertrages ungültig, nichtig oder anfechtbar, wird dieser Vertrag im Übrigen nicht berührt. Die Vertragspartner verpflichten sich aber, die ungültige, nichtige oder anfechtbare Bestimmung durch eine sinnähnliche, gültige Vereinbarung zu ersetzen.

(3) Dieser Vertrag ist 3fach ausgefertigt, 2 Ausfertigungen für den Auftraggeber und eine Ausfertigung für den Auftragnehmer.

§ 10

Vertragsdauer

(1) Dieser Vertrag tritt am ... in Kraft. Er gilt mit Ausnahme des § 5 Abs. 1 zunächst für 5 Jahre und verlängert sich um zwei weitere Jahre, sofern er nicht ein Jahr vor Ablauf von einem der Vertragspartner gekündigt wird. Für § 5 Abs. 1 dieses Vertrages wird eine Laufzeit von 2 Jahren vereinbart.

(2) Der Auftraggeber kann den Vertrag fristlos kündigen, wenn der Auftragnehmer nach schriftlicher Mahnung die vertraglichen Pflichten nicht erfüllt.

(3) Anträge auf Preisänderungen (§ 5) sind dem Vertragspartner mindestens 3 Monate vor Vertragsablauf schirftlich vorzulegen. Für die Gemeinde: Für das Bestattungsunternehmen:

Anhang 4

Internationales Abkommen über Leichenbeförderung

vom 31. Mai 1938 (RGBl. II S. 199)

In dem Wunsche, die sich aus der Verschiedenheit der Bestimmungen über Leichenbeförderung ergebenden Unzuträglichkeiten zu vermeiden, und in Anbetracht der Zweckmäßigkeit einer allgemeinen Regelung dieser Frage verpflichten sich die unterzeichneten Regierungen, Leichen solcher Personen, die auf dem Gebiet eines der anderen Vertragsstaaten verstorben sind, in ihr Gebiet oder durch ihr Gebiet befördern zu lassen unter der Bedingung, dass folgende Vorschriften beachtet werden:

A.
ALLGEMEINE VORSCHRIFTEN

Artikel 1

Jede Leichenbeförderung, gleichviel mit welchem Beförderungsmittel und unter welchen Umständen sie erfolgt, bedarf eines besonderen Passes (Leichenpasses), der möglichst dem als Anlage beigefügten Muster entsprechen und in allen Fällen den Namen, den Vornamen und das Alter des Verstorbenen sowie den Ort, den Tag und die Ursache des Todes enthalten muss; dieser Pass wird von der Behörde ausgestellt, die für den Ort des Todes oder falls es sich um ausgegrabene sterbliche Überreste handelt, den Ort der Beisetzung (Ausgrabung) zuständig ist.

Es empfiehlt sich, den Pass nicht nur in der Sprache des Landes, in dem er ausgestellt worden ist, sondern daneben auch in mindestens einer der im internationalen Verkehr gebräuchlichsten Sprachen abzufassen.

Artikel 2

Außer den in den internationalen Abkommen über Transport allgemein vorgesehenen Urkunden verlangen das Bestimmungsland oder die Durchfuhrländer keine anderen Schriftstücke als den im vorhergehenden Artikel bezeichneten Pass. Der Leichenpass darf von der verantwortlichen Behörde erst ausgestellt werden nach Vorlage

1. eines beglaubigten Auszugs aus dem Sterberegister,
2. amtlicher Bescheinigungen, wonach gegen die Beförderung vom gesundheitlichen oder amtsärztlichen Standpunkt aus keine Bedenken bestehen und wonach die Leiche gemäß den Bestimmungen dieses Abkommens eingesargt worden ist.

Artikel 3

Die Leiche wird in einen Metallsarg gelegt, dessen Boden mit einer ungefähr 5 cm dicken Schicht aus einem säureverzehrenden Stoff (Torf, Sägemehl, Holzkohlenstaub usw.), unter Zusatz eines antiseptischen Mittels belegt sein muss. Ist der Tod auf eine ansteckende Krankheit zurückzuführen, so muss die Leiche selbst in ein mit einer antiseptischen Lösung durchtränktes Leichentuch eingewickelt werden.

Der Metallsarg wird hernach luftdicht verschlossen (gelötet) und in einem Holzsarg derart befestigt, dass er sich darin nicht bewegen kann. Der Holzsarg muss mindestens 3 cm dick, seine Fugen müssen wasserdicht und durch höchstens 20 cm voneinander entfernte Schrauben verschlossen sein, er ist durch Metallbänder zu sichern.

Artikel 4

Die Beförderung der Leichen solcher Personen, die an Pest, Cholera, Pocken oder Flecktyphus verstorben sind, zwischen den Gebieten jedes der Vertragsstaaten ist frühestens ein Jahr nach dem Todesfall erlaubt.

B.

BESONDERE VORSCHRIFTEN

Artikel 5

Für die Beförderung mit der Eisenbahn gelten außer den allgemeinen Vorschriften der Art. 1 bis 4 folgende Bestimmungen:

a) Der Sarg wird in einem geschlossenen Wagen befördert. Jedoch kann ein offener Wagen benutzt werden, falls der Sarg in einem geschlossenen Leichenwagen aufgegeben wird und in diesem Wagen bleibt.
b) Jedem Lande steht die Entscheidung darüber zu, innerhalb welcher Frist die Leiche bei der Ankunft abgeholt werden muss. Falls der Absender in befriedigender Weise dartun kann, dass die Leiche innerhalb dieser Frist tatsächlich abgeholt wird, so ist die Begleitung des Sarges nicht nötig.
c) Zusammen mit dem Sarg dürfen nur Gegenstände wie Kränze, Blumensträuße usw. befördert werden.
d) Der Sarg ist auf schnellstem Wege und möglichst ohne Umladung zu befördern.

Artikel 6

Für die Beförderung mit Kraftwagen gelten außer den allgemeinen Vorschriften der Art. 1 bis 4 folgende Bestimmungen:

a) Der Sarg ist möglichst in einem besonderen Leichenwagen oder in einem geschlossenen gewöhnlichen Gepäckwagen zu befördern.
b) Zusammen mit dem Sarg dürfen nur Gegenstände wie Kränze, Blumensträuße usw. befördert werden.

Artikel 7

Für die Beförderung auf dem Luftweg gelten außer den allgemeinen Vorschriften der Art. 1 bis 4 folgende Bestimmungen:

a) Der Sarg ist entweder in einem Luftfahrzeug, das besonders und ausschließlich dieser Beförderung dient, oder in einem besonders und ausschließlich diesem Zwecke vorbehaltenen Abteil eines gewöhnlichen Luftfahrzeugs zu befördern.
b) Zusammen mit dem Sarg dürfen in demselben Luftfahrzeug oder Abteil nur Gegenstände wie Kränze, Blumensträuße usw. befördert werden.

Artikel 8

Für die Beförderung auf dem Seeweg gelten außer den allgemeinen Vorschriften der Art. 1 bis 4 folgende Bestimmungen:

a) Der Holzsarg, der gemäß den Bestimmungen im Art. 3 den Metallsarg enthält, ist in einer gewöhnlichen Holzkiste so unterzubringen, dass er sich nicht verschieben kann.
b) Diese Kiste ist mit ihrem Inhalt so unterzubringen, dass jede Berührung mit Lebens- oder Genußmitteln und jede Belästigung der Fahrgäste und der Besatzung ausgeschlossen sind.

Artikel 9

Bei einem an Bord eingetretenen Todesfall kann die Leiche unter den Bedingungen des vorgehenden Art. 8 aufbewahrt werden. Die nach Art. 2 notwendigen Urkunden und Bescheinigungen sind gemäß den Gesetzen des Landes auszustellen, dessen Flagge das Schiff führt, die Beförderung ist in der gleichen Weise auszuführen, wie bei einer an Bord verladenen Leiche.

Falls der Todesfall weniger als 48 Stunden vor Ankunft des Schiffes in dem Hafen, wo die Beerdigung stattfinden soll, eingetreten ist und falls die für die genaue Durchführung der Bestimmungen unter a) von Art. 8 notwendigen Materialien an Bord nicht vorhanden sind, so kann die in ein mit einer antiseptischen Lösung durchtränktes Leichentuch eingewickelte Leiche in einen festen Holzsarg gelegt werden. Dieser muss aus mindestens 3 cm dicken Brettern mit wasserdichten Fugen bestehen und mit

Schrauben verschlossen sein, der Boden muss vorher mit einer ungefähr 5 cm dicken Schicht aus einem säureverzehrenden Stoff (Torf, Sägemehl, Holzkohlenstaub usw.) unter Zusatz eines antiseptischen Mittels belegt worden sein. Hiernach wird der Holzsarg in einer Kiste so untergebracht, dass er sich nicht verschieben kann. Die Bestimmungen dieses Absatzes finden jedoch keine Anwendung, wenn der Todesfall infolge einer der im Artikel 4 bezeichneten Krankheiten eingetreten ist.

Dieser Artikel gilt nicht für Schiffe, deren Fahrten weniger als 24 Stunden dauern, wenn sie bei einem an Bord eintretenden Todesfall unverzüglich nach ihrer Ankunft in dem Hafen, wo die Ablieferung der Leiche erfolgen soll, diese den zuständigen Behörden übergeben.

C.
SCHLUSSBESTIMMUNGEN

Artikel 10

Die allgemeinen und besonderen Bestimmungen dieses Abkommens stellen das Höchstmaß der Bedingungen dar (die Tarife ausgenommen), die für die Übernahme der Leichen aus einem der Vertragsländer gelten. Diese Länder sind berechtigt, auf Grund zweiseitiger Abkommen oder gemeinsam getroffener besonderer Entschließungen größere Erleichterungen zu gewähren.

Das Abkommen gilt nicht für Leichenbeförderungen innerhalb der Grenzgebiete.

Artikel 11

Dieses Abkommen bezieht sich auf die alsbald nach dem Tode oder der Ausgrabung erfolgende internationale Leichenbeförderung. Die Bestimmungen des Abkommens berühren in keiner Weise die in den betreffenden Ländern geltenden Vorschriften über Beerdigungen oder Ausgrabungen.

Das Abkommen findet auf die Beförderung von Leichenasche keine Anwendung.

D.
PROTOKOLLBESTIMMUNGEN

Artikel 12

...

Artikel 13

Dieses Abkommen soll ratifiziert und die Ratifikationsurkunden sollen so bald wie möglich der Deutschen Regierung übergeben werden.

Sobald fünf Ratifikationsurkunden niedergelegt worden sind, wird die Deutsche Regierung ein Protokoll hierüber aufnehmen. Sie wird den Regierungen der vertragschließenden Teile sowie dem Internationalen Gesundheitsamt Abschriften dieses Protokolls übersenden. Das Abkommen tritt am hundertzwanzigsten Tag nach dem Datum des genannten Protokolls in Kraft.

Jede spätere Niederlegung von Ratifikationsurkunden wird durch ein nach dem oben angegebenen Verfahren aufgenommenes und mitgeteiltes Protokoll festgestellt. Dieses Abkommen tritt für jeden der vertragschließenden Teile am hundertzwanzigsten Tage nach dem Datum des Protokolls über die Niederlegung seiner Ratifikationsurkunde in Kraft.

Artikel 14

Die Länder, die dieses Abkommen noch nicht unterzeichnet haben, werden zu jedem Zeitpunkt nach dem Datum des Protokolls über die Niederlegung der ersten fünf Ratifikationsurkunden zum Beitritt zugelassen.

Jeder Beitritt erfolgt durch eine Anzeige, die der Deutschen Regierung auf diplomatischem Wege zu übermitteln ist. Diese legt die Beitrittsurkunde in ihren Archiven nieder und benachrichtigt unverzüglich die Regierungen aller Vertragsstaaten sowie das Internationale Gesundheitsamt unter Mitteilung des Tages der Niederlegung. Jeder Beitritt wird am hundertzwanzigsten Tage nach diesem Tage wirksam.

Artikel 15 bis 17

...

Stichwortverzeichnis

Die Zahlen verweisen auf die betreffenden Seiten.

A

Abgetrennte Körperteile 28, 107 f.
Abstand 13, 19, 21, 23, 46 f., 60 f., 85
Abstandsvorschriften 46, 60
Ärzte 24, 26, 93, 95, 99, 102, 143
Amtspflicht 54
Amtspflichtverletzung 54
Amtsrichter 25, 98, 105, 122
anatomische Institute 31, 100, 133
anatomisches Institut 133
Anlegung 46
Anlegung eines Friedhofs 45
Anstaltsgewalt 44
Ansteckungsgefahr 35, 103 f., 143
Asche 29, 34, 52 f., 62, 71, 114, 116 ff., 141
Aschen 20 f., 28 ff., 35, 42, 52, 63 f., 106, 116 f., 125, 130, 142
Aufsicht 36
Ausgrabung 28, 31, 35, 68, 106, 130 ff., 135, 142
– Erlaubnis 130
Auskunftspflicht 102
Ausland 27, 32, 105, 113, 136 f.
Ausnahmen 13, 20 f., 27, 30, 44, 46 f., 52, 60 f., 63, 65, 103 f., 117, 124, 139
Außerdienststellung 63
Ausstattung 22, 73, 92
Auswärtigenzuschlag 41

B

Baugenehmigung 22, 72
Bauleitplanung 45
Baurechtsbehörde 21 f., 60, 72 f., 85
Bebauungsplan 44, 46, 49, 52
Bebauungsplans 20, 49, 51 f.
Beförderung 14, 16 f.
Beförderung von Verstorbenen 36, 126, 134, 138
Beförderungserlaubnis 136
Beförderungsfrist 30, 124
Beförderungsunterlagen 14
Beförderungsverzeichnis 14
Begründung 16
Beisetzungsort 29, 116
Benutzungszwang 91
Bergung von Verstorbenen 33, 139 f.
Beschaffenheit 45
Bestatter 16
Bestattungsart 28, 73, 107, 109, 114 ff., 121
Bestattungsarten 14
Bestattungsbuch 31, 130
Bestattungseinrichtungen 12, 23 f., 35, 84, 86, 91 f., 142
Bestattungsfahrzeug 14, 139
Bestattungsfrist 30, 124
Bestattungsgesetz 11
Bestattungsgesetznovelle 11
Bestattungskosten 14, 26, 102, 109 ff., 140
Bestattungspflicht 14, 28, 41, 106 f., 112 f.
Bestattungspflichtige 28, 108 ff., 112
Bestattungsplätze 21, 36, 41 f., 61 f., 64, 80, 86, 117, 143
Bestattungsplatz 33, 39, 42, 61, 63 f., 106, 116, 125, 140
– Anlegung 40
– Außerhalb von Bestattungsplätzen 117
– Bereitstellungspflicht 41
– Gemeindefriedhof 116
– kirchlicher Friedhof 116
– Kosten 39
– öffentliches Bedürfnis 39
– Pflichtaufgabe 39
– privater Bestattungsplatz 42, 116
– Unterhaltung 40
Bestattungsrecht 107
Bestattungssorgepflicht 109
Bestattungsunterlagen 30 ff., 34 f., 87, 125, 133, 136, 141 f.
Bestattungsunternehmer 80, 89, 92, 114
Bestattungsverordnung 11, 13, 16, 143
Bestattungszeitpunkt 14, 122
Bodenbeschaffenheit 14, 20, 47 f., 53, 62

C

Corona 17

D

Datenaustauschformat 16
Denkmalpflege 46
Dienstleistungsrichtlinie 79
Durchschnittsbetrachter 74

E

Eignung 45
Einäscherung 29, 85, 114, 116 f.
Einbalsamierung 27, 105 f., 126
Einvernehmen 20 f., 49, 51 f., 61
Einzelgrabstätte 65
Enteignung 44
Entschädigung 44
Entwidmung 12, 21, 63 f.
Erdbestattung 20, 28 ff., 47, 66, 73, 100, 107, 109, 114 ff., 120 f., 124 f., 133, 136, 138
Erdbestattungen 29, 48, 74, 116 f.
Erlaubnis 20 f., 29, 31, 34, 49, 63 f., 72, 95, 100, 120 ff., 124 f., 130, 133, 141
Erwachsenengrab 66
Erweiterung 44, 46

F

Fachaufsicht 144
Fachkunde 55
Fairer Handel 14, 81
Familiengrab 68
Fehlgeburt 28, 34, 94, 106 ff., 141
Fehlgeburten 28, 34, 94, 106 ff., 141
Feuerbestattung 12, 28 f., 31, 34 f., 37, 66, 73, 86 f., 100, 106 f., 109 f., 114 ff., 121 f., 124 f., 133 ff., 138, 141 f., 145
Feuerbestattungen 117
Feuerbestattungsanlage 86, 122, 125
Feuerbestattungsanlagen 23, 29 f., 34 f., 85 f., 92, 116 f., 125, 141 f.
Flächenbedarf 43
Flächennutzungsplan 45
Formerfordernis 11 f., 15, 50, 61
Friedhof 39, 42
Friedhofgebührensatzung 45
Friedhofmauern 58
Friedhofsatzung 13, 44 f., 48, 52 ff., 65 f., 70 ff., 124, 130, 133
Friedhofsfläche 43
Friedhofsordnung 13, 22, 30, 36, 40, 42, 44 f., 54, 64, 66 f., 69 f., 72, 75, 77 ff., 125, 143
Friedhofsordnungen 12, 36, 38, 78, 143, 146
Friedhofspflicht 42
Friedhofswege 45, 57, 59
Friedhofswesen 12
Friedhofszwang 62

G

Gärtner 44 f., 79 f.
Gebein 13
Gebeine 20, 52 f., 64
Gebühren 37, 77, 102, 145
Gefahr 55
Gemeindeeinwohner 41
Gemeindefriedhöfe 19, 22, 39, 77 f., 80
Gemeindefriedhöfen 20, 22, 40, 51, 53 f., 64, 72
Genehmigung 20 ff., 29, 33, 42, 49 ff., 61, 63 f., 72, 77, 80, 85 f., 95, 116, 120 ff., 136, 140
Genehmigungsverfahren 16, 73
Generalklausel 110
Geologisches Gutachten 48
Gesamtrechtsnachfolge 69
Gesetzentwurf 14
Gesetzesbeschluss 14 f.
Gesetzesinitiative 15
Gestaltung 21 f., 35, 43 f., 46, 61, 66, 72 f., 76, 78, 80, 142
Gestaltungsvorschriften 65, 72 f., 75 f., 79
Gesundheitsamt 16, 20, 25 f., 31, 48, 50 ff., 98, 104, 130, 134 f.
Gewerbliche Betätigung 44, 79
Glaubenslehre 122
Gottesacker 12
Grababdeckplatte 74
Grabausstattungen 22, 73
Grabgebäude 22, 33, 72 f., 140
Grabkammer 73
Grabstätte 65
Grabsteine 54 ff., 59, 77
Grüfte 22, 72 f.
Grünanlagen 43
Grundwasserstrom 49

H

Hartholz 30, 125, 129
Hausrecht 44
Holzsärge 30, 125
Holzsarg 126, 136

I

Informationsfreiheitsanspruch 101
Innensarg 17, 126
Islam 127

K

Kinderarbeit 11, 14 f., 80 f.
Kindergrab 66
Kirchen 12, 19, 39 ff., 63, 92, 109
Kirchengemeinden 19, 39 ff., 58
Kirchenvermögen 40
Kirchenvermögensausscheidungsurkunden 40
Kirchliche Friedhöfe 51
kirchlichen Friedhöfen 20, 22, 24, 39, 49, 51, 65 f., 80, 86, 92, 130
Kirchlicher Friedhof 58
Kolumbarium 42, 76
Konservierung 106
Konzentrationswirkung 52
Kühlzelle 113

L

Landeskrebsregistergesetz 13
Landschaftsbild 46
Landschaftspflege 46
Lebendgeburt 94
Leiche 14, 52, 65, 71, 73 f., 87, 94 f., 99 f., 103, 105 ff., 109, 112, 115 f., 124, 132 f., 135, 138
Leichen 12 f., 37, 52 f., 64, 66, 72, 84 f., 92, 104, 106, 112, 117, 121, 124, 129 ff., 134 ff., 138 f., 144 f.
Leichenbeförderung 31, 86, 91, 100, 124, 137, 139, 144
Leichenbesorger 16, 27, 103
Leichenbesorgung 12, 86
Leichenhalle 27, 85 f., 91, 100, 103 ff., 124
– Andere Leichenhalle 104
– Ausnahmen 105
– Benutzungspflicht 104
– Öffentliche Leichenhalle 104
– Überführung 105
– Überführungsfrist 104
Leichenhallen 12, 14, 23, 27, 30, 43, 84 f., 92, 103 f., 124
Leichenöffnung 27, 34, 37, 95, 105, 140, 145
Leichenpa 136
Leichenpass 13, 29, 32, 34, 120 f., 135 ff., 141
Leichenschau 12, 14, 16 f., 24 ff., 31, 33 ff., 93 ff., 99, 102, 109, 134 ff., 138, 140 ff., 145 f.
– Kosten 97, 102
– Notarzt 96
– Veranlassung 97
– Verhinderung 96
– Zweite Leichenschau 138
Leichenschaupflicht 24, 93
Leichenwagen 33 ff., 134

M

Mausoleum 72
Metallsarg 30, 125 f.
Mindestdauer 11
Mindestruhezeit 20, 52 f., 63, 143

N

Naturschutz 46
Neuanlage 46
Neufassung 16
Normalgrab 65
Novellierung 13
Nutzungsberechtigte 21, 56, 63, 67, 70 ff., 76 f., 132
Nutzungsbeschränkungen 21, 46, 60 f.
Nutzungsrecht 22, 64, 66, 68, 70
– Ablauf 70
– Auflagen und Bedingungen 72
– Beschränkung 71
– Freiwillige Rückgabe 70
– Nutzungszeit 69
– Unbegrenzte Nutzungsrechte 71
– Verlängerung 70
– Verleihung 70

O

Öffnungszeiten 44
Ordnungswidrigkeit 35, 44 f., 77, 110, 125, 142
Ordnungswidrigkeiten 33, 35, 140, 142
Ortsbild 46
Ortspolizeibehörde 35, 44, 55, 58, 92, 97, 99, 103, 105 f., 110, 112, 116 f., 119, 121 f., 124, 130, 134, 136, 140, 142

P

Parkanlagen 43
Pflichtaufgabe 40, 144
Polizeiverordnung 22, 37, 77, 80, 145 f.
Privater Bestattungsplatz 14, 61, 64

Q

Quellschutzgebiet 49

R

Rechtsaufsicht 144
Rechtsschutz 42
Reihengräber 22, 64 f., 75
Reiner Urnenfriedhof 42
Religionszugehörigkeit 11
Rettungsdienst 24, 93, 96
Ruhewald 62
Ruhezeit 13, 20 f., 27, 30, 33, 48, 52 f., 61, 63 ff., 68 ff., 74, 76, 79, 105, 125, 130, 140
Ruhezeiten 36, 53, 62 f., 66, 143

S

Särge 30, 35, 73, 115, 125 f., 129, 143
Sargpflicht 126
Sargzwang 14
Satzung 22, 45, 71, 76 ff., 104, 142
Seebestattung 17, 28 f., 114 ff., 119
Sonstige Bestattungseinrichtungen 86
Sozialministerium 13
Staatsanwaltschaft 25, 27, 29, 95, 98, 105, 120 ff., 136
Städtebauliche Ordnung 41
Standesamt 16, 120
Standfestigkeit 54 ff., 59
Standsicherheit 56, 58, 77
Sterbemitteilung 16
Sterberegister 120, 138
Streupflicht 57

T

Tod 94
- Natürlicher Tod 100
- ungeklärte Todesart 100
Todesart 95
Todesbescheinigung 24 ff., 29, 33, 35, 88, 93, 98 ff., 103 f., 106, 120 f., 124, 133, 138, 140, 142
- Datenaustauschformat XPersonenstand 101
- Elektronische Übermittlung 101
Todesursache 94
Todesursachenstatistik 93
Totenacker 12
Totenfürsorge 105, 108 f., 112, 131
Totengräber 86
Totgeborenes Kind 94
Totgeburt 25, 28, 94, 96 f., 106 f.
Totgeburten 25, 97, 107, 136
Transport 17
Tuchbestattung 11, 14, 16, 126

U

Übernahmevertrag 41
Überschwemmungsgebiet 48
Überwachungspflicht 58
Umbettung 21, 63, 67 f., 74, 76, 119, 130 f., 135
- von Amts wegen 132
Umbettungen
- auf Antrag 132
Ungeborene 28, 34, 106 ff., 141
Ungeborenes 28, 106 ff.
untere Verwaltungsbehörde 35, 46, 49 f., 61, 142
Urne 16, 129
- für Naturbestattung 129
- für Seebestattung 129
- Kennzeichnung 129
- Urnenweitergabe 129
Urnen 30, 65, 91, 117 ff., 125
Urnenfriedhof 14, 16

Urnenreihengrab 66

V

Vereinbarung 40
Verfahren
– elektronische 11
Verkehrssicherheit 20, 53 f.
Verkehrssicherungspflicht 54, 56 ff., 62
Vermögensausscheidungsurkunde 41
Vermögensausscheidungsurkunden 40
Verstorbene 107
Verstorbenen 103
Verstorbener 14
Verwaltungsakt 45, 52, 63, 65, 68, 70, 72, 112
Verwaltungsgebühr 45
Verwaltungsrechtsweg 66
Verwaltungsstruktur-Reformgesetz 13
verwesung 20
Verwesungsdauer 47, 52, 126
VG Stuttgart 76, 97, 110, 112, 117
VGH 45, 51, 53, 58, 61 f., 65, 70 ff., 74 ff., 79, 91 f., 104, 110, 112 f., 117, 132, 134, 144

W

Wahlgrab 22, 64, 66, 68, 70 ff., 74, 132
Wahlgräber 22, 64 f., 68 ff., 75 f.
Wasserleiche 100
Wasserschutzgebiet 48 f.
Wasserversorgungsanlagen 20, 47, 49
Wirtschaftlichen Betätigung 87
Wohnsitz 41

Z

Zustimmung 20, 28, 34, 49, 51, 68, 78, 106, 108, 141

Alt | Haller | Kaiser

Digitalisierung in Gemeinden

Praxis-Leitfaden

Die Digitalisierung von Verwaltungsstrukturen eröffnet den Gemeinden gänzlich neue Möglichkeiten, ihre Bürger:innen am kommunalen Alltag teilhaben zu lassen. Doch wie funktioniert der digitale Wandel? Was muss eine Gemeinde konkret tun, um ihre etablierten Abläufe umzustrukturieren? Antworten auf diese Frage liefert der vorliegende Band, der Verantwortlichen im kommunalen Verwaltungsapparat anhand von Best-practice-Beispielen anschaulich aufzeigt, wie die digitale Transformation gelingen kann.

2023, Softcover, 208 Seiten, ISBN 978-3-8293-1864-8, 30 €

Meyer

Recht der Ratsfraktionen

Das Werk nimmt eine genaue Betrachtung des Fraktionsrechts für Gemeinden, Städte und Landkreise vor. Einen Schwerpunkt bilden die kommunalverfassungsrechtlichen Rechte der Fraktionen, die im Überblick für alle Flächenbundesländer erörtert werden. Zusätzlich beinhaltet das Werk eine umfassende Darstellung des hochsensiblen Themas der Finanzierung der Fraktionen auf kommunaler Ebene. Die aktuelle Rechtsprechung und das neue Schrifttum sind eingearbeitet sowie ein Hinweis auf die Nutzung der Social Media für die Arbeit der Fraktionen und der damit verbundenen Gefahren.

12. Auflage 2024, Softcover, 352 Seiten, ISBN 978-3-8293-1924-9, 30 €

www.ksv-medien.de

Ritgen
Wehrhafte(re) Kommunen
Darstellung, 2. Auflage 2025, Softcover, 158 Seiten, 25 €, ISBN 978-3-8293-2076-4

Schwarting
Kommunalrecht für Nichtjuristen
2. Auflage 2025, Softcover, 170 Seiten, 20,00 €, ISBN 978-3-8293-2010-8

Latsch
Bürgermeister und Krisenkommunikation
2. Auflage 2025, Softcover, 278 Seiten, 25 €, ISBN 978-3-8293-2047-4

Krupop
Das Einmaleins des Beamtenlebens
2024, Softcover, 132 Seiten, 20 €, ISBN 978-3-8293-1887-7

Schneider
Stadt | Staat | Strategie
2021, Kartenset, 25 €, ISBN 978-3-8293-1742-9

Patze-Diordiychuk | Renner | Paust
Das Bürgerbudget
2022, Softcover, 214 Seiten, 20 €, ISBN 978-3-8293-1855-6